Ullstein Materialien

Ullstein Materialien
Ullstein Buch Nr. 35248
im Verlag Ullstein GmbH,
Frankfurt/M – Berlin

Ungekürzte Ausgabe

Umschlagentwurf:
Kurt Weidemann

Printed in Germany 1986
Druck und Verarbeitung:
Ebner Ulm
ISBN 3 548 35248 0

Januar 1987

CIP-Kurztitelaufnahme
der Deutschen Bibliothek

Krauss, Werner:
Zur Anthropologie des 18. Jahrhunderts:
d. Frühgeschichte d. Menschheit im
Blickpunkt d. Aufklärung / Werner Krauss.
Hrsg. von Hans Kortum u. Christa
Gohrisch. – Ungekürzte Ausg. –
Frankfurt/M; Berlin: Ullstein, 1987.
(Ullstein-Buch; Nr. 35248:
Ullstein-Materialien)
ISBN 3-548-35248-0
NE: GT

Werner Krauss

Zur Anthropologie des 18. Jahrhunderts

Die Frühgeschichte der Menschheit im Blickpunkt der Aufklärung

Herausgegeben von Hans Kortum und Christa Gohrisch

Ullstein Materialien

Inhalt

Vorbemerkung

Diese Untersuchung zum geschichtlichen Weltbild des 18. Jahrhunderts ist das letzte größere abgeschlossene Werk von Werner Krauss. Die Veröffentlichung konnte er nicht mehr erleben.

Der Autor führt hier einen Gedanken fort, der als eine Leitidee alle seine Forschungen zum Zeitalter der Aufklärung in Frankreich, Deutschland und Spanien durchzieht: der Ursprung des geschichtlichen Weltbildes. Hatte die Aufklärung die Geschichte der Menschheit von den Anfängen her bis hin zur eigenen Gegenwart aufgerollt, so ging sie zugleich auch der Vorgeschichte der Gattung nach. Diesem Problemkreis wendet sich der Verfasser zu, indem er Anthropologie als die Frage nach der Menschwerdung und nach dem Ursprung von Geschichte faßt und mit Quellen reich dokumentiert. Eine so verstandene Anthropologie mußte zwangsläufig auf disziplinär vielfältig verzweigte Bestrebungen treffen. Schon zu Lebzeiten von Werner Krauss gab es dazu in verschiedenen wissenschaftlichen Gremien lebhafte Diskussionen. Der Autor hat zum anhaltenden Für und Wider der Debatte mit der vorliegenden Arbeit Stellung genommen: Es ging ihm nicht darum, einem mehr oder weniger belasteten Begriff eine weitere Auslegung hinzuzufügen, sondern er wollte die anthropologische Fragestellung historisch produktiv machen. Diese streng sachbezogene Orientierung ist ein kennzeichnender Wesenszug im Leben und im Werk von Werner Krauss. Seine Hinwendung zur Anthropologie läßt sich ebensowenig wie seine wissenschaftliche Produktion und sein politisches Engagement im Sinne einer vordergründigen Aktualität fassen.

Obwohl der Autor die Fertigstellung des Manuskripts bis zuletzt verfolgt hat, erlaubte sein Gesundheitszustand ihm nicht, letzte Hand anzulegen. Eine Reihe von Unterlassungen, so die Vervollständigung der bibliographischen Nachweise und der erläuternden Anmerkungen, aber auch der Werkstattcharakter einiger Manuskriptteile sind dieser Situation geschuldet – das anthropologische Gedankengut der Spätaufklärung und der Französischen Revolution hätte ausführlicher entwickelt werden können; fragmentarisch blieb die Zusammenfassung von Grundproblemen der Aufklärungsanthropologie; die beiden Exkurse sind nur mittelbar mit dem Hauptthema verbunden, und schließlich war dem Verfasser auch bewußt, welche Lücke im Spektrum der anthropologischen Ansichten der Aufklärung durch den Verzicht auf den englischen Beitrag entstand. Dennoch sollte das inhaltliche Anliegen des Autors, die Frühgeschichte der Menschheit im Blickpunkt der Aufklärung darzustellen, in den Vordergrund der Aufmerksamkeit rücken. Daß diese Problematik kritisch aufgegriffen werden muß, steht – ganz im Geist von Werner Krauss – außer Frage. Das Wie wird im Sinne sachlicher Beweisführung zu verantworten sein.

Die Herausgeber

Vorwort

Die anthropologische Wissenschaft droht heute in unzählige Forschungsweisen und in die verschiedensten Bereiche auseinanderzufallen.[1]) Das war schon das Schicksal von Jauffrets Anthropologie, die 1800 in der „Société de l'observation de l'homme" konstituiert werden sollte. Die Gesellschaft zog die verschiedensten Gelehrten heran: Naturforscher, Psychologen, Ärzte, Sprachwissenschaftler, Geographen, Archäologen. Entsprechend mannigfaltig war das Programm Louis-François Jauffrets (1770–1850), von dem der italienische Forscher Sergio Moravia aussagt, es würde im wesentlichen auch das Programm der heutigen Anthropologie bilden. Sie müßte demnach umfassen: das Studium des physischen Menschen, vergleichende Anatomie und Physiognomik, die Kraniologie, die Verschiedenheit der Rassen, die Zwischenbeziehungen zur natürlichen Umwelt (sei es die Wirkung des Klimas oder anderer Einflüsse), die verschiedenen Weisen der Ernährung, der Bekleidung, der Wohnung, der Vergesellschaftung, das Studium des geistigen („moralischen") Menschen, seine Beziehung zum physischen, die Mittel des sprachlichen Ausdrucks, die verschiedenen Modelle – wir würden heute sagen: Strukturen – der Zivilisation in den verschiedenen Zeitaltern und Regionen der Erde. Moravia, Verfasser von *La scienza dell'uomo nel settecento* (1970), sieht die Einheit dieser Mannigfaltigkeit im Monismus, der den im 18. Jahrhundert noch unüberwundenen Dualismus christlich-cartesianischer Provenienz nunmehr erst endgültig abgelöst haben soll.

Es fehlt nicht an Versuchen, die Anthropologie mit der Soziologie zu verbinden. Eine soziologische Anthropologie ist aber eine Tautologie. Die Anthropologie hat es niemals mit Individuen, immer nur mit Typen zu tun. Neue Richtungen der Anthropologie schießen wie Pilze nach einem warmen Regen hervor. Ethnopharmakologie nennt sich eine Anthropologie, die der Kenntnis der bei der Urbevölkerung Madagaskars gebräuchlichen Heilpflanzen dienen will. Die neueste Richtung der Anthropologie ist anklägerisch-protektionistisch eingestellt. Zu ihr gehören Bücher wie Jean Monods *Un riche cannibale* und, in jüngster Zeit, Dee Browns *Begrabt mein Herz an der Biegung des Flusses* (so die aus dem Amerikanischen übersetzte Ausgabe).

Wilhelm Mühlmann unterscheidet in seiner *Geschichte der Anthropologie* ferner zwischen hominider und humanider Anthropologie: die eine zielt auf die Entstehungsgeschichte des Menschen, die andere auf das Werden von kulturellen Bestrebungen. Es gibt außerdem eine philosophische Anthropologie, die naturgemäß alle Türen offen hält. Überall, wo der Mensch als Gegenstand wissenschaftlicher Bestrebungen auftritt, kann – zum mindesten am Wortsinn gemessen – Anthropologie zum Zuge kommen. Das bedeutet aber, daß sie den Geschichtsprozeß im Ganzen zu verantworten hätte. Diese gefährliche Entgrenzung einer Wissenschaft könnte durch eine rigorose Deflation der Fragestellungen aufgehoben werden.

Zur Geschichte der Anthropologie

Die anthropologische Fragestellung richtet sich auf den Menschen als den mit sich selbst identischen, immerwährenden Träger seines Schicksals und seiner Geschichte. Außer dem Problem der Menschwerdung steht zur Diskussion, wie Geschichte überhaupt möglich wurde oder ob schon die frühesten Bewegungen der Menschen einen geschichtlichen Charakter aufweisen. Anthropologie sieht also die Geschichte der Menschheit von ihrem Ursprung her – die Geschichte der geschichtlichen Menschheit berührt sie nicht mehr.

So bildete die anthropologische Fragestellung im Zusammenhang vielfältiger weltanschaulicher und wissenschaftlich-erkenntnismäßiger Bestrebungen, im Zusammenfließen von Philosophie und Psychologie, Medizin und Biologie, Geschichte und einer Fülle praktischer Alltags- und Welterfahrung einen Problemkreis, in dem die großen Fronten des 18. Jahrhunderts aufeinanderstießen, die ideologisch-weltanschaulichen Klassengegensätze aufbrachen. In der Grundrichtung zielte die emanzipatorische Erkenntnis auf das Begreifen des Menschen als Glied und Entwicklungsprodukt im Reich der Lebewesen, in einer autonomen Natur und in der Bestimmung seiner Besonderheit; dagegen mühte sich die theologische Reaktion, Gottes Schöpfertat, Offenbarung und die unsterbliche Seele zu retten bzw. diese mit fortschreitenden Erkenntnissen zu versöhnen.

Der Ertrag war groß – und historische Forschung findet eine Rechtfertigung darin, in dem, was uns heute selbstverständlich erscheint, die Spur der Geschichte, die Leistung emanzipatorischer Kämpfe bewußt zu machen.

Denn die Sicht auf den Menschen als natürliches und dem allgemeinen Zusammenhang der Natur eingegliedertes Wesen wurde in der Aufklärung gewonnen, sie tastete sich an wesentliche Erkenntnisse der „Menschwerdung des Affen" heran, begann Aspekte zur Gesellschaftlichkeit und Historizität zu erfassen, die Spezifik und Rolle von Sprache, von Hand und Hirn. Das ist oft sehr vermittelt: durch die ideologischen Zusammenhänge und geschichtliche Realerfahrung wie durch die literarische Tradition. Darum führt das Bild des „guten Wilden" als sozialkritische Kontrastfigur zum Herankommen an die realistische Erkenntnis, daß in diesem „Wilden" historische Stufen der Menschheitsentwicklung den Europäern gegenübertreten; darum ist die wirkliche Erfahrung anderer Völker so wichtig und die schöne Literatur eine Stätte ihrer Verarbeitung, die Reisebeschreibung zugleich Ort philosophischer Selbsterkenntnis (Analogien zur Entstehung der jonischen Naturphilosophie bieten sich an, die hier nicht weiter zu verfolgen sind). Nur scheinbar ist die Frage nach der Tierseele eine Sache der Tierpsychologie und Zoologie. In den Auseinandersetzungen geht es zugleich um das menschliche Selbstverständnis und die Bestimmung der menschlichen „Seele".

Von diesen Grundfragen handelt das Folgende. Abgesehen wird von besonderen Aspekten der medizinischen Anthropologie, der Psychologie – und auch jenes große Kapitel bleibt ausgespart, das von der englischen Aufklärung geschrieben wurde.

Anthropologie erscheint hier als Fragestellung, nicht als Disziplin. Und diese Frage konnte nur von einem sich entwickelnden System der Natur- und Gesellschaftserkenntnis beantwortet werden. Wir dokumentieren einen entscheidenden Ausschnitt aus dem kollektiven Prozeß, in dem in einer Jahrhundertsdiskussion ein neues Selbstverständnis errungen wurde, eine Befreiung von ideellen Bindungen, Normen, Illusionen christlichen und feudalen Gehalts, eine Freisetzung sowohl wissenschaftlicher Erkenntnis als auch bürgerlich-diesseitiger Selbstartikulation.

Die Erkenntnis schritt über die Aufklärungsleistung hinaus. Die Spekulation Hegels leistete tiefere Einsicht in die Geschichtlichkeit und produktive Selbsterzeugung der Menschen, und notwendig wurde das Spektrum der Fragestellung aufgefächert – so im Historischen Materialismus und in naturwissenschaftlicher Anthropologie, so in einem System von Disziplinen der Vor- und Frühgeschichte, der Ethnologie und Ethnographie etc., deren Spezifik durch den oft weiterbenutzten Namen Anthropologie eher verdeckt wird. Wissenschaftlich auf der Strecke blieb eine philosophische Anthropologie, insofern sie ein vorgegebenes ungeschichtliches, perennierendes Wesen des Menschen behauptete, aus dauernder menschlicher Natur den Wandel der Geschichte zu begreifen, Veränderung aus Unveränderlichem zu begründen und – aus ideologisch durchsichtigen Gründen – einzugrenzen suchte.

Begann der Name Anthropologie als Bezeichnung einer weltlich-nichttheologischen Disziplin des Wissens vom Menschen seit dem 16. Jahrhundert benutzt zu werden, so hatte diese sich entwickelt zur Wissenschaft von der „Vermittlung des Übergangs von der Morphologie und Physiologie des Menschen und seiner Rassen zur Geschichte", wie Engels mit dem Hinweis auf die sprachliche Inadäquatheit der Bezeichnung formulierte.

Eine notwendige Bedingung der Erkenntnis dieses Übergangs betrifft die Historizität dessen, was als scheinbar selbstverständliche und dem Wandel nicht unterworfene menschliche „Natur" ja gegenwärtig erfahren wird. Hier liegt eine der großen Leistungen des 19. Jahrhunderts: In den meist unter dem Titel der Anthropologie zusammengefaßten Forschungsrichtungen wurde empirisch bewiesen, was der Aufklärung wesentlich nur antizipierender Gedanke sein konnte. Das gilt für einen Gegenstandsbereich, der vom menschlichen Körperbau zur Sprache, von den geschlechtlich-sozialen Grundbeziehungen bis hin zu religiösen Verhaltensweisen reicht. Der Erfahrungshorizont dehnte sich über die alte Geschichte bis tief in die Vorgeschichte der Menschenentstehung hinein aus, die Völkerkunde erweiterte sich mit dem Kolonialismus, bot ebenso eine Erkenntnischance wie Erkenntnisfessel, und die Geschichte der Entkolonialisierung des „wissenschaftlichen" Denkens ist noch nicht zu Ende geschrieben. Ganz entscheidend war der Übergang zu einer empirisch-systematischen Methodik der Materialsammlung und Materialaufbereitung.

Deshalb gilt auch vielfach die Anthropologie als eine junge Wissenschaft. Ihr Ursprung läge nach der heute des öfteren vertretenen Ansicht am Anfang und in der Mitte des 19. Jahrhunderts. Es ist zweifellos richtig, daß mit der Begründung der Jauffretschen Gesellschaft ein neues Blatt in der Geschichte der Anthropologie aufgeschlagen wurde. Sie war weniger der Abschluß des 18. Jahrhunderts als der Vorgriff auf die Anthropologie des 19. Jahrhunderts.

Einer etwas späteren Zeit gehörten an: Geoffroy Saint-Hilaire (1772–1844), der den inneren Zusammenhang in der Entwicklung der Pflanzen, der Tiere und des Menschen begriffen hatte; William Buckland (1784–1856) lenkte auf die Spuren fossiler Menschenreste, ebenso Jacques Boucher de Crèvecoeur (1788–1868), der in seinem Buch *De la création* 1836 die Überzeugung ausspricht, daß Spuren prähistorischer Menschen gefunden werden würden. Bei der Ausgrabung von Elefantenknochen stieß er später auf menschliche Werkzeuge aus Feuerstein. 1857 hält ein Dr. Fuhlrott (1803–1877) einen Vortrag über den Fund des ersten Neandertalers (heute besitzen wir deren 150). Nachdem Georges Cuvier (1769–1832) schon vorher Skelette prähistorischer Tiere gefunden hatte, wünscht Gabriel de Mortillet (1821–1898) die Einteilung nach Tierarten zu ersetzen durch eine solche nach Fundorten. Er wurde mit dieser Wendung der Vater der prähistorischen Kunstgeschichte.

Die großen Namen des Jahrhunderts sind die von Bachofen und Morgan. Der Schweizer Johann Jakob Bachofen (1815–1887) ließ 1861 *Das Mutterrecht* erscheinen, in dem die Gynäkokratie als ursprünglicher Zustand der Urmenschheit festgehalten wurde. Solange der kausale Zusammenhang zwischen Zeugung und Geburt noch nicht begriffen war, herrschte chaotische Promiskuität: „Nicht nur in den Armen eines Einzelnen zu verwelken wird das Weib von der Natur ... mit allen Reizen ausgestattet." Später findet der Übergang zum apollinischen Vaterrecht statt.

Die Konzeption der Gynäkokratie liegt auch Morgans Urgesellschaft zugrunde. Er wurde zweifellos von Bachofen beeinflußt. Lewis Henry Morgan (1818–1881) führt die verschiedenen Zustände der Urgesellschaft von der Promiskuität, bei der die Kinder zur sozialen Gruppe der Mutter gerechnet wurden, zum allmählichen Durchdringen des Inzestverbots und zur patriarchalischen Familie mit polygamer und schließlich mit monogamer Ehe. Parallel kennzeichnet Morgan die verschiedenen Etappen der wirtschaftenden Menschheit: zuerst „savagery", dann „Barbarei" (mit Töpferei, Haustierzähmung, Gartenbau, Eisenbearbeitung) und schließlich die „Zivilisation" durch neue technische Errungenschaften. Die Differenzierung von Wildheit und Barbarei hat Morgan von Montesquieu übernommen.

Unterdessen hatte Mathias Alexander Castrén (1813–1852) aus Finnland als erster die These verfochten, daß Magie der Religion vorausgehe. Daran anknüpfend wird die Theorie von Edward Burnett Tylor (1832–1917) zur Lehre eines ursprünglichen Animismus ausgebaut, wie sie etwa gleichzeitig auch Wilhelm Wundt (1832–1920) vertrat. Nach Darwin (1809–1882) und dem Grafen Gobineau (1816–1882) versteifte sich auch Francis Galton (1822–1911) auf eine sozialaristokratische Auffassung. Die Mehrzahl der Begabungen fänden sich demnach nur in der Oberschicht, die aber entfernt keine so reiche Nachkommenschaft erzeugt wie die Unterklasse. Der Rassenverschlechterung, die das Gesetz der natürlichen Auslese zur Umkehr gebracht habe, müßten staatliche Maßnahmen zum Schutz vor Entartung entgegentreten.

Auf der anderen Seite wurden solche Programme von dem antietatistischen Liberalismus Spencers verpönt. Herbert Spencer (1820–1903) hatte die Prinzipien der natürlichen Auslese und des Kampfes ums Dasein schon vor Darwin formuliert. Das leicht dem Schematismus verfallende System des Evolutionismus wurde jedoch von Spencer nicht entwickelt. Evolution kann nicht eine innewohnende Tendenz eines Aggregats zur Höherentwicklung sein, sie entsteht vielmehr aus dem Zusammenwirken innerer und äußerer Kräfte zu einem Gleichgewicht, das freilich beweglich sein muß, um lebendig zu bleiben, und das Rückfälle in niedrigere Formen (Retrogression) nicht ausschließt.

Des weiteren treten kollektivistische Theorien den personalistischen entgegen. Zu dieser ersteren Gruppe gehört Karl Lamprecht (1856–1915), der den Spielraum der großen Männer auf die Übereinstimmung mit den Gesamttendenzen der Epoche beschränkt. Zu ähnlichen Ergebnissen gelangte auch der berühmte französische Soziologe Emile Durkheim (1858–1917). Gegen seinen Begriff der Kollektivität wendete sich Gabriel Tarde (1843–1904): Kollektive Phänomene haben im Personellen ihren Ursprung. Kollektiver Druck entsteht zuerst durch Nachahmung und Suggestion. Lamprechts Widerpart aber war vor allem Eduard Meyer (1855–1930). Er verwarf das Vorurteil, daß die Naturgesellschaft keine Persönlichkeiten hervorbringe – biographisch-monographische Studien über vereinzelte Wilde täten not.

Ein weiterer Gegensatz bricht auf in der Bewertung von Ähnlichkeiten bei weit auseinanderliegenden Völkerschaften. Handelt es sich um biologische Konvergenzen in einem Entwicklungsschema oder um Übertragungen, die vor allem Wanderungen ermöglichten? Diese Alternative war schon durch die Aufklärung geboten worden.

Einflüsse werden durch die Kulturkreistheorie weitgehend verworfen, wie sie Leo Frobenius (1873–1938) und später Arnold Toynbee aufstellten. Toynbees einundzwanzig voneinander unbeeinflußte Kulturen stellen einen Pluralismus dar, dem der Begriff der Welt- und Menschheitsgeschichte geopfert wird. Da es keine Verständigung gebe, werde die herrschende Rasse stets die unterlegene auszurotten versuchen.

Zu Anfang des neuen Jahrhunderts wurde die religionsgeschichtliche Untersuchung der Primitiven zur beherrschenden Forschungsrichtung. Lucien Lévy-Bruhl (1857–1939) und Theodor Wilhelm Danzel (1886–1945) sahen die Welt der Primitiven im wesentlichen durch die emotionale, prälogische Funktion der Magie begrenzt. Die Primitiven wurden damit zu Menschen sui generis. Waren sie nicht wie Kinder, die durch einen weisen Kolonialismus gesteuert werden mußten? Der heute führende französische Ethnologe Claude Lévi-Strauss hat hier ein erlösendes Wort gesprochen: Primitiv sei nicht eine besondere Menschenart, sondern eine psychische Schicht, die bei allen menschlichen Rassen zu finden sei. – Ganz ähnlich hatte schon zweihundert Jahre zuvor Fontenelle dieses Problem verstanden.

Die Anthropologie von Claude Lévi-Strauss steht in schroffstem Gegensatz zu derjenigen von Lévy-Bruhl. Durch Lévi-Strauss wurde der sprachwissenschaftliche Strukturalismus erfolgreich auf die Anthropologie übertragen. Das Verständnis der Mythen läßt sich durch keine Einfühlung in einen uns entfremdeten Bereich der Völkerseele erzielen. Logisches Denken hat seine genaue Stelle in der Sprache der Mythen, deren Grundelemente einfach abgelesen werden können. Während die Soziologen bisher „die Frage nach dem Verhältnis von sogenannter 'primitiver' Mentalität und wissenschaftlichem Denken stellten und im allgemeinen damit beantwortet haben, daß sie auf qualitative ... Unterschiede hinwiesen", werden wir, Lévi-Strauss zufolge, „vielleicht eines Tages entdecken, daß im mythischen und im wissenschaftlichen Denken dieselbe Logik am Werke ist und daß der Mensch allezeit gleich gut gedacht hat".[2])

Der Begriff der Menschheitsgeschichte wird von den strukturalistischen Ethnologen besonders betont: ihrer Auffassung nach stellen die primitiven Völker einen bestimmten Entwicklungsstand innerhalb eines überall durchdringenden stadialen Prozesses dar. Hier könnte die moderne Anthropologie sehr wohl in die Schule der Aufklärung gehen.

Es wäre indessen unrichtig, die strukturalistisch-idealistische Methode eines Lévi-Strauss für das letzte Wort der Anthropologie zu halten. Sein Versuch, die ganze Entwicklung der primitiven Gesellschaft aus der Konzeption einer „nuklearen" Familie abzuleiten, widerstreitet der schon zuvor gemachten Erkenntnis eines früheren Bestandes der sozialen Verbände. Das Bestreben, das Prinzip der Familie zu verewigen, ist als Ausfluß einer bestimmten Ideologie leicht erkennbar.[3]) Wir werden sehen, daß schon im 18. Jahrhundert bei Jan Cornelis de Pauw die Einsicht aufdämmert, daß nicht die Familie, sondern der soziale Verband die Wurzel der Staatlichkeit bildet (vgl. S. 134).

Unter den anderen bedeutenden Forschern einer nunmehr schon vergangenen Epoche nennen wir noch Hugo Obermaier (1877–1946), der sich mit der mythischen Insel Atlantis beschäftigte und durch die Freundschaft mit Ortega y Gasset die Leitung des Madrider Instituts für Urgeschichte übertragen bekam. Hans Driesch (1867–1943) bewies durch sein berühmtes Seeigelexperiment, daß der Organismus keine Maschine ist. Diese Erkenntnis führte ihn aber in späteren Jahren zu einer spiritualistischen, ja spiritistischen Konzeption des Lebens. Herbert Kühn betrieb vor allem prähistorische Kunstforschung.[4]) Ewald Schuldt legte 1972 ein Buch über die mecklenburgischen Megalithgräber vor. Forschungsberichte über *Ausgrabungen in aller Welt* publizierte Hans-Dietrich Kahlke im gleichen Jahr.

In der Praxis aber fruchtete alle Anregung der modernen Anthropologie so gut wie gar nichts. In den Vereinigten Staaten sind die den Urbewohnern zugeteilten Reservate vielfach so unfruchtbar, daß immer mehr Indianer gezwungen sind, ihr Auskommen in der Anpassung an die Industriegesellschaft unter Preisgabe ihrer Stammeszugehörigkeit zu suchen.

Noch schlimmer liegen die Verhältnisse in einigen Teilen Südamerikas. Die ungestörte Genocidie, der systematische Völkermord, nimmt mit der „Ausräumung" der noch überlebenden Stämme seinen Fortgang. Die Dinge verhalten sich in Wahrheit so, als hätte Las Casas (1474–1566) niemals gelebt. Im Amazonasgebiet führt eine Autostraße quer durch die Reservate der Indianer. Ihrer lästigen Existenz entschlägt man sich auf die billigste und brutalste Weise. In Kolumbien wurde ein Angeklagter des vierfachen Mordes geziehen. Als aber das Hohe Gericht erfuhr, daß die Gemordeten Indianer waren, erkannte es auf Freispruch. Nur in den höchsten Höhenlagen der Anden ist der Indianer vor seinen Henkern geschützt. Das Klima ist für diese unerträglich, während die Indianer durch eine Art von Zuchtwahl einen vor den schädlichen Einflüssen gefeiten Organismus vererben.

Dagegen scheint sich in Mexiko ein Gesinnungswandel anzubahnen. Man hat begriffen, daß den Indianern, die in diesem Lande nach Millionen zählen, das Spanische und die ihre Lebensverhältnisse bessernde Technik nahegebracht werden müßten, ohne sie jedoch aus ihrer Stammesgebundenheit herauszulösen. Der ehemalige, sehr progressiv eingestellte Bundespräsident Luis Echeverría Alvarez scheint sich dieser doppelten Verpflichtung gegenüber seinen indianischen Landsleuten voll bewußt zu sein.[5]) In Brasilien haben die Ethnologen erkannt, daß durch die christliche Missionstätigkeit das Stammesbewußtsein der Indianer aufs schwerste erschüttert wird.

Während für die einen die wahre Anthropologie mit dem 19. Jahrhundert beginnt, sehen andere (so Herbert Kühn) erst in den fünfziger Jahren unseres Jahrhunderts eine Zeit der Erfüllung. Der große Hiatus zwischen 18. und 19. bzw. 20. Jahrhundert darf aber nicht verkleinert werden. Einem Jahrhundert der Funde folgte die Epoche der systematischen Ausgrabungen; einem Jahrhundert, das auf die Zeugnisse der überlebenden Völkerschaften angewiesen war, folgte eine Ära, die anhand fossiler Gräber das Leben längst verstorbener Menschen oder Halbmenschen rekonstruierte.

Im Fortgang der Anthropologie ließ sich der euphorische Schwung, den Kühn und die Anthropologen der fünfziger Jahre noch besessen hatten, nicht mehr aufrechterhalten. Die alten Systeme wurden überkreuzt durch neue Entdeckungen. Das Ergebnis war eine allgemeine Verwirrung, in die der sowjetische Forscher L. S. Klejn Licht zu bringen versuchte.[6]) Das Hauptanliegen dieses Forschers ist die Kritik des in die Krise geratenen Evolutionsdenkens.

Ausgangspunkt dieser Krise ist die größere, in neuester Zeit bis zum Äußersten getriebene Differenzierung der Perioden. Schon 1855 unterschied Sir John Lubbock (1834–1915) Paläolithikum und Neolithikum; um 1870 trat das Mesolithikum hinzu. Statt dieser drei Zeitalter werden neuerdings sechs unterschieden. Dabei sind die Materialbezeichnungen der Epochen (Stein, Bronze, Eisen) durch solche der Verfahrensweisen ersetzt worden. So gelangt man z. B. zu einer neuen Epoche, der aenolithischen, in der Kupfer ohne Zinnzusatz verarbeitet wurde. Dem Paläolithikum wird dann vorangestellt ein Protolithikum, in dem lediglich Holz, Knochen und Muscheln verwendet wurden. Für diese Unterscheidung hatte der sowjetrussische Forscher schon 1938 plädiert, nach ihm T. A. Richard (*The nomenclature of archaeology*, 1944) und G. Smolla. Gab es eine prälithische Periode in der Kulturgeschichte der Menschheit? Womit aber beginnt das Neolithikum: mit der Einführung eines neuen Verfahrens oder neuer Geräte? Und wann endet das Neolithikum? Mit dem ersten Auftauchen der Kupfererzeugnisse? Oder mit dem Fund zahlreicher Kupferprodukte? Oder mit dem Erscheinen von Schmuckstücken aus geschmolzenem Kupfer? Oder als aus Kupfer bereits Waffen hergestellt wurden? Umstritten ist auch der Beginn der Bronzezeit. Fällt er mit dem Auftauchen von beliebigen Kupferlegierungen zusammen? (Dann drittes bis zweites Jahrtausend v. u. Z.!) Oder gibt dafür die Legierung von Kupfer mit Zinn den Ausschlag? (Dann erst Mitte des zweiten Jahrtausends v. u. Z.)

Hinter dieser ganzen von Klejn dargelegten Problematik verbirgt sich die Krise des individualistischen Evolutionsdenkens überhaupt. Der Evolutionismus in seiner ursprünglichen und einsinnigsten Form verkennt lokale Unterschiede und regionale Entwicklungen völlig und überträgt die Auswirkungen der in den Spitzengebieten gemachten Errungenschaften auf alle übrigen Gebiete, ob sie daran teilhaben oder nicht. Und ferner: „Der innere Mechanismus der Wechselwirkung von Faktoren innerhalb der gesellschaftlichen Struktur blieb den Evolutionisten verborgen.“ [7]) Die unausbleibliche Reaktion auf diese Einseitigkeit war der vollständige Rückzug auf die Beschreibung lokaler Erscheinungen und die Verleugnung der Existenz von Parallelerscheinungen auf den verschiedensten Gebieten. Diese Reaktion ergriff nicht nur die westeuropäische – als Beispiel wird G. E. Daniel genannt –, sondern auch Teile der sowjetrussischen Forschung. So wenn A. Ja. Brjusov die Bronzezeit nur für die unmittelbaren Produktionszentren der Bronze anerkennt, alle übrigen Gebiete aber in ein sozusagen bis heute andauerndes Neolithikum verlegt. Demgegenüber stellt E. N. Černych 1965 fest, daß wir jene Kulturen als bronzezeitliche bezeichnen müssen, in denen eine Gruppe die Hauptmenge der Erzeugnisse aus einem Bronze produzierenden Zentrum erhält.

Seit einiger Zeit bahnt sich eine neue Forschungsrichtung in der Sowjetunion und in England an. Bereits Morgan und Engels hatten erkannt, daß Wandlungen in der Gesellschaft nicht nur auf Grund des Wandels des technischen Arbeitsgeräts, sondern erst auf Grund des Wandels der gesamten Produktion eintreten. Auch in der neueren englischen Forschung ist eine umfassendere Betrachtung der Dinge durchgedrungen: Die technologische Periodisierung wird wegen ihrer Einseitigkeit und ihrer schmalen Basis abgelehnt; dagegen sieht man nun die Einführung der Viehzucht und des Bodenbaus für des Leben der Menschheit für wichtiger an als das Vorhandensein von Metallen.[8])

In der Sowjetunion hatte schon der berühmte Erforscher der kaukasischen Sprachen, Nikolaj Jakovlevič Mar (1865–1934), dieser Wendung ihren radikalsten Ausdruck verliehen: Der Stand eines archäologischen Komplexes könne nur von der Gesamtheit aller historischen Faktoren her erhellt werden. Auch heute halten viele sowjetrussische Anthropologen die Bestimmung der archäologischen Erscheinungen allein im Rahmen einer allgemeinen historischen Periodisierung für möglich; sie schwenken damit in die Theorie von einer allseitigen Entwicklung ein. Sie machen eines sichtbar: daß nämlich der Evolutionismus, unbeschadet aller unerläßlichen Differenzierungen und Modifikationen, nicht tot ist. Er kann nicht tot sein, solange die historische Forschung am Leben bleibt.

Indessen sind die Probleme der Anthropologie nicht erst von gestern und heute. Wo immer der denkende Geist zur Konfrontation mit den primitiven Völkern veranlaßt wurde, war der Trend zu anthropologischen Gesichtspunkten gegeben. In diesem Sinn gibt es Anthropologie schon im Altertum, dann im 16. Jahrhundert – dem Jahrhundert der Entdeckungen.

Die Idealisierung der Indianer durch spanische Schriftsteller jener Epoche, z. B. Las Casas, Garcilaso de la Veg und El Inca (um 1535–1568), erinnert an die um ein Jahrhundert früher entstandenen „Grenzromanzen" (fronterizos), die gleichfalls der Verherrlichung eines Landesfeindes, nämlich der Mauren, dienten. Bernardino Ribeira de Sahagún (1500–1590) ließ ein monumentales Werk über Mexiko in aztekischer Sprache erscheinen. Im selben Jahrhundert brachten spanische Missionare wertvolle Grammatiken und Wörterbücher der amerikanischen Eingeborenensprachen heraus.

Für eine Anthropologie des 16. Jahrhunderts genügt es im übrigen, in diesem Zusammenhang den Anfang und das Ende kurz zu charakterisieren. Maurice Scève (um 1501 – um 1564) hatte in seinem *Microcosme* (1562) die Geschichte des ersten Menschen nachgezeichnet. Darin wird der Rahmen der biblischen Berichte durch eine kühne Bildersprache immer wieder durchbrochen. Ein besonderer Höhepunkt dieser poetischen Darstellung ist der Hüttenbau Adams, der nach allen technischen Regeln erfolgt. Albert-Marie Schmidt (1901–1966), Verfasser der 1938 in Paris erschienenen *Poésie scientifique en France au XVIe siècle*, bemerkt zu dieser Stelle, der Dichter hätte hier kein Vorbild besessen: „... indem er einfach logisch vorging, wurde er intuitiver Anthropologe (Hervorhebung – W. K.). Die Übereinstimmung mit dieser heute betriebenen Wissenschaft ist vollständig." [9]) Ähnliches ließe sich über die Erfindung des Pfluges ausmachen.

1580 erschien in Montaignes (1533–1592) *Essais* ein berühmtes Kapitel über Kannibalismus und die Barbaren in Amerika. Montaigne zieht hier einen Gewährsmann heran, der jahrelang im arktischen französischen Amerika gelebt hatte. Es wird zuerst festgestellt, daß eine jede Nation die anderen für „barbarisch" auszugeben pflegt. Die Barbaren stehen noch unter der ungebrochenen Herrschaft der Naturgesetze. Sie sind gesund und bleiben es ihr Leben lang. Bei ihnen sind „die wahren, die nützlichsten und natürlichsten Tugenden und Eigenschaften" in voller Geltung. Was man da erfahren könne, übertreffe nicht nur alle poetischen Gemälde des Goldenen Zeitalters, sondern auch die Denkmöglichkeiten der Philosophen.

Wir haben hier schon den voll ausgebildeten Mythos des „guten Wilden", die Legende vom „bon sauvage", der ein Teil der Anthropologen des 18. Jahrhunderts zuneigte. Der Kannibalismus wird dadurch entschuldigt, daß er nicht aus Gefräßigkeit, sondern aus Racheverlangen gegenüber dem geschlagenen Feind herrühre. Montaigne hat sich viele interessante Einzelheiten über die Lebensführung der Indianer erzählen lassen. Mann und Frau schlafen nicht zusammen, sondern jeder für sich in seiner Hängematte. Sie stehen mit der Sonne auf, um dann ihre einzige Mahlzeit zu verzehren. Sie depilieren und rasieren sich viel schärfer als die Europäer. Ihre Weisen predigen ihnen unaufhörlich den Refrain: Mut vor dem Feind und Freundschaft zu den Frauen. Bewundernswert ist ihre Standhaftigkeit im Ertragen der schlimmsten Folterungen und Martern. In der Anthropologie des 18. Jahrhunderts, in dem Montaigne weit mehr gelesen wurde als im 17., kehren all diese Züge wieder.

Noch ein Wort in einer umgekehrten Fragerichtung. Zwischen der Anthropologie des 16. und des 18. Jahrhunderts gibt es dem Anschein nach mehr Berührungspunkte als zwischen ihr und der des 19. und 20. Jahrhunderts, unserer Epoche also, in der sich die Anthropologie erst als Wissenschaft sensu strictiori konstituierte. Diesem Anschein widerstreitet aber die Rückwendung der heutigen Anthropologie zu ihrer eigenen Geschichte und Vorgeschichte. Sicher bescherte das 19. Jahrhundert gleich zwei gänzlich neuartige Konzeptionen: das Matriarchat Bachofens, das freilich schon bei Lafitau (vgl. S. 122) vorgebildet war, und die Struktur der Urgesellschaft von Morgan. Die nunmehr systematisch betriebenen Ausgrabungen ermöglichten neue Erkenntnisse. Man bemühte sich darum, Magie und Primitivismus als eine besondere, inkommensurable Welt zu durchleuchten; so Lévy-Bruhl, so Danzel und neuerdings E. E. Evans-Pritchard. Die Gefahren dieser morphologischen Betrachtungsweise liegen auf der Hand. Den Eingeborenen wird das normale Menschsein abgesprochen; die Fürsorge der Kolonialmächte wird dadurch gerechtfertigt.

Für das 18. Jahrhundert besitzen wir aus jüngster Zeit das ausgezeichnete Buch von Michèle Duchet: *L'Anthropologie et l'histoire dans le siècle des lumières* (1972). Dieses Werk, dem auch wir mancherlei Anregungen verdanken, beschränkt sich aber auf die Darstellung der Anthropologie bei den fünf größten französischen Philosophen des 18. Jahrhunderts. Da aber dieses philosophische Fünfergestirn nicht gleichbedeutend mit der französischen Aufklärung ist, blieb das Anliegen bestehen, dem wir hier nachzukommen bemüht sind. Das bereits erwähnte Buch von Sergio Moravia mußte notwendig zu mancher Überschneidung mit unserem Vorhaben führen. Unser Vorsatz war es aber, der Anthropologie des 18. Jahrhunderts durch ihre wichtigsten Repräsentanten zum Wort zu verhelfen, die Ursprachentheorie als einen für sie integrierenden Bestandteil zu behandeln und das Anliegen der deutschen Anthropologen der Spätaufklärung zu erhellen, zumal der sonst so treffliche Moravia die deutschen Werke nur aus französischen und italienischen Übersetzungen zu kennen scheint. Durch die Darstellung der Anthropologie in der französischen und deutschen Welt des 18. Jahrhunderts soll eine gewichtige Vorstufe zur heutigen Wissenschaft kenntlich gemacht, zugleich aber soll das Bild der Aufklärung durch einen neuen Aspekt bereichert werden.

Anthropologie – Wort und Sache

Inwieweit lassen sich nun Wort und Sache verrechnen? Eine nur semantische Bestimmung verfehlt ihr Ziel durch den falschen Ehrgeiz, um jeden Preis Wort und Sache zur Deckung zu bringen. Die Sache kann in Wahrheit unter den verschiedensten Benennungen bestanden haben. Das relativ späte Aufkommen des Wortes „Anthropologie“ für eine seit der Antike erörterte Fragestellung kann daran nichts ändern. Wenn aber durch frühen und anhaltenden Consensus omnium der nicht nur gültige, sondern endgültige Terminus gefunden wurde, so bedeutet das doch etwas. Der glückliche Fund wird immer auch von einem sachlichen Fortschritt oder Wertzuwachs begleitet sein. Ein Knotenpunkt in der Entwicklung ist erreicht.

Aristoteles nannte Anthropologie schon die Lehre, die sich mit einem Selbst und mit den anderen Menschen beschäftigte. Aber mit dieser Bedeutung hatte das Wort noch kein Glück. Die Patristik stellte Anthropologie, „auf menschliche Art Göttliches zu sagen“, in schroffen Gegensatz zur Ideologie, auf die es allein ankommt. Diese Bedeutung bringt noch, freilich entschärft, Nicolas de Malebranche (1638–1715): Er stellt in seinem Werk *De la vérité* (1674/75) fest, daß die Bibel voller „Anthropologie“ sei, weil sie für die einfachen Menschen wie auch für die Wissenden geschrieben wurde. Ähnliches findet der Abbé Prévost (1697–1763) im *Manuel lexique* von 1755 unter dem Stichwort „anthropologie“: „Ein Name für die figürlichen Wendungen, die die Heilige Schrift gebraucht, um sich auf der Ebene des menschlichen Geistes einzufinden, der Gott oft eine sehr menschliche Sprache sprechen läßt.“ [10]) Nach 1780 ist man in Frankreich hinsichtlich des Wesens der mit diesem Wort gemeinten Bedeutung immer wieder rückfällig geworden. Das geht aus Richelet/Waillys *Dictionnaire portatif* hervor: „Figürlicher Ausdruck, der Gott Hände, Augen, Gefühle, Schmerz und Freude zuschreibt.“ [11])

Das Buch *L'uomo trattato fisico morale* (Lucca 1756) von Joseph Corio, Marquis de Gorini, wurde ins Französische direkt mit *Anthro-*

pologie übersetzt. Demgegenüber verfiel Alexandre Savérien (1720–1805) 1778 wieder auf die Grundbedeutung: die gesamte Geschichte des Menschen, wenn er schreibt, Anthropologie sei die Wissenschaft vom Menschen, und die Geschichte der Anthropologie wäre die Geschichte des Menschen, „dieses Wesens, das zweifellos das Meisterwerk der Natur ist". Dem modernen Sinn von Anthropologie kam 1788 der Lausanner Professor Alexandre-César de Chavannes (1723–1800) noch beträchtlich näher. Für ihn ist Anthropologie die Wissenschaft vom Menschen, betrachtet in der Konstituierung seiner Natur, in allen Zügen, die ihn den anderen Arten näherbringen oder ihn von jenen unterscheiden.

Mehr Glück hatte das Wort in Deutschland, wo es von Johann Friedrich Blumenbach (1752–1840), Kant, Herder und dann später wieder von Hegel aufgegriffen wurde. Man kann sagen, daß erst durch Kant der aufklärerische Sinn von Anthropologie erfüllt wurde. Dieser Begriff wird nunmehr in zwei Richtungen gültig: Nach Kant gibt es eine physiologische und eine pragmatische Anthropologie; während sich die physiologische Menschenkenntnis auf die Erforschung dessen richte, was die Natur aus dem Menschen mache, gehe die pragmatische auf das aus, was er, als frei handelndes Wesen, aus sich selber macht oder machen kann und soll. Und Herder hält dafür, „eine anthropologische Charta der Erde, wie Zimmermann eine zoologische versucht hatte ..., würde das philanthropische Werk krönen".[12])

Wenn es Anthropologie auch schon vor der Verallgemeinerung dieses Begriffes gab, so erweist sich natürlich auch umgekehrt die der Mode seit den zwanziger Jahren unseres Jahrhunderts folgende Etikettierung der verschiedenartigsten philosophischen Bemühungen als „anthropologisch" nicht unbedingt als legitimierbar. In Odo Marquards 1965 abgedrucktem Aufsatz *Zur Geschichte des philosophischen Begriffs 'Anthropologie' seit dem Ende des 18. Jahrhunderts*[13]) ist eine Fülle von Materialien zu diesem Thema gesammelt, die aber noch eine kritische Bilanz erfordern.

Das Vorbild der antiken anthropologischen Systeme[14])

Wenn Jean-Jacques Rousseau als vorgeschichtlichen Urzustand das Nebeneinanderleben von Individuen ansetzt, so hatte schon Lukrez (um 95–55 v. u. Z.) als Interpret des epikureischen Weltbildes eine solche Theorie verfochten: „quisque valere et vivere doctus". Der Geschlechtsakt wird auf dieser Entwicklungsstufe zwischen stets wechselnden Partnern vollzogen. Epikur (341–270 v. u. Z.) hielt den Geschlechtsakt für *φύσει* gegeben. Zwischen den einzelnen Individuen bestand nicht das friedliche Nebeneinander (wie es Jean-Jacques Rousseau voraussetzte), sondern das später von Thomas Hobbes (1588–1679) angenommene gewalttätige Verhalten zwischen den vereinzelten Menschen: „bellum omnium contra omnes". Diese Phase suchte der erste Gesellschaftsvertrag zu beenden, der auf gegenseitige Schonung von Frauen und Kindern bedacht war. Der ursprüngliche Zustand hatte auch bei Epikur des Recht des Stärkeren hervorgebracht. Demgegenüber sah Aristoteles den Urzustand als beherrscht von gesellschaftlicher Verbundenheit. Die Hausgemeinschaft, die Gesellschaft und der Staat wären also *φύσει* begründet. Auf diese Theorie greift in der Aufklärung vor allem Voltaire zurück. Für Lukrez und Epikur dagegen zielt der Gesellschaftsvertrag auf die Absicht, einander „nec laedere, nec violare". Dahinter standen die Gefahren, die den vereinzelten Menschen der Urzeit von seiten der wilden Tiere drohten.

Parallel zu dieser Vorstellung entsteht auch die von der Entwicklung der Sprache. Vor der ausgebildeten Sprechfähigkeit setzt Lukrez im Hinblick auf die Entwicklungsgeschichte der Menschheit eine Phase an, in der ein nur rudimentär entwickeltes Sprechvermögen durch gestische Ausdrucksbewegungen unterstützt wird. Diesen sprachlichen Frühzustand spiegelt die sprachliche Haltung der Kinder wider. „Die Erkenntnis der Hilflosigkeit, des Nichtgewachsenseins gegenüber andern Menschen"[15]) gibt in einer offenbar sophistisch beeinflußten Stelle von Platos *Staat* den utilitaristischen Ansatz für die Vertragstheorie und das Recht des Stärkeren. Unter dem Recht des Stärkeren verstanden viele Sophisten indessen nicht die Fortdauer der auf Gewalt beruhenden Zustände, sondern ihre Überwindung durch die demokratische Gleichheit vor dem Gesetz. Theodor Gomperz (1832–1912) konnte daher den aufklärerischen Grundton aller Vertragstheorien betonen. Wichtig ist in diesem Zusammenhang noch die Erkenntnis des Protagoras (480–410 v. u. Z.), daß nicht alles ein eingeborenes, von Natur dem Menschen mitgegebenes Vermögen darstellt, sondern daß ihm das meiste erst anerzogen werden muß. Das gilt vor allem auch von der Staatskunst, der πολιτικὴ ιέχνη.

Damit sind die beiden Grundtendenzen anthropologischen Denkens der Hellenen bezeichnet: auf der einen Seite ist Gemeinschaft, Staat und Gesellschaft erst das Werk einer planmäßigen Übereinkunft, während andererseits die bei Aristoteles gipfelnde Theorie die menschliche Natur als die eines ζώον πολιτικόν, d. h. eines auf Gesellschaftlichkeit angelegten Wesens, bestimmt. In der Aufklärung kehrt dieser Gegensatz in der Polarität von Rousseau und Voltaire wieder.

Die Jahrhundertrechnung der Chronologen

Wenn die Antike für die vorgefundenen Entwicklungen keine bestimmte zeitliche Grenze annimmt, so erlaubte die Bibel die Aufteilung des ganzen Prozesses in eine näher bestimmbare Zeitenfolge. Die im 17. Jahrhundert entstandene Chronologie wollte das Alter der Welt aus der biblischen Genealogie errechnen. Sie war außerdem bestrebt, die chronologischen Prozesse bei der ältesten Staatenbildung, bei Ägyptern, Babyloniern, Assyrern und Chinesen in einen zeitlichen Zusammenhang mit der biblischen Periodisierung zu bringen. Sie konnte, ohne eine Häresie zu begehen, die Zeit zwischen der Schöpfung bzw. der Entstehung der Erde und der Ankunft Christi bzw. der eigenen Lebenszeit des Chronologisten auf nicht mehr als ein paar Jahrtausende beziffern. So brachte z. B. der Pater Pétau (1583–1652) von der Schöpfung bis zur eigenen Lebenszeit ganze 5716 Jahre heraus.

„Chronologie" nannte sich derjenige Zweig der Geschichtswissenschaft, der, von der göttlichen Schöpfertat, der biblischen Sintflut und anderen biblischen Ereignissen ausgehend, die Zahl der bis zur Gegenwart währenden Jahrhunderte zusammenzustellen suchte. Schwierigkeiten bereitete besonders die Einordnung der schon Jahrtausende zählenden Reiche der Chinesen und Ägypter in das biblische Weltbild. Alles mußte auf die Genesis zurückbezogen werden. Geradezu grotesk will der Unterschied zwischen den Berechnungen der orthodoxen Chronologen und unserem heutigen Ansatz riesiger Zeiträume erscheinen, mit denen wir zu rechnen pflegen.[16])

Nach chinesischer Berechnung kommt man im Rückgang bis zur Weltentstehung auf 19 Millionen Jahre. Auch die weitere Behauptung der Chinesen, die erste Dynastie sei 3000 Jahre v. u. Z. gegründet worden, und von den Anfängen bis Fo Hi müsse man noch 30000 bis 40000 Jahre in Rechnung stellen, ließ sich mit der behaupteten Priorität der Bibel ebensowenig in Einklang bringen. Demgegenüber werden den Chinesen von ihren Anfängen an nur 2357 Jahre vor

Christus konzediert.[17]) Die Japaner gar wollen bis zu ihren Anfängen hin mehrere Millionen Jahre zurückrechnen. Der Tenno Dai soll 250000 Jahre lang regiert haben. Es war nicht schwer, solche Fabeleien auf die Zeit nach Noah zu reduzieren.

Die biblischen Geschlechter ergaben für die Chronologie nicht viel mehr als 4000 Jahre zwischen der Schöpfung und der Gegenwart der Chronologen. Nachdem aber das Wissen um das hohe Alter der Phönizier und Ägypter in die Vorstellung der Geschichtswissenschaftler eingedrungen war, nachdem durch Missionare der frühe Beginn des Reiches der Mitte bekannt geworden war, mußten diese Daten mit dem biblischen Text abgestimmt werden, so daß das Problem entstand, in den Berechnungen der Bibel einen ausgedehnteren Zeitraum zu ermitteln. Dies geschah denn auch, als der Jesuit Paul Pezron (1639–1706) die Septuaginta dem ganzen Rechenspiel zugrunde legte und dabei für den Zeitraum von der Schöpfung bis zur Gegenwart auf 5500 Jahre kam, wobei Chinesen, Ägypter und Chaldäer in biblischer Art noch Platz fanden.

Der Bearbeiter von Louis Moréris (1643–1680) *Grand Dictionnaire Historique* (Ausgabe von 1740) macht sich unter dem Schlagwort „monde"[18]) dieses Kalkül zu eigen, obwohl die „chronologistes modernes" bis 1732 nach derselben Quelle 7604 Jahre zählten, Usserius (1580–1656) aber von den Anfängen bis zum Jahre Null 4714 Jahre, das macht 6446 bis zum Stichjahr 1732. Die Behauptung der Chaldäer, seit 172000 Jahren die Astrologie betrieben zu haben, wurde als Zahlenwahnsinn belächelt. Ein Aufklärungsfeind wie der jansenistische Abbé Jean-Baptiste Gaultier (1685–1755) erwiderte noch immer, als man ihm die 6000 Jahre seit der Schöpfung entgegenhielt, in der Bibel stehe das nicht. Indessen hatten schon Josephus Flavius (um 37–um 100) 6000 Jahre von der Schöpfung bis zur Geburt Christi, Julius Africanus (3. Jahrhundert) 5500, Eusebius von Caesarea (um 260–340) 5200, Scaliger (1484–1558) 3950, Vossius (1577–1649) 5590 und die spanischen Tablas Alfonsinas aus dem 13. Jahrhundert aber 6984 Jahre herausgebracht. Für einen Atheisten wie Du Marsais (1676–1756) waren diese widerspruchsvollen Zeitberechnungen ein Beweis gegen das Christentum. Indessen erlagen andere Atheisten dem unbewußten, suggestiven Zwang der christlichen Zeitverkürzung. So Henri de Boulainvilliers (1658–1722), der den Weltanfang auf Grund von astronomischen Berechnungen im Jahre 4229 v. u. Z. ansetzt. Immerhin glaubt er, wie auch der englische Philosoph Thomas Burnet (1635–1715), daß der Vorgang der Schöpfung oder

Entstehung der Welt mehrere Jahrhunderte beanspruchte. Der atheistische Philosoph und Historiker Nicolas Fréret (1688–1749) läßt noch die Septuaginta gelten. Gilbert-Charles Legendre (1688–1746) führt in seinem wahrhaft enzyklopädisches Wissen bewältigenden *Traité historique et critique sur l'opinion* die unterschiedlichen Berechnungen auf die Verschiedenheit der Angaben im Pentateuch, in der Septuaginta und bei Josephus Flavius zurück.[19]) Er weist darauf hin, daß man das Gotteswort: „tausend Jahre sind für dich wie ein Tag", zugrunde legend, zu dem goldenen Schnitt von sechs Jahrtausenden gelangen könne, wonach 2000 Jahre vor dem Gesetz, 2000 Jahre unter dem Gesetz und 2000 Jahre unter der Herrschaft Christi verstrichen seien. Indessen – bemerkt Legendre ironisch – „die Chronologie arbeitet nicht mit Proportionen und Symmetrien wie die Architektur". Jean-Baptiste-René Robinet (1735–1820) erklärt peremptorisch: „Die Welt ist 7000 Jahre alt – sie existiert seit 7000 Jahren." Der Chevalier de Chastellux (1734–1788), ein Aufklärer und Voltaireschüler, bemißt die gesamte menschliche Geschichtszeit bis zu ihrem Ursprung in der heroischen oder fabelhaften Vorzeit auf 3000 Jahre. Wenn man ihm entgegenhält, daß 3000 Jahre alt schon das chinesische Reich war, so macht er geltend, daß höchstwährscheinlich damals allein die Chinesen inmitten einer barbarischen Menschheit sich zur Staatsbildung durchgerungen hätten.

In England gelangte Samuel Clarke (1675–1729) zu einer ähnlichen Zahlenfiguration wie die Franzosen: 5895 Jahre von der Schöpfung bis zum Jahre 1696.

In Deutschland verkürzt sich der Zeitraum noch mehr in der Darstellung von Hermann Samuel Reimarus (1694–1768). Auch hier ist von einer religiösen Motivierung keine Rede, obwohl der von der Bibelspekulation geschaffene Zeitrahmen bestehen blieb. Reimarus wendet sich an den gesunden Menschenverstand, dem die Vorstellung einer schier unendlichen geschichtslosen Vorzeit der Menschheit doch nicht zugemutet werden könne. Er sagt, daß „das menschliche Geschlecht vor 4000 Jahren noch seiner Kindheit und ersten Geburt ziemlich nahe" gewesen sei.

Der erste und vollständigste Bruch mit der tradierten Zeitrechnung ging in der ersten Hälfte des 18. Jahrhunderts von „Eternalisten" wie Jean-Baptiste de Mirabaud (1675–1760) aus, die vermeinten, die Welt hätte von Anfang an bestanden. Damit war sowohl die gesamte Chronologie wie auch das Wesen eines Schöpfergottes ad absurdum geführt. Nicht grundlos wird Holbach unter dem Deckmantel Mirabauds sein materialistisch-atheistisches Hauptwerk veröffentlichen. Daß der Vorläufer Holbachs solchen Anschauungen gehuldigt hatte, ergibt sich schon aus dem Wesen seiner Theorie. Wenn er in übrigens recht ungeschickter Weise immer wieder seine Rechtgläubigkeit beteuert – am besten ist noch das Argument, daß das letzte Wort über seine Lehre noch nicht gesprochen wäre –, so war ein solcher Opportunismus durch die noch ungebrochene Stärke der Glaubensmächte gefordert. Auch Fontenelle hatte in *De l'origine des fables* immer wieder als Alternative die Glaubenswahrheiten zugelassen, freilich in einem Ton, der die Persiflage nur allzu deutlich hervortreten ließ.

Der Herausgeber von Mirabauds *Le monde, son origine, et son antiquité* (Londres 1751) läßt im Vorwort keinen Zweifel über die radikalen Konsequenzen, die der Autor aus seinen Beobachtungen gezogen hätte, daß „die Welt viel älter gewesen wäre als unsere Chronologisten es behaupten. Es scheint, er wolle andeuten, daß sie ewig sind . . ." (Préface, S. VII). Bereits in einer früheren Fassung seiner *Monde* hatte sich Mirabaud zuerst auf die historische Beweisführung gestützt mit dem Hinweis auf die wissenschaftlichen Ergebnisse der chaldäischen und altäygptischen Forschungstätigkeit: „. . . es scheint, daß die von ihnen erworbenen Kenntnisse nur als die Frucht einer beharrlichen und wiederholten Erfahrung von mehreren Jahrhunderten betrachtet werden können." [20]) Der Ansicht der aufgeklärten Griechen aber entsprach es, wenn er sagte, daß die Welt niemals aus dem Nichts gezogen worden sei. Die Materie bestand also, als die Elemente sich schieden. Nichts außer den die Welt neu einkleidenden Formen ist geschaffen worden. Unsere heutige Erklärung der Schöpfung „ist den Alten und ihren Philosophen, von welcher Nation sie auch herstammten, gänzlich unbekannt gewesen, und diese Erklärung ist absurd und unbegreiflich". [21]) Dazu kommt das Zeugnis zahlreicher „indigènes", die, wie der Name besagt, ihr Siedlungsgebiet schon immer bewohnt hätten. Alle diese Nationen hatten nicht die leiseste Vorstellung, „daß Adam die Menschheit erzeugt hätte". [22]) Der Ring der historischen Beweisführung wird aber von Mirabaud geschlossen durch seine Diskreditierung der biblischen Meinungen, die ja in Sachen der exakten Geschichtsschreibung und der Physik keineswegs als Glaubenslehre zu gelten hätten.

Die umständliche Widerlegung Mirabauds durch den dänischen Theologen Erik Pontoppidan (1698–1764) wirft alte und neue Gedanken in die Debatte, wie schon der Titel des 1758 in Kopenhagen erschienenen Werkes aussagt: *Abhandlung über die Neuheit der Welt, wo man aus Natur und Geschichte beweist, daß die Welt nicht von Ewigkeit her ist, was den Glauben der Christen an die Wahrheit der biblischen Geschichte bestätigt.*[23]) Die naturgeschichtlichen Gegenbeweise des Verfassers sind zum Teil naiv, zum Teil unwiderlegbar. Wenn die Welt von Ewigkeit her bestanden hätte, so müßten Vulkanausbrüche und Überschwemmungen immer neue Gebirge entstehen lassen. Das Sinken des Wassergehalts wird angeführt und die allmähliche Annäherung der Erde an die Sonne. Wenn die Meinung der Eternalisten stimmen würde, dann müßte die Erde über und über bedeckt sein von uralten Tempeln, Altären, Gräbern, Bibliotheken usw. Ein Argument, das in einer Zeit, in der noch keine systematischen Ausgrabungen unternommen wurden, ganz plausibel erscheinen mochte.

Die wirklichen Kenntnisse in Geophysik und Erdgeschichte, wie sie Buffon u. a. verbreiteten, mußten der eternalistischen Lehre bald endgültig den Boden entziehen. Buffon errechnete für die vier ersten Epochen der Natur 85 000 Jahre, Delisle de Sales ungefähr die Hälfte. Andere, wie Nicolas-Antoine Boulanger (1722–1759), Voltaire, Rousseau, waren gewitzigt genug, um das von ihnen erkannte riesige Ausmaß der Erdzeit nicht durch willkürliche Zahlenspekulationen wieder in Frage zu stellen. Eine gewisse Ausnahme machte allein der so unruhige und ehrgeizige „philosophe de la nature“, Jean-Baptiste-Claude Izouard Delisle de Sales (1741–1816), der erklärte, seitdem die Erdkruste soweit abgekühlt gewesen sei, daß sie das Leben der Natur möglich machte, seien 40062 Jahre verflossen. Diesem für wissenschaftlich erachteten Kalkül stellt er die „frivoles conjectures“ der Inder gegenüber, die um mehrere Millionen Jahre die Entstehung unseres Planeten zurückdatiert hätten.[24])

Erst die mannigfachen Ausgrabungen des 19. und 20. Jahrhunderts gestatteten den Paläonthologen, eine Zeitrechnung in runden Zahlen aufzustellen (vgl. Anmerkung 16).

Der Mythos vom „bon sauvage"

Über den Mythos vom „bon sauvage" existiert schon eine ganze Literatur. 1946 hat René Gonnard diesem Thema ein eigenes Buch gewidmet.

Man wird sich zuerst nach dem Sinn von Mythos fragen. Für viele Leser und Forscher bedeutet Mythos Abkehr von der Wirklichkeit, ja ihre Gegenstellung. Der Mythos des „bon sauvage" verdeckt dann das wahre Bild der Wilden. Er verschönt es, um die Nachtseiten der Mythisierten beiseite zu räumen.

Dem gegenüber gilt es festzuhalten, daß der richtig verstandene Begriff des Mythos an der Wirklichkeit nicht vorbeigeht, sondern auf ihr aufbaut, sie involviert. Der Mythos des „bon sauvage" erschließt uns also einen durch das wirkliche Leben der Wilden bestätigten Wesenszug.

Die vorzüglichen Eigenschaften der Wilden, z. B. der Indianer, rühmt schon das Schrifttum des 16. bis 18. Jahrhunderts, und diese Urteile werden von so manchem modernen Forscher und Reisenden bestätigt. So rühmt Erich Wustmann einer Gruppe von brasilianischen Indianern ihre natürliche Unschuld, ihre Ehrlichkeit, ihre Zurückhaltung, ihr angeborenes Taktgefühl usw. nach. Natürlich kommen zu dieser Charakteristika noch andere hinzu. Dessen unbeschadet betritt man mit der Darstellung des Mythos vom „guten Wilden" schon festen, ethnographisch gesicherten Boden.

Sieht man jedoch genauer hin, so impliziert in allen Fällen die Rede vom „bon sauvage" die Schlechtigkeit oder Verderbnis der eigenen zivilisierten Verhältnisse. In dieser Weise sprachen schon die Hellenen von den Skythen, Tacitus von den Germanen. Also doch eine tendenziöse Idealisierung?

Diese Folgerung ist möglich – sie drängt sich aber nicht auf, da die betreffenden Schriftsteller ihr Primitivenlob doch nur an irgendwelchen allgemein bekannten und wirklich vorhandenen Eigenschaften der Porträtierten aufziehen konnten. Sie vermochten aus schwarz nicht weiß zu machen, sondern versuchten höchstens das, was grau blieb, gelegentlich aufzuhellen.

Im 16. Jahrhundert fand sich der Mythos schon vollständig ausgebildet bei Montaigne. Im 17. Jahrhundert wird er zum Gemeinplatz der zahllosen Reiseberichte. Die Missionare hatten alles Interesse daran, ihre Katecheten vor der öffentlichen Meinung ihrer Länder möglichst günstig zu stellen. Vor allem aber liegt dieser Auffassung der Mythos von der goldenen Zeit zugrunde. In dem glücklich-harmonischen Gesellschaftszustand der Indianer war die Anlehnung an das Kronosreich unabweisbar. Die älteste literarische Fassung des Mythos von der goldenen Zeit ist in einem Gesang von Hesiods (8.–7. Jahrhundert v. u. Z.) *Werken und Tagen* enthalten.

Wie Eduard Norden (1868–1941) in seinen *Beiträgen zur Geschichte der griechischen Philosophie* ausführte, standen sich im Altertum in der Frage der kulturellen Menschheitsentwicklung „zwei Ansichten diametral entgegen: Nach der einen liegt im Anfang das Goldene Zeitalter (wie das Paradies), aus dem im Wechsel der Generationen durch sukzessive Verschlechterung endlich die heutige Welt geworden ist, nach der anderen hat sich das Menschengeschlecht von einem tierischen Leben allmählich zu der höchsten Kulturstufe emporgeschwungen. Die letztere Ansicht hat im Altertum ihren konsequentesten Vertreter in Epikur gefunden; ein Goldenes Zeitalter existierte für ihn nicht, konnte ihm auch nur als *μύθος* und daher *ψεύδος* erscheinen".[25])

Durch die spätere Betrachtung der Kulturerzeugung – sei es, daß diese als Geschenk von Göttern oder Heroen, als Errungenschaft der Philosophen oder als Werk der Ananke gefaßt wurde – fällt zunächst ein Schatten auf die Seligkeit der menschlichen Vorzeit. Das Primitive ist das Unerleuchtete. So ist in der Vision des Aischylos (525–456 v. u. Z.) die Menschheit vor der kulturbringenden Tat des Prometheus von der Gottheit verworfen, ein sinnfremd dahindämmerndes Geschlecht. Manche Züge der Hesiodischen Goldenen Zeit sind noch da, aber alle ins Negative gekehrt. Die Allverbundenheit der Wesen wird zur Allvermischung der Traumgestalten, ihre Naturgründigkeit zwingt sie, in sonnenlosen Höhlen Schutz zu suchen. Dies ist das Los, das Zeus der Menschheit nach seinem Regierungsantritt bereitet hatte, d. h. ehe er durch die Versöhnung der Titanen seine Herrschaft befestigte. Hinter dem leidvollen Zustand, den der Erretter Prometheus aufhebt, mag unter Kronos die Goldene Zeit gewesen sein, wennschon sie Aischylos nicht evoziert. Durch

Prometheus' Tat wird Zeus auf die Geschichte der Menschheit verpflichtet. Aber der negative Charakter, den die Vorzeit durch die Blickrichtung auf das Entstehen der Kultur bekommen mußte, wurde durch eine weitere Besinnung wieder aufgehoben. Der Mangel macht den Menschen erfinderisch. Anders gesehen: die größten Erfindungen fallen gerade in jene Urzeit, in der die Menschen ihres Lebens Notdurft ein für allemal sichern mußten. Die Urzeit ist die Zeit der menschlichen Urtat, des Kulturgeschehens. Als Führer waren die Besten, die Philosophen, über die Menschen gesetzt. Platos Kronosbewohner pflegen die philosophische Kontemplation.

Bei Poseidonios (um 135–51 v. u. Z.) sind die Philosophen die Regenten, und unter ihrer Führung gelingt den in Baumhöhlen und Felsspalten Hausenden durch das Prinzip der Analogie der Hausbau; die Beobachtung des natürlichen Schutzes der gefiederten und behaarten Tiere leitet sie an zur Verfertigung der Bekleidung, die schwanzgesteuerten Fische geben das Vorbild für den Schiffbau usw.[26])

Die Lehre des Poseidonios ist vor allem durch die kritische Auseinandersetzung Senecas (um 5 v. u. Z.–65 u. Z.) bekannt geworden (90. Brief). Für Seneca ist die Urzeit die Zeit der Unschuld. Die Erfindungen haben die Menschen auf den Weg des Abfalls getrieben. Natur und Kultur stehen im Gegensatz. Es ist recht bezeichnend, daß der unbekannte Dichter der Octavia-Tragödie den erstmals die Szene betretenden Seneca nicht besser charakterisieren kann, als daß er ihm das Thema der Goldenen Zeit in den Mund legt. Wenn die Zeit reif, die Welt alt geworden ist,

> „dann kommt für die Welt
> dieser gipfelnde Tag, der das unfromme Geschlecht
> durch den Einsturz des Himmels bedrückt."

Aber aus der Katastrophe wird das erneuerte Reich, das einst Saturn regiert hat, hervorgehen. Die Goldene Zeit war von Fides und Justitia durchwaltet. Es gab keinen Krieg, keine Städte. Wie der Weg überall jedem freistand, so lag kein Besitzrecht auf den Dingen.

> „Gemeinsam war der Gebrauch aller Dinge",

denn Tellus schenkte willig ihre Schätze. Mit jeder Erfindung, der Jagd, dem Vogelfang, der Zähmung des Stiers und schließlich mit dem ruchlosen Eindringen in den Schoß der mütterlichen Erde sinkt die Menschheit Stufe für Stufe von ihrem glücklichen Sein, bis der entmenschte Caesar, nach dem Blut der Verwandten dürstend, den Irrweg zu Ende geht und den Naturfrevel zum Prinzip der Herrschaft erhebt.

Die Verklärung des primitiven Zustandes hat eine lange Vorgeschichte, deren letztes Vermächtnis für Seneca die Ovidsche Kosmogonie in der ersten Metamorphose darstellen mochte:

> „Erstlich erhob sich das goldne Geschlecht,
> das ohne Bewachung, willig und ohne Gesetze
> das Recht und die Treue bewahrte."

Für Seneca handelt es sich weder um die sentimentale Rückwendung zu einem Unwiederbringlichen noch um den Glauben an die religiöse Wiederkunft des Verlorenen. Vielmehr ist der Philosophie die Aufgabe gewiesen, die Übereinstimmung mit der Natur herbeizuführen und den Menschen auf der Stufe der Bewußtheit dahin zu führen, wo er einst in der Unschuld und Unwissenheit stand. Dieser Gedanke, der die Wiederkehr des Kronosreiches als Produkt der seelischen Bildung verheißt, hat die stärkste Wirkung gezeitigt; vor allem hat er die Formen des Erlebens der menschlichen Sendung für die Renaissance bereitgestellt. Er verbindet sich mit der Vergilschen Verheißung, durch die das innere Reich mit dem Fortschritt der Kultur versöhnt wird. Denn wenn der Dichter der *Georgica* die Erlernung des Ackerbaus und die Entstehung der Künste unter Jupiters die Indolenz der Urmenschen bekämpfendem Regiment verherrlicht, so ist auch die Prophezeiung der vierten Ekloge nicht ein Lob primitiver Bedürfnislosigkeit, sondern die Versprechung, daß aus dem Reichtum der Natur das gewonnen würde, was die Menschheit bisher mit Kunst erzeugte: dem Widder wird die Wolle gefärbt auf dem Rücken wachsen!

Die Reminiszenzen an das Saturnreich bleiben im Mittelalter nicht aus. Doch hält es schwer, in bruchloser Linie den Weg bis zur Wiedergeburt der „aurea aetas" aus dem Geist und dem Wollen der Frührenaissance zu verfolgen. Vielmehr vermischt sich das Motiv mit Märchenzügen, es tritt aus dunklen Quellen in neuer Fassung hervor und verliert sich in der Paraphrase biblischer Schilderungen. Das Thema ist ubiquitär und begrenzt schließlich in der banalen Reduktion auf die „gute alte Zeit" den engsten menschlichen Horizont.

Der Übergang vom Saturnreich zum Schlaraffenland wurde schon in der attischen Komödie vollzogen. In dem zuerst in einem Goliardengedicht erwähnten Fresserparadies Cacania wird, dem französischen Fabliau zufolge, viermal im Jahr Fasching gefeiert und alle zwanzig Jahre einmal gefastet; auch herrscht vollkommene Liebesfreiheit, eine Vorstellung, die erst aus der christlichen Verfassung des Menschengeschlechts hervorgehen konnte. Die allegorischen Kämpfe zwischen Karneval und Carême gipfeln in den übermütigen Versen des Arcipreste de Hita (1283–1341), in denen der Triumph der Sinnenwelt nur mühsam abgewehrt werden konnte. In diesem Motivkreis ist als letzter Widerhall spätmittelalterlicher Stimmungen die spanische Romanze von der Insel Jauja anzusehen. Alle Züge sind darin bis zum Grotesken getrieben. Wer Hand an die Arbeit legt, erhält auf dieser seligen Insel zweihundert Peitschenhiebe und wird mit abgeschnittenen Ohren des Landes verwiesen. Und wenn es dann weiter heißt, daß die nicht Alternden schließlich vor Lachen sterben, so wird die literarische Anlehnung an Ariosto (1474–1533) offenkundig. Das Lob der Sinnlichkeit als Anspruch des Individuums auf „sein" Glück treibt jahrhundertelang in dem breiten nominalistischen Strom des Mittelalters einher, in dem noch Francesco Berni (um 1490–1536) und seine Schüler schwimmen.

Die innere Kontinuität des Traumes von der Goldenen Zeit wird gewährleistet durch die das Motiv des Friedensreiches berührenden Darstellungen. Von Hesiod bis zu Seneca war der Frieden als Merkmal für den Aufbau des Kronosreiches erhalten geblieben, denn in ihm ist die Idee der Menschheit eingeschlossen. Vergil (70–19 v. u. Z.) wird die Verheißung der „aurea aetas" als Erwartung auf das Universalreich übertragen. Der Dichter des zweiten bukolischen *Carmen Einsidlense* feiert Nero als den Bringer der Goldenen Zeit, des Friedensreiches. Im 12. Jahrhundert taucht das Motiv in einem höchst bemerkenswerten Zusammenhang wieder auf. Ein französischer Spielmann stellt in der *Karlsreise*[27]) das Friedensreich des byzantinischen Kaisers in einen unverkennbaren Gegensatz zu dem fränkischen Imperialismus. Obwohl Karl der Große in Saint-Denis den größeren Glanz des östlichen Kaisers zugibt, läßt er sich zu dem berüchtigten Heereszug herausfordern. Er trifft den Kaiser von Byzanz, mit einem goldenen Pflug pflügend, den er zum großen Erstaunen der Franken achtlos am Wegrain stehen läßt. In dem ganzen Vorgang ist die Idee des Friedensreiches eingeschlossen. Indessen stellt die Verklärung des byzantinischen Reiches für den fränkischen Spielmann wohl eine Kritik an seinen Landsleuten dar, doch keinen Verrat, da die Merowinger bis dahin die Obergewalt von Ostrom immer anerkannt hatten. Erst durch die Sarazeneninvasionen sind die Zusammenhänge zwischen den Reichsteilen endgültig zerrissen und der Schwerpunkt in den Nordwesten verlegt worden.

Eine sehr merkwürdige Darstellung des Friedensreiches findet sich in der reizenden, allerdings an Rätseln reichen Chantefable von *Aucassin und Nicolette.* Am Hof von Torelore herrschen gynäkokratische Verhältnisse. Der König muß das Männerkindbett hüten, während die Königin die Truppen in die Schlacht führt. Diese seltsame Arbeitsteilung wird nur durch das Motiv eines schrankenlosen Naturreichtums möglich, unter dem die Leistung des Mannes ihren auszeichnenden Charakter verliert. Die Idee des Friedensreiches ist auch in der Kampfesweise der Truppen gegenwärtig. Als Angriffswaffen dienen geröstete Äpfel, Käse und Eier. Als Aucassin, der den Feldzug mitmacht, mit einem scharfen Schwert auf die Feinde loshaut, gebietet ihm der inzwischen aus dem Wochenbett herbeigeeilte König Einhalt und sagt: „Lieber Herr, Ihr habt zu viele kampfunfähig gemacht. Die Sitte will, daß wir einander nicht töten."

Wie man sieht, ist der Mythos der Goldenen Zeit nicht erst durch die Renaissance aus der Antike bezogen worden. Er gehört allen Zeiten an. Durch den Mythos der Goldenen Zeit ist die wichtigste Voraussetzung für den Mythos vom „bon sauvage" gegeben.

Dieser erreichte seinen ersten Gipfel in den Missionsberichten des 17. Jahrhunderts. Auf dem Höhepunkt des Absolutismus bewunderte man die Freiheit der Caraiben. In Jean-Baptiste du Tertres (1610–1687) vierbändiger *Histoire générale des Antilles* (1667–1671) heißt es von den eingeborenen Caraiben, sie wären „große Träumer, mit stets traurigen und schwermütigen Gesichtszügen". Sie betrachten schweigend die Erde und das Meer; sie wären gewiß zu philosophischen Kontemplationen befähigt. In einem Bericht von 1640 wird gesagt, dieses Volk schätze „die Freiheit, alles zu sagen und alles zu tun." Und Paul Boyer (geb. um 1615) will 1654 festgestellt haben, die Caraiben kennten keine Lügen und keine Begehrlichkeit. Die Huronen findet Gabriel Sagard-Théodat (gest. 1650) 1632 humaner, höflicher und weniger barbarisch als die Europäer. Summarisch äußert sich Pierre Boucher (1622–1717) 1664 dahin, daß „alle Wilden einen guten Geist haben". Der Jesuit Le Jeune (1592–1672) erklärte gar 1635, er sähe „auf den Schultern dieser Völker die Köpfe eines Julius Caesar, eines Pompejus, eines Augustus". Vincent Le Blanc (1554–1640) zufolge gab es auf Madagaskar im Gegensatz zu Frankreich keine Bettler und Vagabunden. Waren die Eingeborenen irreligiös, so konnte man mit Pierre Bayle (1647–1706) die Möglichkeit einer atheistischen Gesellschaftsbildung bestätigt finden; glaubten sie an die Unsterblichkeit, so war das der reine Deismus, der jeden Kult entbehrlich machte. Andere fanden das Sakrament der unbefleckten Empfängnis bei den heidnischen Japanern ausgebildet. Wieder andere bemerkten, daß die Nacktheit der Wilden im Gegensatz zu Adam nicht als Schande empfunden wurde.

1703 veröffentlichte Louis-Armand de La Hontan (um 1666–1715) seine *Nouveaux Voyages dans l'Amérique septentrionale*; darin ist der – gewiß fiktive – Dialog mit einem Huronen enthalten. Dieser, mit Namen Ardalion, ist Analphabet. Er weigert sich, der von Wissenschaft und Kunst bereiteten Verderbnis zu verfallen. „Ein einfaches Dasein mit natürlicher Religion und Moral und primitivem Kommunismus verbürgt Gerechtigkeit und Glück, ist besser als unsere gesellschaftlich eingezwängte Existenz."[28]) Die Kritik La Hontans an der europäischen Gegenwart wird von Gilbert Chinard als prärevolutionäre Kühnheit gewertet[29]) Die Huronen leben zufolge La Hontan ohne Gesetze, Gefängnis, Foltern sanft und gemächlich einher und genießen ein Glück, das den Franzosen unbekannt bleibt. Sie brauchen keine Justiz, da das Naturrecht jedem angeboren ist. Die Frauen haben dieselben Freiheiten wie die Männer, und auch die jungen Leute sind keiner patria potestas unterworfen. Sie können heiraten, wen sie wollen. Die Gattin und die Tochter kann einen Freund empfangen, und der Gatte oder der Vater wird ihnen diskret das Feld überlassen. So kann man in jede Hütte gehen, und man wird außerdem genährt und gestärkt werden. Ihre Gastfreundschaft ist nach Meinung des Autors so unbegrenzt wie ihr Gemeinsinn. Will ein Hurone ein Kanu oder eine Hütte erbauen, so schicken ihm die andern ungebeten ihre Sklaven zu, damit sie mithelfen. – Der dunkle Fleck der Sklaverei, der hier vielleicht nicht von so wesentlicher Bedeutung ist wie für die athenischen Demokratien, wird von La Hontan nicht bemerkt. Immerhin kann ein junger Hurone eine Sklavin seiner Mutter heiraten, und wenn sie schön ist, müsse sie der Tochter des Staatsoberhauptes vorgezogen werden.

Der rousseauistische Abbé Antoine Cournand (1747–1814) preist die glückliche Frühzeit, „wo die Natur noch Kräfte in den Herzen der Menschen fand".[30]) Es gibt kein Besitzrecht an Grund und Boden. Der Boden ernährt alle gemeinsam. In der Folgezeit kam es zum Abfall von diesen glücklichen Verhältnissen, aber im Vertrauen auf die „perfectibilité" des Menschen kann man annehmen, daß das ewige Naturgesetz und die Idee der Gerechtigkeit wieder durchdringen werden. Die Glückszeit, die Goldene Zeit, liegt für Cournand also sowohl in der Vorzeit wie auch bei der Nachwelt.

Delisle de Sales meint zwar, die Dichter hätten den Mythos von der Goldenen Zeit aufgebracht und als Wahrheit akkreditiert. Das hinderte ihn aber nicht, in dieser Sage ein Stück vergangener Wirklichkeit zu sehen und mit Lukrez zu sagen, daß die Natur in der Zeit, in der die Menschen die Erde zu besiedeln begannen, noch ihre vollen schöpferischen Kräfte gewahrt hatte. Auch die Intelligenz dieser Frühmenschen entfaltete sich so sehr, daß die Anfänge der Menschheit von uns nicht als ihr Kindesalter bezeichnet werden können, sondern daß wir vielmehr Kinder im Vergleich zu ihnen heißen müßten.[31])

Unter den antikisierenden Dialogen des frankophonen Holländers Frans Hemsterhuis (1721–1790) befindet sich einer, der in thematischer Hinsicht unsere Aufmerksamkeit fordert: *Alexis, ou De l'âge d'or* (1787). Die Fiktion ist diese: Der Adonispriser und Astronom Hypsicles, ein Lehrer des Pythagoras, lehrte, daß die Menschheit unter dem Einfluß verschiedener kosmisch-astraler Wirkungen drei verschiedene Stadien durchlief. Wie zuvor bei Boulanger spielen auch hier Erdkatastrophen von gewaltigem Ausmaß eine entscheidende Rolle. Die gelehrten Anmerkungen des Autors spiegeln in den astronomischen Daten den Erkenntnisstand seiner eigenen Epoche wider, wodurch der fiktive Bericht an Glaubwürdigkeit gewinnt.

Das erste Stadium ist eben das Goldene Zeitalter, das dem Erscheinen des Mondes vorausging. Die Achse der Erde verhielt sich damals perpendikulär zu ihrer Umlaufbahn; ihre beiden Pole waren gleich weit von der Sonne entfernt. Daher gab es damals keine klimatische Verschiedenheit auf Erden. Auch kam es zu keinem Wechsel der Jahreszeiten und zu keiner Bewölkung des immer heiteren Himmels. Die Natur brachte ohne Unterlaß Früchte und Blüten hervor, Mensch und Tier fanden hinreichend Nahrung in unmittelbarer Nähe. Da die Erde allenthalben gleichermaßen schön und fruchtbar war, hatte niemand das Bedürfnis, in die Fremde zu ziehen. Die Menschen waren glücklich und strebten danach, daß alle an ihrem Glück teilnehmen konnten. Die Sprache drückte unbehindert das Innerste der Gefühle aus: „Man sagt, daß in diesen Zeiten ein bloßer Hauch, ein Wort, eine Geste, die heute nur ein unvollkommenes, unbestimmtes und trügerisches Echo unserer innersten Wahrnehmungen sind, der lebendige, reine und vollkommen abschließende Ausdruck der Seele war ... Man spürte die Allgegenwart der Gottheit. Da es keine Übel gab, wußten die Menschen nicht, was Furcht war."[32])

Diesem Glücksstand bereitete das Erscheinen des Mondes ein Ende. Der Himmel bedeckte sich mit Wolken. Es regnete. Der Sturmwind riß die dichtesten Wälder nieder. Die Erde barst und tat sich auf. Millionen von Menschen und Tieren gingen in dieser entsetzlichen Katastrophe unter. Die Überlebenden ergriff das Entsetzen; die Todesfurcht bemächtigte sich ihrer. „Jahrhundertelang bejammerte der Mensch sein Schicksal und konnte sich kaum in seinem mühevollen Dasein aufrechterhalten. Der Anschein, unter dem sich die Arbeit der Natur verbarg, gab ihm ein zweifelhaftes Licht über das, was wahr oder falsch, was gut oder böse war."[33])

Allmählich stabilisierte sich die Lage, nachdem der Mond zum bloßen Trabanten der Erde geworden war. Die Menschen fanden zu sich selbst zurück: „Wenn die Schönheit früher einem harmonischen Sein entsprochen hatte, so lernte man jetzt, sie auch an widersprüchlichen Phänomenen zu erkennen." – Diese drei Weltzustände scheinen eine dialektische Bewegung zu beschreiben.

Im Anschluß an die Darstelllung von Hypsicles folgt ein Zwiegespräch zwischen Dioclès und Alexis über die Glaubwürdigkeit des Vorgebrachten. Während Dioclès keinerlei Zweifel kennt, äußert sich Alexis differenzierter. Er spricht dem Goldenen Zeitalter nur soviel Beweiskraft zu wie der Existenz eines Körpers, wenn sie nur aus seinem Schatten gefolgert werden könnte. Der Schatten könnte auch künstlich erzeugt sein. Die ganze Geschichte ist demnach zwar möglich, aber nicht wahrscheinlich. Hypsicles hätte nur durch seine glaubwürdige Darstellung die poetische Konzeption der Goldenen Zeit akkreditieren wollen. Demgegenüber verteidigt Dioclès den tieferen Wahrheitsgehalt der Dichtung. Während die Geschichte nur Tatsachen berichte, die Philosophie sie ordne, würden beide durch die Poesie bereichert, so wie die solide dorische Säule, von der eleganten jonischen gefolgt, erst in der korinthischen zu größtem Reichtum gelange. Ohne die Wirkung der Poesie und ihres Enthusiasmus würden die Ideen nicht näher zusammenrücken, und der Intellekt würde keine Ermunterung zu seiner Tätigkeit finden. – Es liegt auf der Hand, daß der Ansatz einer Anthropologie bei Hemsterhuis nur im Zusammenhang mit seiner idealistischen Ästhetik gesehen werden kann.

Ähnlich wie bei La Hontan wird auch in Jean-Henri Maubert de Gouvests (1721–1767) Roman *Lettres chérakéesiennes* (1769 postum erschienen) ein reisender Angehöriger dieses Indianerstammes über all das vernommen, was er bei seinem Besuch in Italien vermißte und was in seiner Heimat selbstverständlich war. Der Roman gehörte zu der von Montesquieus *Lettres persanes* abstammenden Sippe. Da ist der Deismus, der Glaube an den „grand esprit", in doppeltem Gegensatz zum abergläubischen Christentum auf der einen, zum Materialismus als der Vergottung der Materie auf der anderen Seite. Der krasse Gegensatz zwischen arm und reich ist den Chérakéesiern unbekannt. Es gibt bei ihnen keine Antiquare, Gelehrte, die von ihrer eigenen Gegenwart keine Vorstellung besitzen. Den Bund zwischen Mann und Frau schließt dort die Liebe und nicht, wie in Europa, das Interesse. Lächerlich ist die Angst der Alten Welt vor dem Inzest. „War der erste Mensch nicht zugleich Vater, Bruder und Gatte der ersten Menschen?" Die Chérakéesier kennen keine Prozesse, nicht das widernatürliche Zölibat, nicht die Scharlatanerie der Ärzte noch die mörderischen Schießgewehre. Unsinnig ist es, den Menschen eine spirituelle, den Tieren aber nur eine materielle Seele zuzugestehen. Die Europäer winden sich in Todesfurcht, während die Indianer nur eines fürchten: fern von der Heimat zu sterben. – Das Motiv dieses letzten Werkes steckte schon im ersten Buch Maubert de Gouvests, eines Abenteurers der Feder und des Lebens, in den *Lettres iroquoises* von 1752 (vgl. S. 157).

Auch Guillaume-Thomas-François Raynal (1713–1796) verfällt in seiner berühmten *Histoire philosophique et politique des établissements et du commerce des Européens dans Les deux Indes* (1770) der Versuchung einer Verherrlichung des Primitivismus. Vor allem ist es die Freiheit, die es ihm angetan hat. Sie ist „das erste Geschenk des Himmels wie auch der erste Keim der Tugend". Ein freier Mensch schlechthin ist der Hottentotte. Er folgt dem Naturgesetz, das höchst einfach ist, und kennt weder das Laster noch die Reue. Was kann der Kultivierte diesem reinen Glück entgegenhalten? „Ich weiß wohl, daß Sie sich mit Widerwillen mit einem Menschen abgeben, der noch tief im tierischen Wesen steckt. Glauben Sie denn nicht, daß die Sie umgebende Korruption, Ihre Gehässigkeit, Perfidie und Doppelzüngigkeit meine Vernunft ärger beleidigt als die Unsauberkeit eines Hottentotten meine Sinne? ... Sie sind stolz auf Ihren Fortschritt, aber welchen Nutzen kann er für einen Hottentotten haben? ... Welchen Dank sollen Euch die Wilden wissen für die bei ihnen eingeschleppten technischen Fertigkeiten und Künste, die sie zur Befriedigung ihrer Bedürfnisse überhaupt nicht brauchen, die nur ihre Bedürfnisse und damit ihre Arbeit vervielfältigen? Was nützen ihnen Gesetze, von denen sie sich nicht mehr an Sicherheit versprechen können als Sie sie besitzen?“[34]) Und über die in Kalifornien lebenden Indianer heißt es: „Kein Wesen lebt freier als der junge Wilde. Er geht und kommt und geht wieder und kommt zurück, er legt sich zur Ruhe, ohne daß er jemandem Rechenschaft schuldet über das, was er getan hat und geworden ist“.[35]) Im Gegensatz dazu steht die zänkische Erziehung der europäischen Kinder, die bald die Liebe zu ihren Eltern völlig verlieren. Immerhin fügt Raynal abwägend hinzu: „Nicht daß ich unter allen Umständen das Leben der Wilden dem der Zivilisierten vorziehen würde; alles gleicht sich hier wie dort ungefähr aus, Tugenden und Laster, Vorteile und Nachteile“.[36]) Aber auch das ist nicht Raynals letztes Wort. Er erkennt das zwielichtige Wesen dieser Primitiven. Er begreift, daß für sie eine doppelte Buchführung gilt und daß ihre Freiheit mit den Annehmlichkeiten des zivilisierten Lebens verrechnet werden muß.

Mit dem Lob des „bon sauvage“ verflicht sich bei der Mehrzahl der Berichterstatter ein apologetisches Anliegen. Es galt zu zeigen, daß kein Volk der Erde ohne Religion bestand, daß mithin die Religion, wenn auch in verderbter Form, zum Urbestand der Menschheit gehört. Beide Motive waren dazu angetan, die Eingeborenen in ein günstiges Licht zu setzen. Dazu kam der nicht zu überhörende Ruf des Gewissens, den die Schandtaten der Europäer auslösen mußten. Den gedemütigten und den zur Ausrottung vorgesehenen Völkerschaften nützten solche Regungen, die nur eine Funktion innerhalb der zivilisierten Gesellschaft hatten, in keiner Weise. Wie schon in Tacitus' *Germania*, wie bei La Hontans

Indianern war der „bon sauvage" auch vielfach nur das „Repoussoir" für eine satirische Darstellung der eigenen Sitten – oder Sittenlosigkeit.

Ein weiteres Motiv, das eine Zuwendung zu den Indianern und Ozeaniern hervorrief, war das in Europa so grausam verdrängte Gefallen an der Schönheit des menschlichen Körpers, die sich den der völligen Entblößung ungewohnten Europäern aufdrängen mußte. Das ist ein Thema, das schon der Missionar Père Yves d'Evieux (gest. 1678) 1615 mit erstaunlicher Offenheit behandelt hatte und das mehr als einhundertfünfzig Jahre später Louis-Antoine de Bougainville (1729–1811) anläßlich seiner Expedition nach Tahiti beschäftigen wird. Wenn Joseph-François Lafitau zu Anfang des 18. Jahrhunderts die wohlgebildete Nacktheit der Urbewohner mit der Schönheit der griechischen Götter und Epheben vergleicht, so hebt er doch diesen Gedanken von der rein somatischen auf die anthropologische Ebene empor, indem er den Parallelismus zwischen den einen und den anderen hervorhebt.

Herder schreibt in den *Ideen zur Philosophie der Geschichte der Menschheit* (1784/85): „Darum, weil die Sprache eines Volks, zumal in Büchern, gescheit und fein ist: darum ist nicht jeder fein und gescheit, der diese Bücher liest und diese Sprache redet. Wie er sie liest? wie er sie redet? das wäre die Frage; und auch dann dächte und spräche er immer doch nur nach: er folgt den Gedanken und der Bezeichnungskraft eines andern. Der Wilde, der in seinem engern Kreise eigentümlich denkt und sich in ihm wahrer, bestimmter und nachdrücklicher ausdrückt, er, der in der Sphäre seines wirklichen Lebens Sinne und Glieder, seinen praktischen Verstand und seine wenigen Werkzeuge mit Kunst und Gegenwart des Geistes zu gebrauchen weiß; offenbar ist er, Mensch gegen Mensch gerechnet, gebildeter als jene politische und gelehrte Maschine, die wie ein Kind auf einem sehr hohen Gerüst steht, das aber leider fremde Hände, ja das oft die ganze Mühe der Vorwelt erbaute. Der Naturmensch dagegen ist zwar ein beschränkter, aber gesunder und tüchtiger Mann auf der Erde."[37])

Auch barbarische Gebräuche, u. a. die Anthropophagie, finden hier keine Rechtfertigung: „Wilder als der Neusee- oder Feuerländer ist, auch nach der Analogie des Klimas zu rechnen, kein europäisches, geschweige ein griechisches Volk gewesen; und jene inhumanen Nationen haben Humanität, Vernunft und Sprache. Kein Menschenfresser frißt seine Brüder und Kinder; der unmenschliche

Gebrauch ist ihnen ein grausames Kriegsrecht zur Erhaltung der Tapferkeit und zum wechselseitigen Schrecken der Feinde. Er ist also nichts mehr und minder als das Werk einer groben politischen Vernunft, die bei jenen Nationen die Humanität in Absicht dieser wenigen Opfer des Vaterlandes so bezwang, wie wir Europäer sie in Absicht anderer Dinge noch jetzt bezwungen haben. Gegen Fremde schämten sie sich ihrer grausamen Handlung, wie wir Europäer uns doch der Menschenschlachten nicht schämen; ja gegen jeden Kriegsgefangenen, den dies traurige Los nicht trifft, beweisen sie sich brüderlich und edel."38)

Auch in Abbé Proyarts (um 1743–1808) Missionsbericht *Histoire de Loango, Kakongo et autres royaumes de l'Afrique* (1776) verläuft die Gegenüberstellung von Europäern und wilden Negerstämmen durchaus zu deren Gunsten: „Die Afrikaner verbinden Rechtlichkeit und Freimut mit einer Hingabefreudigkeit, die man fast als zu weitgehend bezeichnen könnte. Sie praktizieren den Rat des Evangeliums wörtlich und kümmern sich nicht um das Morgen. Sie denken gar nicht daran, daß Nahrung und Bekleidung ihnen jemals mangeln könnten. Sie sind immer bereit, das bißchen, was sie haben, mit den in Not Geratenen zu teilen. Wenn sie auf der Jagd oder beim Fischfang Glück hatten und sich etwas Seltenes verschaffen konnten, so laufen sie alsbald zu ihren Freunden und Nachbarn mit einem Anteil an ihrer Beute." Sie wollen „Menschen mit immer offenen Händen darstellen, im Gegensatz zu den Europäern, die nichts für nichts geben und von ihnen die 'geschlossenen Hände' genannt werden."39)

Man sieht, wie sich hier zwei Motive überkreuzen: der „bon sauvage" ist einerseits die lebendige Kritik an der Entmenschung der Zivilisation, auf der anderen Seite ist er für die Taufe und Glaubensweihe schon vorbereitet durch eine evangelische Lebenspraxis. – Die unmittelbare Justiz findet sich, wie unter den Türken, auch bei den Afrikanern in wohltuendem Kontrast zu den Schikanen der richterlichen Prozeduren in Frankreich. Indessen beschäftigt den Verfasser das Problem: Wie können die Primitiven ihre natürliche Stagnation überwinden und in die Reihe der Geschichte machenden und Geschichte erleidenden Nationen eintreten?

Ein weiterer, soziologisch interessanter Gesichtspunkt wird von dem Indienmissionar La Créquinière vorgebracht: Die ursprünglichen Sitten werden am besten vom niederen Volk gewahrt – je weiter von der Zivilisation entfernt, desto besser. Die Metempsychose ist Volksglaube – der gebildete Inder nähert sich dagegen dem Atheismus, indem er die Seele für sterblich hält.[40])

Lange bevor der Mythos vom „bon sauvage" seine Endgestalt durch François René Chateaubriand (1768–1848) erhielt, war er in die schöne Literatur des 18. Jahrhunderts eingegangen. Zwischen 1740 und 1789 zählen wir elf Geschichten der Indianer. Ein großer Erfolg war der Briefroman Madame de Graffignys (1695–1785): *Lettres d'une Péruvienne* (1747). – 1767 erscheint *L'homme sauvage* von Louis-Sébastien Mercier (1740–1814), eine die sentimentale Tonart überwindende beachtliche Apologie der Indianer, für die man eigentlich einen Platz in der wissenschaftlichen Anthropologie freimachen müßte. Der fiktive Bericht ist von einem europäisierten Indianer, Mr. Williams, geschrieben. Während im selben Jahre 1767 der Abbé François-André-Adrien Pluquet (1716–1790) die Unterordnung als spezifisch menschliche Haltung anpreist, ist der kompromißlose Freiheitssinn der Mercierschen Indianer über jeden Zweifel erhaben. Die ständigen Konfrontationen zwischen Eingeborenen und Europäern führen bei aller Verschiedenheit der ethnischen Gruppen doch zur Verurteilung der Zivilisierten. Der fingierte Autor des Erlebnisberichts, obwohl anglisiert, hält es unter den Europäern nicht aus und beschließt seine Tage wieder in Amerika. Als junger Mensch hieß er Zidzem; sein Vater, ein weiser Kazike der Chebuti-Indianer, sah wie Rousseau die beste Erziehung im Waltenlassen der natürlichen Triebe. Später verliebt sich Zidzem inzestuös in seine Schwester Zaka, die ihm auch ein Mädchen gebiert. Zidzem kann die Einwände gegen dieses Verhältnis nicht begreifen. Er macht geltend, daß nach der Bibel ohne Geschwisterliebe die Vermehrung der Bevölkerung niemals zustande gekommen wäre und daß das, was für die Patriarchen rechtens war, auch heute noch kein Unrecht darstellen könne.

Die Europäer werden nicht ohne Nuancen geschildert, bis auf die entmenschten spanischen Barbaren, für deren Verhalten es keine Verzeihung geben kann. Die Portugiesen haben mehr Lebensart. Der Engländer begegnet Zidzem in zwei grundverschiedenen Typen: Ein niederträchtiger junger Engländer mißbraucht das leidenschaftliche Freundschaftsbegehren des mit ihm gleichaltrigen Indianers. Dagegen erweist sich Darlington, der Zidzem zum Christentum bekehrt, als ein hochanständiger Ehrenmann. Er begreift die Güte des schlichten Naturkinds.

Treue, Verläßlichkeit, unbegrenzte Gastfreundschaft und religiöse Toleranz kennzeichnen die Indianer Merciers. Sie sind den Europäern überlegen, selbst dann, wenn sie der Anthropophagie huldigen. Wer einmal Menschenfleisch gekostet hat, dem ist die tierische Nahrung für immer verleidet. Zakas und Zidzems Vater ist ein Deist, der nebeneinander einen Gekreuzigten und eine einheimische Gottheit aufstellt. Zidzem liebte seine wilden Stammesgenossen, die von den Philosophen wegen ihrer Unkenntnis des Übels und ihrer Einfachheit gepriesen wurden. Tatsächlich „haben sie nicht unsere unheilvollen Künste und das abscheuliche Raffinement unserer Leidenschaften. Es ist wahr, daß sie im Guten und Bösen der Natur näherkommen als wir.“[41]) Trotz solcher Unterschiede ist der Mensch immer derselbe, in Liebe und Haß. Das ist die Quintessenz der Erlebnisberichtes, den Mr. Williams für seinen englischen Freund verfaßt hat.

Weit weniger günstig als in Merciers vom Rousseauismus durchdrungenen Jugendroman (der Verfasser zählte siebenundzwanzig Jahre, als er ihn niederschrieb) ist das Bild der Indianer, das Jean-Baptiste-Christophe Grainville (1760–1805) in einer Bearbeitung eines italienischen Romans 1789 entwirft: *Les aventures d'une sauvage*. Der Stamm, dem die Heldin angehört, hat sich in einem Waldstreifen in der Nähe der Hudsonbai angesiedelt, wo die Familien verstreut hausen. Die elterliche Hütte der Protagonistin wird von einem die Ernährung sichernden Maisfeld umgeben. In dieser Bedürfnislosigkeit findet sie ihr Glück. Der Stamm lebt in ständiger Gemeinsamkeit, die keinem Staat und keiner Regierung vergleichbar ist. Jeder hat das Recht zur Vertretung seiner Meinungen und Interessen.

Aber die wilden Indianer leben allein, um zu leben. Das Geschäft der Männer sind die Jagd und der Krieg. Ziel der Kriegsführung ist die Einbringung von Gefangenen, die die Verluste in den eigenen Reihen ersetzen sollen. Ihr Los erscheint zuerst freundlich; sie genießen dieselben Vorrechte wie die Stammesgenossen, aber ein Schwert hängt über ihnen. Mißfallen sie der gastlichen Familie, so werden sie unter unsäglichen Qualen zu Tode gefoltert. – Offenbar bemüht sich der Autor, Licht und Schatten gleichmäßig zu verteilen. Das Bild der Indianer ist so realistisch ausgefallen, wie es die gehäuften Missionsberichte und die damalige Anthropologie erlauben.

Eine schroffe Reaktion gegen den Kult des „bon sauvage“ war unausbleiblich. Philosophen wie Voltaire, deren ganzes Streben dem Fortschritt einer durchaus bejahten Zivilisation gehört, gingen kurzerhand über die menschliche Frühe hinweg. Offen indianerfeindlich war vor allem der Abbé de Pauw (1739–1799), ein holländischer Aufklärer aus der Umgebung Friedrichs II. Er widerlegt zunächst die Behauptungen der Missionare. Sein Indianerbild wird von Gilbert Chinard als ein Gegenschlag auf Rousseaus Verherrlichung der Primitiven gekennzeichnet. Die Indianer erscheinen nun „als eine degenerierte Spezies der Menschheit, feige, ohnmächtig, ohne körperliche Kräfte, ohne Lebensgefühl und ohne Erhebung des Geistes".[42])

Erst am Anfang des 19. Jahrhunderts ging der Mythos des „bon sauvage" endgültig unter. Das Vorurteil hinsichtlich eines rationalen, guten und weisen Naturkindes hatte sich als gänzlich unhaltbar erwiesen. Im vergangenen Zeitalter hatten Diderot, Rousseau und Raynal an dem Mythos festgehalten, um einen kritischen Ansatz im Kampf mit ihrer Wirklichkeit zu gewinnen. Doch in der Zwischenzeit hatte sich diese Wirklichkeit in eher positiver Weise verändert. Als Nachzügler griffen nur noch Bernardin de Saint-Pierre (1737–1814) und Chateaubriand auf den Mythos zurück, um gegen die Welt der Ratio und der Geschichte im ganzen zu protestieren.[43])

Es braucht nicht betont zu werden, daß die Kontrastierung von Natur- und Kulturvölkern keinerlei Handhabe für eine echt anthropologische Fragestellung bieten konnte. Teilweise erklärt sich der Mythos des „guten Wilden" aus dem Trauma, das die entsetzlichen Übergriffe der Spanier in ganz Europa hervorgerufen hatten. Damit ist aber nicht gesagt, daß dem zum Topos gewordenen Gegensatz von naturnaher Güte und zivilisatorischer Selbstentfremdung nicht eine Realität zugrunde lag, die es allein erklärt, daß der Mythos des „bon sauvage" auch in einer objektiver urteilenden Zeit immer wieder auftaucht.

Von Lafitau und Fontenelle zu Bonnet

Am Ende des 17. Jahrhunderts verstärkte sich das Interesse an erdgeschichtlichen und frühmenschlichen Verhältnissen. Manchmal ist es schwer, beide auseinanderzuhalten. Rein kosmogonische Theorien wie die in Benoît de Maillets (1656–1738) berühmtem *Telliamed* berühren uns hier nicht.

Thomas Burnet äußert 1680 die Meinung, der Sintflut seien sechzehn Jahrhunderte der Sonnenhitze vorausgegangen. Das Leben wäre damals für die Menschen sehr einfach und glücklich gewesen. William Whiston (1667–1752), Verfasser von *A New Theory of the Earth* (1696), erklärt die Sintflut aus der Annäherung eines Kometen. Pflanzen und Fische seien die Erstlinge der Schöpfung gewesen. John Woodward (1665–1728) stellte 1695 in seinem *Essay towards a Natural History of the Earth* die Hypothese auf, daß Gott nach der Sintflut in seinem Zorn den Boden mit Metallen und Felsen durchsetzte, damit die Menschen zu erhöhter Arbeit angetrieben würden. Man sieht: der großen Originalität dieser Engländer beim Ansatz einer Theoriebildung steht das gemeinsame Festhalten an den biblischen Vorstellungen entgegen.

Lafitau

Der Jesuit Joseph-François Lafitau lebte zwischen 1681 und 1746. Von 1712 bis 1717 und erneut von 1727 bis zu seinem Tod war er als Missionar in Kanada tätig. Lafitau lebte mit Leidenschaft seiner religiösen Sendung; die göttliche Vorsehung hatte die Entdeckung Amerikas ermöglicht, um ganze Völker dem Satanismus und dem Satan zu entreißen. Seine Grundthese ist es, daß der Monotheismus in allen Völkern, selbst in der Mißgestalt des Aberglaubens, wurzelt. Die zum Nachweis dieser Theorie angestellten mythologischen Spekulationen sind teilweise scharfsinnig, führen aber in ein gedankliches Labyrinth.[44])

Der These Lafitaus standen ganz andere Erfahrungen und Erfahrungsberichte entgegen. Für Bayle und die englische Frühaufklärung waren die Chinesen ausgemachte Atheisten. Den Caraiben wurden von einzelnen Missionaren alle religiösen Gefühle abgesprochen. Die brasilianischen Urbewohner kannten kein Wort für „Gott". Einen weiteren Beweis für die mangelnde Verwurzelung der Religion erbrachte Prévost mit einem Bericht über die Piraten auf Santo Domingo, die dort nach dreißigjähriger Isolierung vom Christentum nur noch die Taufe festgehalten und nach weiteren zwei oder drei Generationen ohne Frage jede Religion verloren hätten. Ebenso hätten die Indianer durch Isolation stufenweise ihre Gottesvorstellung preisgegeben. Und der Père Charlevoix (1682–1761) bemerkte diesbezüglich 1744: „Man findet nur noch bizarre Vorstellungen und mißverstandene Fabeln." Gegen solche Vorstellungen versuchte Lafitau mit seinen religionsgeschichtlichen Spekulationen anzukämpfen.

Seine erste, 1718 erschienene Schrift war scheinbar nur eine botanische Gelegenheitsstudie. Er berichtete in dieser Denkschrift über eine seltene, tatarische, in Kanada entdeckte Pflanze – ein Vorgeschmack seiner später weiter ausgebauten Migrationstheorie, welche die Besiedlung Amerikas von Asien ausgehen ließ. Lafitaus Hauptwerk, die *Moeurs des sauvages Américains comparées aux moeurs des premiers temps* (1723), verhilft, wie schon der Titel besagt, der Theorie zum Durchbruch, derzufolge sich bei den Indianern noch die Urzeit gespiegelt habe. Durch systematischen Vergleich der vorgefundenen Verhältnisse bei den Indianern mit antiken Berichten entdeckt er das Mutterrecht und die Initiationsweihen. Die Grenze seiner Forschungen liegt in der mangelnden Einsicht in die Konvergenz, die sich aus unabhängig von einander erreichten gleichläufigen Entwicklungsetappen ergibt.

Der hohen Meinung Mühlmanns von diesem in seiner Zeit vereinzelt dastehenden Werk ist zuzustimmen, nicht aber seiner weitergehenden Ansicht, Lafitaus Forschungsergebnisse seien alsbald wieder verdunkelt worden. Daß Lafitaus Hauptwerk bis über die Jahrhunderthälfte hinaus hochgeschätzt war, beweist die von Siegmund Jacob Baumgarten edierte Übersetzung im ersten Band der *Allgemeinen Geschichte der Länder und Völker von Amerika* (Halle 1752). Im übrigen hatte schon vor Lafitau La Créquinière 1704 die These verfochten, daß die Indianer den Völkern des Altertums, speziell den alten Hebräern, glichen.

Nun kann man eine Gemeinsamkeit entscheidender Züge bei Lafitau und in Fontenelles *De l'origine des fables* feststellen. Fontenelle wagte zwar erst in einer Ausgabe von 1724 diese geniale Abhandlung zu publizieren, aber sie war bereits lange vorher abgeschlossen, vielleicht schon in den achtziger Jahren des 17. Jahrhunderts, in jedem Fall aber um die Jahrhundertwende, so daß die Priorität Fontenelles vor Lafitau gesichert erscheint. Ob Lafitau diese Schrift kannte, ist nicht mehr auszumachen. Die atheistische Grundtendenz bei Fontenelle war dem aufrichtigen Christen Lafitau bestimmt zuwider. Wir stellen ihn trotzdem an die Spitze, da Fontenelles Traktat im Zusammenhang mit den Werken seiner Schüler behandelt werden soll.

Lafitau gibt zunächst das biblische Entwicklungsschema wieder: Abel war Hirt, Kain Ackerbauer, Tubalkain verarbeitete Eisen und Erz. Die Verfertigung der Arche Noah und der Turmbau zu Babel setzten Kenntnisse und technische Fertigkeiten voraus, welche die ersten Väter der Völker ihrer Nachkommenschaft weitergegeben hätten.

Umso erstaunlicher war die Entdeckung von amerikanischen Völkerschaften, die tief unter diesem schon in der ersten Zeit erreichten Niveau standen, die teilweise sich noch nicht einmal auf die Kunst der Feuerbereitung verstanden.[45]) Für Lafitau ist dies nur ein Beweis für ihre Faulheit und Nachlässigkeit. Es wird sich zeigen, wie Fontenelle dieses Motiv der geistigen Trägheit mit ganz anderer Präzision behandelte; er gibt dazu eine ökonomische Begründung: „Diejenigen, die bloß von der Jagd, von der Fischerei, von Früchten der Bäume und von Wurzeln lebten", benötigten weite Räume für ihren Nahrungsbedarf. Bei diesen Wanderungen konnten sie keine Sorgfalt für den Unterhalt von Viehherden aufbringen.

Das im folgenden von Lafitau entworfene Porträt der Indianer ist äußerst ambivalent. Auf der einen Seite ist schon ihr Äußeres einnehmend. Im Vergleich mit den Europäern schneidet ihre Wohlgestalt vorzüglich ab. Ihre ästhetische Abneigung gegen Körperbehaarung mußte alle traditionellen Vorstellungen über den Typ des Wilden Lügen strafen.[46]) „Sie besitzen einen guten Verstand, eine lebhafte Einbildungskraft, sind fähig, leicht etwas zu begreifen, und haben ein bewunderungswürdiges Gedächtnis . . . In ihren Angelegenheiten denken sie richtig und noch besser als unsere Völker zu tun pflegen. Sie haben ein erhabenes und stolzes Herz."[47])

Ihre Standhaftigkeit gegenüber den grausamsten Martern wird von Lafitau ihrem unerschrockenen Mut zugeschrieben, im Gegensatz zu anderen Amerikanisten des 18. Jahrhunderts, die diesen Gleichmut auf einen Mangel an Sensibilität zurückführen wollen. Gerühmt wird noch ihre Höflichkeit nicht nur gegen Fremde, sondern auch untereinander. Ihre Gastfreundschaft müßte beinahe alle europäischen Nationen beschämen.

Durch andere Züge wird aber dieses schöne Bild verdunkelt: „Sie sind leichtsinnig und flüchtig, Müßiggänger, im äußersten Grade undankbar, argwöhnisch, verräterisch, machtgierig." Indessen kann man daran zweifeln, ob ihre völlige Indolenz gegenüber Kunst und Wissenschaften nicht der Tugend ihrer Mäßigung entspringt, „die sich mit wenigem begnügt". Damit ist schon ein Kernproblem der Anthropologie berührt. Die später von Rousseau beantwortete Frage nach dem Nutzen oder Schaden des Wissens und der Künste klingt bei Lafitau in diesem Passus an.

An die antiken Einrichtungen erinnert der Ältestenrat, der im alten Griechenland ebenso verwurzelt war wie die gewissermaßen ins öffentliche Recht erhobenen Freundschaftsbünde. Der traditionelle Haß der Franzosen auf die üblichen langwierigen und unbilligen juristischen Verfahrensweisen kommt in der Idealisierung der einfachen Rechtsgepflogenheiten bei den Indianern zum Ausdruck, ganz ähnlich wie die Franzosen derselben Epoche die unmittelbare Justiz der Türken verherrlichten: „Zu ihrem großen Glück kennen sie weder den Codicem noch Pandekten, weder Advokaten noch Anwälte. Streitigkeiten zwischen Individuen eines Stammes kommen nur selten vor, und wenn, so werden sie durch einen Vergleich geschlichtet."[48]) Gebräuche wie einen einzelnen vor der ganzen Gruppe zu hänseln – eine Schule des Gleichmuts – oder Pantomimen, in denen die Indianer Meister sind, werden mit mit sichtbarem Wohlwollen geschildert und meist positiv gesehen. Gehörte auch Lafitau zu den Anhängern des Kults vom „bon sauvage"? Immerhin handelt es sich um wohlgegründete Forschungsergebnisse, obwohl es für einen Missionar nahe lag, den Katecheten von gestern und heute oder morgen möglichst günstig darzustellen.

Lévi-Strauss hatte es am Schluß seiner vielbeachteten Arbeit über die Struktur der Mythen künftiger Forschung anheimgestellt, „im mythischen und wissenschaftlichen Denken dieselbe Logik“ zu entdecken. Es interessiert uns in diesem Zusammenhang weniger, daß mit dieser Einsicht die Schule derjenigen Ethnologen problematisch geworden ist, die wie Lévy-Bruhl, Danzel u. a. sich bemühten, die Besonderheiten des mythischen, „prälogischen“, primitiven Denkens zu betonen, sondern daß die Zukunftserwartung von Lévi-Strauss schon in Fontenelle eine Vorerfüllung gefunden hatte.

Fontenelle (1657–1757) geht davon aus, daß die physische und psychische Organisation des Menschen, seitdem es Menschen gibt, sich nicht gewandelt habe. Mythos und Religion sind nicht einfach Fabeleien, sondern sie verraten die Anwendung der Denkgesetze, die auch die unsrigen sind, auf ein außerordentlich undichtes und begrenztes Erfahrungsfeld. Zu jeder Erscheinung wird eine Ursache gesucht, wobei man vom Bekannten zum Unbekannten, vom Sichtbaren zum Nochnichtsichtbaren fortschreitet. Wollte man den noch unerforschten Ursprung eines Flusses erkennen, so stützte man sich auf die Erfahrung, daß Krüge Wasser enthielten. Den Ursprung des Flusses bildete dann eine Quellgottheit: „Je weniger Erfahrung man hat, desto mehr Wunder sieht man.“ Was außerhalb der menschlichen Wirkungsmacht stand, wurde dem Wirken von Göttern zugeschrieben. Die Götter waren am Anfang rohe Naturgewalten. Erst als die Menschen sich zivilisierten und eine Moral anerkannten, erhielten auch ihre Götter ein spiritualistisches Ansehen. – Der Offenbarungsreligion konnte nicht drastischer heimgeleuchtet werden als hier durch Fontenelle.

Der menschliche Fortschritt verleugnet sich nirgends, ja er ist das A und O der Fontenelleschen Weltanschauung. Aber Fontenelle erkennt auch: dem Fortschritt sind Bremsen eingebaut, die Hemmungen und Retardierungen bedingen. Der Fabeltrieb und vor allem die Ehrfurcht vor der Tradition ließen die Menschen, auch da, wo die Wahrheit längst gefunden war, immer den bequemeren, ausgefahrenen Weg wählen.

Die von Fontenelle vorgenommene Säkularisation der Religionsgeschichte fand bei den meisten Aufklärern Anklang. Man begriff, daß die Gottesvorstellungen den jeweiligen Gesamtzustand eines

Volkes widerspiegelten. Auch Voltaire hielt dafür, daß die Religion ungefähr auf dem Nullpunkt beginne. Er schreibt in seinem *Dictionnaire philosophique*, Artikel „Abbé", über die Kaffern und Topinambus: „Das sind wahre Kinder . . . ein Kind ist weder Atheist noch Deist, es ist nichts." – Auch in der Religionsgeschichte ist mithin eine fortschreitende Entwicklung festzustellen.

So gibt die Schrift Fontenelles, *De l'origine des fables* (zwischen 1691 und 1699 entstanden), der diese Gedanken entnommen sind, eine Erklärung für die allgemeine Stagnation im Geschichtsverlauf und insbesondere für die Zurückgebliebenheit der Indianer. Damit wird es auch möglich, in der Betrachtung dieser heute überlebenden Völkerschaften bis zu ihrem Ursprung vorzudringen, womit jedoch kein Grund zum Hochmut gegeben ist. Der Mensch ist heute und gestern derselbe: „Alle Menschen ähneln sich so sehr, daß es überhaupt keine Völker gibt, deren Torheiten uns erzittern machen sollen."[49]) Man könnte darin einen Hinweis auf die Rolle der psychologischen Selbstbetrachtung für die Anthropologen erkennen. Die fruchtbaren Gedankenreihen Fontenelles scheinen dazu ausersehen, solche Vorgriffe zu rechtfertigen. Jedenfalls betont er, daß man den Mythos nicht in allen Einzelheiten darstellen, sondern seine innere Motivation durchdenken müsse: „Wissenschaftlich ist es nicht, seinen Kopf mit all den geistigen Ausgeburten (extravagances) der Phönizier und Griechen vollzustopfen, sondern zu erkennen, was die Phönizier und Griechen dazu geführt hat."[50])

In seinem kleinen Traktat hat Fontenelle die komparatistische Methode, wie etwa gleichzeitig mit ihm oder nach ihm Lafitau, gemeistert. Die Genese der Götter folgt dem jeweiligen Zustand der Menschheit; sie beginnt mit roher Gewalt. Für höhere Eigenschaften fehlen auch den heutigen Barbaren Amerikas die Worte. Ihre Fabeln werden mit denen der alten Griechen verglichen. Im Gegensatz zu Lafitau ist für Fontenelle die Entwicklung der Menschheit etwas Gesetzmäßiges, so daß es bestimmte Stadien gibt, die alle Völker durchschreiten.

Fontenelles Fortschrittstheorie greift auch auf die Räume Amerikas über: So wie wir die eigenen Vorzüge durch die einseitige Perspektive des Vergangenen verkennen, so könnte es auch den Amerikanern ergehen – die hier als Pioniere der Zukunft stehen. Vielleicht werden sie auf unsere Epoche mit all ihren Fehlern bewundernd zurückschauen, so wie wir es mit der Antike getan haben.[51])

Die meisten Anhänger der prähistorischen und frühmenschheitlichen Forschung waren Modernisten im Sinne der „Querelle des anciens et des modernes"; während die „anciens" sich ganz in der isolierenden Betrachtung der klassischen Antike verschanzt hatten, waren die Verfechter des Fortschritts darauf angewiesen, die Geschichte in ihrem gesamten Verlauf vorwärts und rückwärts aufzurollen und ernst zu nehmen. Der feindlichen Partei der Altertumsfreunde wirft Fontenelle vor, daß sie, statt den Mythos der Antike zu entschleiern, ihn verrätselten und in ihm eine Geheimschrift der Natur- und Humanwissenschaft erkennen wollten.

Modernisten mit anthropologischer Einstellung waren außer Fontenelle Cartaud de la Villate (um 1700–1736), der Abbé Jean Terrasson (1670–1750) und vor allem Condorcet (1743–1794).

Unter den unmittelbaren Schülern Fontenelles war der jungverstorbene Abbé François Cartaud de la Villate der begabteste und engagierteste. Am Anfang seines *Essai historique et philosophique sur le goût* (1736) plaudert er aus der Schule, indem er den Beginn der Menschheit unter Umgehung des Schöpfergottes als einen mechanischen Vorgang schildert: „Der Ursprung der großen Gesellschaften beweist uns, daß der Mensch am Anfang nur den Naturgesetzen unterworfen war. Wann das auch gewesen war, dieser Zustand war dem Gesetz des Geziemenden und der Meinung anderer überlegen. Dem großen Mechanismus folgend, lernte er, das mannigfache Spiel seiner Organe anzuwenden. Seine Begierden wuchsen unter den ihm von den Sinnen gelieferten Eindrücken. Diese waren zunächst einfach und beschränkten sich auf die dringlichsten Bedürfnisse; den Hunger und den Durst zu stillen, sich vor Hitze und Kälte zu schützen, war sein erstes Anliegen ... Mag es die Wirkung einer Neigung sein oder einer allgemeinen Daseinsangst, kaum hatten sich die Menschen gesehen, so verbanden sie sich für gemeinsame Vergnügungen oder zum Schutz ihrer Sicherheit. Die einen liebten sich, die anderen flößten sich Schauder ein, so daß die verschiedenartigsten Motive zustande kamen, um die Bindungen einer bürgerlichen Gesellschaft zu begründen."[52])

Die ganze Entwicklung setzt, wie bei Rousseau, zunächst die Existenz des Einzelmenschen voraus. Die Zivilisation wird als ein mechanischer Hergang verstanden, als Gleichgewicht zwischen einander widersprechenden Elementen, als eine langsame, aber stetige Fortschrittsbewegung.

Fontenelle, der diesen Essay als Zensor verantwortet und befürwortet hatte, hätte sich selbst vielleicht nicht so eindeutig im Sinne einer materialistischen Anthropologie festgelegt. Man kann aber annehmen, daß er in mehr oder weniger unverbindlichen Gesprächen mit seinem Schüler sehr viel weiter ging, als es seine gedruckten Schriften bezeugen, und daß er die Meinung des jungen Cartaud als eine plausible Hypothese aus seinem Gesichtskreis nicht ausschloß.

Ein so scharfsinniger Kopf wie der Jesuit Père Louis-Bertrand Castel (1688 –1757) ließ sich über die Herkunft dieser Schrift nicht täuschen. In seiner polemischen Rezension, die bereits 1736 erschien, schreibt er: „Ich sehe, das ist ein indiskretes Hinausgehen über ein etwas mysteriöses System, *De l'origine des fables*, das ein von Schöngeistern verehrter Autor seit einigen Jahren in die Ausgaben seiner Werke gleiten ließ, ohne daß man in diesen Ausgaben seiner bedeutenden Werke das eingestreute Gift erkannt hätte... Ich will glauben, daß er es nicht aus Eigenem bezogen hat, sondern im Rückgang auf das gottlose System des Diodoros von Sizilien über die autochthonen... völlig mechanisierten und im Anfang nur körperlichen Urmenschen, erzeugt aus dem Schlamm Ägyptens – nicht aber durch den Hauch Gottes, der mit einem Schlage lebendige Seelen... als seine Ebenbilder auf Erden gemacht hat –, hervorgebracht durch die Sonnenhitze und das Spiel des großen Mechanismus wie Frösche oder gar wie Kaulquappen. – Das heißt Fabeln um der Fabeln willen erzählen, uns die ersten Menschen zu geben, um ihren Ursprung zu entdecken, und die heutigen Amerikaner gelten dann als ein neues Volk, aus der Erde gezogen ohne Zweifel und allmählich entwickelt wie eine Pflanze, nach den Gesetzen dieses großen Mechanismus, von dem der allzu kühne Kommentator spricht."[53])

Anstoß erregte die ganze Vorgeschichte der Menschheit in Cartauds Essay. Am Anfang herrschte die sexuelle Promiskuität, aus der nur langsam geklärtere Vorstellungen im Verhältnis zwischen den Geschlechtern hervorgingen. Rousseau vorwegnehmend, sieht Cartaud in der Entstehung des Eigentums die Quelle des Klassenstaats, die Aufteilung der Gesellschaft in Arme und Reiche. Aus der Schicht der Reichen wäre dann die Königsgewalt hervorgegangen, die bald zum Sklaven der Religion geworden sei. Es ist klar, daß auch diese Entwicklungsreihe von Castel verworfen wurde, obwohl er sich diesbezüglich nur summarisch äußert. Was stellt nun Père Castel dem Schema der von Cartaud de la Villate verfolgten Entwicklung entgegen? Er sieht umgekehrt die Menschheit von dem hohen Stand stufenweise abfallen, zu dem ihr einst die Gottheit verholfen hatte.

Vom heutigen Standpunkt aus betrachtet, ist Cartaud de la Villates Kosmogonie durch eine innere Konsequenz ausgezeichnet, die später nur mühsam behauptet werden konnte. Klar zeugt der Gedanke der steten Entwicklung gegen allen klerikalen Pessimismus.

1731 erschien in Amsterdam anonym der altägyptische Verhältnisse behandelnde Roman *Sethos*. Verfasser war der Abbé Terrasson, einer der Bannerträger der Fortschrittslehre Fontenelles, den er sogar mit einer jeden Zweifel niederhaltenden Radikalität übertrumpfte.[54])

Terrasson fühlte sich gleich Fontenelle durch die frühmenschheitliche Geschichte und Vorgeschichte angezogen. Das bekundet schon die Anlehnung seines Romans an die Forschungen Lafitaus und des Abbé Antoine Banier (1673–1741). Hauptgegenstand seiner Darstellung war der Gegensatz der Eingeweihten zu den profanen, primitiv und götzengläubig gebliebenen Volksmassen. Vor der Einweihung wurde den Initianten ein Getränk des Vergessens verabreicht, des „Vergessens all der falschen Grundsätze, von denen ihr aus dem Munde des profanen Volks gehört habt."[55]) Interessant ist die Ableitung des antiken Freundschaftskultes aus der ägyptischen Initiation. Der eingeweihte Ägypter war überzeugt, „daß die Götter ihm Gelegenheit boten, diese Freundschaft zu erfüllen, womit sich die Eingeweihten einer Hauptpflicht zu entledigen glaubten ... In der Antike waren diese Freundschafts- und Liebesverhältnisse berühmt. Der Mythos und die Geschichte davon haben bei uns noch Geltung."[56])

Ging man hinter die ägyptische und chinesische Geschichte zurück bis zur Urmenschheit, so entstand das Problem, ob die menschliche Geschichte von den Anfängen der Menschheit her einen Zusammenhang bildete oder ob ihr eine lange Zeit geschichtsloser Unbeweglichkeit vorausging. Den letzteren Standpunkt nahm Rousseau ein, den ersteren u. a. Anne-Robert Jacques Turgot (1727–1781), der seine ersten Ideen ungefähr gleichzeitig mit Rousseau entwarf. Für ihn herrscht im Bereich des Menschen eine ununterbrochene Kontinuität: „Die willkürlichen Zeichen von Sprache und Schrift gaben den Menschen das Mittel, sich des Besitztums ihrer Gedanken zu versichern und sie den anderen mitzuteilen. Sie haben aus allen besonderen Kenntnissen einen Gemeinschatz gebildet, der von einer Generation zur anderen überliefert wird, und dazu kam die immer vermehrte Erbschaft der Entdeckungen jedes Jahrhunderts. Von seinem Ursprung her gesehen, erscheint das menschliche Geschlecht in den Augen eines Philosophen als ein unermeßliches Ganzes, das selbst, wie jedes Individuum, seine Kindheit und seine Fortschritte besitzt."[57])

Die anthropologischen Gedanken Montesquieus erhellen zuerst die in die *Lettres persanes* (1721) eingestreuten Kapitel über die Schicksale der Troglodyten. Es handelt sich – nach antiker Tradition – um einen zwar seßhaften, aber noch in Höhlen hausenden Stamm entlang des Roten Meeres. Montesquieu sagt, diese Troglodyten seien ursprünglich den Tieren ähnlicher gewesen als den Menschen. Wir werden also in die Frühgeschichte der Menschheit zurückversetzt. Die Troglodyten befinden sich immerhin auf der Stufe des Feldbaus. Aber die bei ihnen erwachte Besitzgier läßt sie – wie später bei Rousseau – alle Autoritäten abschütteln und sich in einen Kampf aller gegen alle verstricken. „Dieses Volk . . . richtet sich nur noch nach seiner wilden Gemütsart." Die ursprüngliche Natur dieses Volkes ist also nicht gut wie der aus den Händen des Schöpfers hervorgegangene Naturmensch Rousseaus. Erst die Katastrophe der Nation führt zur Einsicht, die zwei weise Gesetzgeber unter den Troglodyten verbreiten. Die bedingungslose Unterwerfung der Eigensucht unter das Allgemeininteresse und die Anteilnahme an den anderen Menschen erzeugen einen Glückszustand, der aber durch den Entschluß, zur Königswahl zu schreiten, in Frage gestellt wird. Wenn der erste Teil der Anekdote an Hobbes erinnert, so konnte man von dem zweiten allenfalls sagen, daß er eine bei Rousseau aufgezeichnete Entwicklung vorwegnahm.

Im *Esprit des lois* (1748) greift Montesquieu, wenn auch nur in kurzen Bemerkungen, auf früher durchlaufene Stadien der Menschheit zurück. Er fordert die späterhin häufig wieder verwischte Trennung von „sauvages" und „barbares". Die Wilden sind, wie später bei Rousseau, in der Zerstreuung lebende Stämme ohne die Möglichkeit eines Zusammenschlusses. Die Natur und das Klima allein beherrschen ihre Lebensform, nicht Brauchtum, Sitten, „Manieren" und Gesetze. Sie sind, wie die im Nordwesten Asiens lebenden Sibiriaken, meist Jäger. Der einzige Zweck ihrer gelegentlichen Vergesellschaftung ist die Bewahrung der natürlichen Freiheit. Von den Barbaren wird gesagt, daß bei ihnen die Horden sich in größeren Verbänden zusammenschließen. Es sind Hirtenvölker. Die Episode der Feldbau treibenden Troglodyten würde also erst einem späteren Zeitpunkt der Entwicklung entsprechen.

Allbekannt ist Montesquieus Geschichte der Bekehrung der Troglodyten vom ursprünglichen Egoismus und Kampf aller gegen alle zur Wahrnehmung des Gemeinwohls. Indessen handelt es sich nicht, wie Montesquieu uns glauben machen will, um eine Art von Urvolk. Diodoros von Sizilien (1. Jahrhundert v. u. Z.) stellte fest, das dieses in Ostabessinien beheimatete Volk unter ägyptischem Einfluß stand und von daher die Beschneidung einführte. Die Ägypter aber, meint La Créquinière, hätten diese Gepflogenheit von Abraham übernommen.

Rousseau nnd seine Gegner

Jean-Jacques Rousseau war sich bewußt, daß „die nützlichste und die am wenigsten geförderte menschliche Wissenschaft die Wissenschaft vom Menschen ist“. So steht es geschrieben im Vorwort des Traktates *Über den Ursprung und die Grundlagen der Ungleichheit unter den Menschen* (1754). Noch 1782 erklärte ein Mitglied der Erfurter Akademie es für schimpflich, daß die Kenntnis der Menschen hinter der Kenntnis der Pflanzen zurückstehe.[58]) Jedenfalls ist bei Rousseau die anthropologische Fragestellung von Anfang an bestimmend.

Zu Unrecht wurde Rousseau von seinen Gegnern bezichtigt, den von ihm angenommenen Urzustand der menschlichen Vereinzelung als unwiederbringlichen Glücksstand der Menschheit gepriesen zu haben. Wohl sagt Rousseau, die natürliche Fruchtbarkeit der Erde reiche völlig aus für die Nahrungsbedürfnisse des einzelnen. Anlaß zu einer frühmenschlichen Herdenbildung kann weder der Mangel noch die Furcht sein. Dieser Urmensch hat weder das Bedürfnis nach Verkehr mit seinesgleichen noch den Drang, ihnen zu schaden. Nur ganz wenigen Leidenschaften zugänglich, kann er sich selbst genügen. Seine „perfectibilité“ bleibt in der Latenz.

Schon insofern konnte Rousseau auf dieser Vorstufe menschlicher Geschichte unmöglich ein Höchstmaß der Beglückung verwirklicht sehen. Allerdings zeichnete sich bereits auf der ersten Stufe der Vergesellschaftung die Ungleichheit ab. Doch hatte die weitere Annäherung der Menschen aneinander (der dritte Zustand, den Jean-Jacques beschreibt) die glücklichsten Wirkungen. Die natürliche Gleichheit herrschte. Fröhliche Jugendfeste wurden gefeiert. Aus gegenseitiger Sympathie erwuchsen die ersten Ansätze der Sprachentwicklung. Dieser fortgesetzte Sonntag der Menschheit wurde jäh unterbrochen von den ersten, die sich einfallen ließen, ein Grundstück für sich einzuzäunen und so die Unterscheidung von mein und dein zu erzwingen. Es ist die Stufe des Ackerbaus, die nun erreicht war. Damit wird jedoch die Rückkehr zu der schon von der ersten Gesellschaftsbildung angebahnten Ungleichheit vollzogen. Aus dem maßlosen Egoismus ergibt sich ein an Hobbes gemahnender Kriegszustand aller gegen alle. Er wird durch einen ersten Gesellschaftsvertrag beendet, der aber in Wahrheit die gegebenen Besitzverhältnisse sanktioniert. Lévi-Strauss bemerkt diesbezüglich: „Rousseau und seine Zeitgenossen haben begriffen, daß kulturelle Elemente wie ‘contrat’ und ‘consentiment’ nicht auf eine sekundäre Formation hinweisen, sondern daß sie den Rohstoff der Gesellschaft bilden, ohne den man sich keine politische Formation denken könnte.“ Aber damit wird nicht ein Fortschritt in der Menschheitsgeschichte eingeleitet, sondern die Korruption, das Laster, das Elend. Wenn man in den verschiedenen Revolutionen die Vergrößerung der Ungleichheit gewahren könne, so finde man – Rousseau zufolge – zuerst die Institution des gesetzlichen Eigentumsrechts, hernach die Begründung der Magistratur und schließlich die Verwandlung der rechtmäßigen in die willkürliche Gewalt. In der ersten Epoche werde der Unterschied zwischen reich und arm, in der zweiten der des Mächtigen und des Schwachen, in der dritten der des Herrn und des Sklaven sanktioniert. Doch bringt jede Stufe entscheidende Fortschritte. So wird auf der Stufe des Ackerbaus und der Metallverwertung, der kollektiv betriebenen Fischerei und Jagd die Kunst der Erhaltung des Feuers entdeckt, die den Übergang zur gekochten Nahrung bedingt. Der „passage du cru au cuit“ ist auch für moderne Anthropologen wie Lévi-Strauss der entscheidende Einschnitt. Rousseau stellt schließlich fest, alle diese Stufen in seiner Abhandlung durcheilend, daß die letzterreichte Epoche des Despotismus währen wird, solange nicht weitere, künftige Revolutionen die derzeitigen Regierungen auflösen oder sie den legitimen Institutionen annähern werden. Unterpfand einer solchen

Entwicklung ist die dem Menschen angeborene Perfektibilität, die Sehnsucht nach einem Zustand, in dem er nicht mehr mit sich selbst zerfallen ist, und nach einem Typus der Vergesellschaftung, in dem die natürlichen Anlagen der Menschen sich in einem freien und tugendhaften Leben zu entfalten vermögen.

Der neue „contrat social" ist die Theorie, die nun diesen modernen Möglichkeiten der Vergesellschaftung zugrunde gelegt wird. Nur durch seine totale Hingabe an die Gemeinschaft kann der einzelne sich selbst zurückgewinnen. Es ist eine zweite Natur, die dem Menschen geboten wird und die dem Naturzustand, in den das Leben des vereinzelten Menschen eingebunden ist, in nichts nahekommt. Für die Anwendung dieser Prinzipien werden nur die Randgebiete mit noch gewahrter Ursprünglichkeit (Korsika, Polen) ausersehen. Das beinhaltet aber keine Rückzugsstellung Rousseaus. Vielmehr handelt es sich wieder um die Ausarbeitung eines ideellen, wenn auch der konkreten Wirklichkeit Rechnung tragenden Typus, in dem sich künftige Entwicklungen auch im Herzen Europas vorzeichnen lassen. Das utopische Zwischenspiel von Clarens in der *Nouvelle Héloïse* kann als ein erneuter Vorgriff auf eine bessere Zukunft der Menschheit gewertet werden.

Im schroffsten Gegensatz zu Rousseau entwickelte Georges-Louis Leclerc, Comte de Buffon (1707–1788) seine Lehre. Der prähistorische Zustand der Vereinzelung kann für ihn nicht existieren, da Gesellschaftlichkeit die Natur des Menschen ist. Wo Menschen am Werk sind, da beginnt auch Geschichte. Buffons Anthropologie ist in dem bereits erwähnten Buch Michèle Duchets verhältnismäßig ausführlich behandelt worden. Im folgenden soll nur auf einige Gesichtspunkte dieser Darstellung verwiesen werden.

Buffons naturgeschichtliches Opus fällt in die Jahre zwischen 1749 und 1788. Seine Anthropologie gründet auf der Würde des Menschen: „Der dümmste der Menschen kann das höchstentwickelte Tier leiten."[59]) Vergleichbar ist der stupideste Mensch mit dem Tier nur insofern, als dieses keine Seele hat, jener sich ihrer nicht bedient. Das tierische Individuum kann nicht, wie der einzelne Mensch, das Schicksal der ganzen Gemeinschaft bestimmen. Es ist ununterscheidbar von dieser. Es ermangelt der „Perfektibilität" – um dieses Lieblingswort des Jahrhunderts zu gebrauchen.

Nach Buffon muß die Einheit des Menschengeschlechts der Beschreibung seiner Varianten zugrunde gelegt werden. Alle diese Varianten nähern sich oder entfernen sich von dem Modell des Menschen, das zwischen dem 40. und 50. Breitengrad in der gemäßigten Zone erreicht wird. Sie entstehen durch klimatische, ernährungsbedingte und moralische Fakten. Das Prinzip der Monogenese wird ergänzt durch weitausgreifende Wanderungen, die z. B. vom Nordosten Asiens ausgehend, zur Besiedlung des amerikanischen Kontinents geführt hatten.

Die Zivilisierung sieht Buffon als einen fast unmerklichen, langsamen Prozeß; daher könne man nicht, wie Rousseau, von Revolutionen in der menschlichen Gesellschaft sprechen. Letztlich seien auch die Wilden, wie etwa die Indianer, der Entwicklung fähig. Zwar glaubt Buffon ihr spezielles Unglück in der mangelhaften Ausbildung des Geschlechtstriebs zu erkennen, der diese Völker zum Aussterben verurteilen könne, aber er wehrt sich doch gegen das deterministische Urteil de Pauws, der vom „génie abruti" der Amerikaner sprach.[60]) – Die Anthropologie Buffons ist offenkundig anthropozentrisch und letzten Endes europazentrisch orientiert. Der damalige Kolonialismus konnte bei dieser Lehre jedenfalls eine Ermunterung finden. Buffon hatte tatsächlich geschrieben: „Das ist mehr als man braucht, um uns den Vorrang unserer Natur und den ungeheuren Abstand zu beweisen, den die Güte des Schöpfers zwischen Mensch und Tier gesetzt hat."[61]) Dazu kommen Betrachtungen über die Immaterialität der Seele. Sind solche Gedankengänge lediglich als opportunistische Schutzbehauptungen zu werten?

Charles Bordes, der zwischen 1711 und 1781 lebte, war einer der eifrigsten Widersacher Rousseaus. Das bekundet schon sein 1752 in Lyon veröffentlichter *Discours sur les avantages des sciences et des arts*, der auf Rousseaus umgekehrte These eine Antwort gab. Bordes schrieb: „Man läßt sich seit langem durch die Chimäre einer Goldenen Zeit nicht mehr täuschen. Überall ist die Barbarei der Errichtung von Gesellschaften vorausgegangen . . . Überall zwangen Bedürfnisse und Verbrechen die Menschen, sich zusammenzutun, sich Gesetze zu geben und sich in unzugänglichen Behausungen einzuschließen. Die ersten Götter und die ersten Könige waren Wohltäter oder Tyrannen; Dankbarkeit und Furcht errichteten Thron und Altar."[62]) Damit zog der Aberglaube und der Despotismus ein. „Die ganze Erde wurde infolgedessen von neuem Unglück und neuen Verbrechen erfüllt".[63]) Während somit die Barbarei noch in allen Teilen der Welt ihre Herrschaft ausübte, gediehen nur in Athen die Künste und die Wissenschaften, die bestimmt waren, auf die übrige Welt auszustrahlen.

In einer Einsendung auf eine Preisaufgabe von 1771 der Preußischen Akademie der Wissenschaften mit dem Zitat: „Felix qui potest rerum cognoscere causas" an der Spitze wird Rousseaus These vom Naturzustand heftig kritisiert. Der erste Besitz und die erste Gesellschaft wären mehr oder weniger durch Zufall entstanden. Die Länge des Zeitraums, den Rousseau zwischen diesem Zustand und dem der „amicitia libre" setzte, sei imaginär, da nicht einzusehen sei, wieso die Menschen aus ihrem tierartigen Dasein überhaupt heraustreten wollten. Man müsse im Gegensatz zu Rousseau versuchen, die Entstehung der Gesellschaft ohne den Deus ex machina zu erklären. Rousseaus „épanchement de bile" hätte den isolierten Naturzustand als eines der ärgsten Übel bezeichnet. In Wahrheit aber seien die Übel nur die Negation der überwiegenden Freuden. Da die Menschen nach Rousseau am liebsten dem unüberwindlichen Hang zur Isolierung gefolgt wären, hätte der Schöpfer unaufhörlich bei der Gesellschaftsbildung eingreifen müssen – was eine vernünftige Erklärung der ganzen Vorgänge ausschließe. Der Verfasser findet sie darin: Die Gesellschaft ist der Natur des Menschen angemessen. Auch die Tiere würden ihre Weibchen und Kinder nicht verlassen; dem einen Kind folgten andere. Verwandtschaft entstünde und Gesellschaft. Es bilde sich eine „association libre, mais constante", eine freie, aber beständige Verbindung. Sie werde jedoch schließlich durch Anarchie bedroht, der die Führerwahl ein Ende setze.

Wie man sieht, ist die anthropologische Ausbeute dieser Darlegungen äußerst gering; und Charles Bordes gehört schon zu jenen Spätaufklärern, die gleichsam nur mit geschlossenen Augen die barbarische Vorzeit erwähnten. Überhaupt ist zu sagen, daß Rousseaus Gegner es leicht hatten, die mangelnde Kohärenz in seinem System nachzuweisen. Es fehlte aber ein Gefühl dafür, daß Rousseau dem dramatischen Verlauf der Frühgeschichte weit nähergekommen war als alle diejenigen, die versucht hatten, die Widersprüche der Entwicklung zu glätten. Jedenfalls rief seine Kulturfeindlichkeit fast die ganze Aufklärung auf den Plan. Auch italienische Aufklärer wie Gaetano Filangieri (1752–1788) und sein Kreis verwarfen die Rousseauschen Ideen.

Für Jean-Jacques Rousseau und für Morelly (um 1710–um 1771), dessen kommunistisches Manifest *Code de la Nature* (1755) freilich keinen Rückblick auf die Frühgeschichte erlaubt, lag der Gemeinbesitz als Ausgangspunkt fest. Den entgegengesetzten Standpunkt vertrat Victor Riqueti, Marquis de Mirabeau (1715–1789), der

Vater des berühmteren Honoré (1749–1791). Mirabeau der Ältere war als Verfasser des 1757 im Haag erschienenen *L' Ami des hommes, ou Traité sur la population* auch einer der Väter der physiokratischen Lehre. Die konservative Gesinnung der neuen Schule veranlaßte ihn, die Ursprünglichkeit der Landverteilung und des Landbesitzes zu behaupten. Sein aristokratisches Grundanliegen kommt in geradezu grotesker Weise zum Vorschein, wenn er von Anfang an den Menschen vom Tier nicht nur durch die Dimension der Zukunft, sondern vor allem durch die der Vergangenheit unterscheidet, „in der man Besitztitel, Vorfahren und andere geschichtliche Dokumente sucht". Dabei ist, wie Mirabeau ausdrücklich versichert, vom „homme brute" die Rede. Weiterhin wird gesagt, die Kainstat wäre dem ursprünglichen Menschen durchaus zuzutrauen. Um eine Wiederholung dieses „ersten Anschlags auf die Gesellschaft" zu vermeiden, sei die Landverteilung als eines der frühesten Gesetze beschlossen worden. Dem Einwand, daß die Wilden (d. h. die Indianer) doch vom gemeinsamen Ertrag der Jagd und des Fischfangs lebten, hält Mirabeau ausweichend entgegen, der individuelle Besitz von Hütten, Pfeil und Bogen würde ja doch den ursprünglichen Sinn für das Eigentum unter Beweis stellen.[64])

Antoine Court de Gébelin (1725–1784), Verfasser der neunbändigen *Monde primitif* (1771–1783), ist Protestant wie Rousseau; die biblische Auslegung wird von ihm konsequenter festgehalten als von Jean-Jacques. Auch Court de Gébelin widerstreitet der Behauptung Rousseaus, die ersten Menschen hätten ohne jeden Aufschwung jahrhundertelang dahinvegetiert. Rätselhaft bleibe, wieso der Mensch schließlich doch noch aus einem solchen Zustand befreit werden konnte. Rein zufällig müßten dann die Umstände gewesen sein, unter denen er, über weite Gebiete zerstreut, der Aufklärung teilhaftig geworden wäre. Man sieht, daß zugleich mit dieser Ansicht die Auffassung von einer pluralistischen Entstehung des Menschengeschlechts, der Multigenese, wie sie Voltaire vertrat, von Court de Gébelin verworfen wird. Was er all dem entgegensetzt, ist biblisches Gedankengut. Der erste Keim der Perfektibilität wurde dem Menschen schon durch den Schöpfer mitgegeben, so daß er nicht umhin konnte, die schnellsten Fortschritte auf dem Weg zu seiner Vollkommenheit zu machen.

Court de Gébelins Biblizismus hat jedoch nicht alle Teile seines Werkes ergriffen, wie er auch die Geschlechterfolge der Bibel für die weitere Entwicklung der Menschheit beiseite läßt. Die Zivilisation beginnt nach seiner Vorstellung mit dem Ackerbau. Daraus folgt, daß doch ein Zustand der Wildheit vorausgegangen war, mit der Existenz von Gruppen, die „nicht die Kunst besitzen, die notwendige Produktion ihrem Subsistenzbedürfnis anzupassen".[65]) Erst die Ackerbauer rückten sich näher. Ihre Feste dienten dazu, die Menschen zu einigen (sie waren also vorher uneinig gewesen). Es gab Landstriche, wo man den Ackerbau noch nicht kannte, „wo man niemals die Freudenschreie der Erntearbeiter hörte, wo es nur stilles Vorüberhuschen gab, aus Angst vor den wilden Waldbewohnern". Im Gegensatz zu Rousseaus Konzeption des vereinzelt lebenden Urmenschen wird hier den Menschen von vornherein ein Gruppendasein in Horden oder Rudeln zugesprochen. Einen Anklang an Rousseau kann man jedoch aus der Beschreibung der Feste heraushören, die nicht nur eine Erholungspause der Ackerbauer darstellten, nicht nur Gelegenheit boten, weitere Feldarbeiten gemeinsam vorauszuplanen, sondern vor allem der Jugend gehörten, die im Wettstreit sich die Fähigkeiten errang, im Rat ihr Wort mitzusprechen. Weder hier noch bei Rousseau ist die Frage nach mein und dein gestellt. Die Euphorie des Beisammenseins beseligt alle Gemüter.

Die Zahl der Autoren ist nicht gering, die der frühen Menschheitsgeschichte den mosaischen Bericht zugrunde legten. Als ein Beispiel für viele sei die Ausgangsposition von André-François Boureau-Deslandes (1690–1757) in seiner *Histoire critique de la philosophie* (1737) erwähnt. Dieser übrigens keineswegs orthodoxe Autor behauptet: „Das erste Zeitalter der Philosophie reichte von der Sintflut her bis zu der Zeit, in der die Griechen über Ägypten und Babylonien hinwegzogen, um dort ihrem Gefallen an den Wissenschaften und an den ihnen noch nicht bekannten hohen Talenten nachzugehen. In diesem ganzen Zeitalter waren die Lernwilligen auf sich selbst angewiesen. Sie wurden keiner übernatürlichen Führung teilhaftig, keines göttlichen Feuers zu ihrer Erleuchtung. Sie gingen, wie die Schrift sagt, hinter ihren Gedanken drein und erfüllten den immer noch zögernden Willen ihrer Gedanken. Gott ... hatte sich nur den Hebräern kundgetan und allen anderen Völkern nur Schatten der Erkenntnis überlassen." Sie begriffen aber mit ihren Sinnen die Natur. So entstand die Philosophie, die, einem Brief von Giovanni Pico della Mirandola zufolge, „die Wahrheit erforscht, die die Theologie erfindet und allein die Religion besitzt".[66])

1770 erschien das sechsbändige Werk André-Guillaume Contant d'Orvilles (1730–1800): *Histoire des différents peuples du monde, con-*

tenant les cérémonies religieuses et civiles. Auch dieser Autor folgt zunächst der Genesis, verzichtet aber dann auf den Vorsatz, die Dunkelheit der Vorgeschichte zu durchleuchten: „Man wird mich keineswegs einen ungewissen Blick in die Dunkelheit der ersten Jahrhunderte werfen sehen, um auszumachen, welche Art Abgötterei der Ursprung anderer abergläubischer Gebräuche gewesen ist."[67]) Damit ist genau der Punkt bezeichnet, von dem an der biblische Bericht die Frühgeschichte im Stich läßt. Contant d'Orville hielt sich an diese Verzichterklärung, obwohl er geradezu aufregendes Material in den Händen hatte, so z. B. eine koreanische Legende von unbekanntem Ursprung, derzufolge „das Menschengeschlecht ursprünglich eine Sprache hatte, aber die Verwirrung der Sprachen erleiden mußte, als es einen Turm zu bauen begann, um den Himmel zu erstürmen."

Ehe wir uns einer neuen Richtung in der Anthropologie zuwenden, läßt sich schon auf Grund des vorgängigen Materials der Ansatz einer Konfrontation von Wildheit und Zivilisation erkennen. Das Wort „civiliser" kommt im 17. Jahrhundert häufig vor, aber das Substantiv „civilisation" läßt sich erst bei Boulanger 1766 belegen, wobei die Möglichkeit einer Einstreuung des Wortes durch den das Manuskript manipulierenden Holbach nicht von der Hand zu weisen ist. Will man daraus schließen, daß echte Anthropologie erst seit Boulangers *L'Antiquité dévoilée* existiert? Wir hatten schon Anlaß, auf die häufig fehlende Deckungsgleichheit von Wort und Sache hinzuweisen. Von der Semasiologie können keine Entscheidungen ausgehen, nur schon getroffene bestätigt werden.

Die Ansätze zu einer materialistischen Anthropologie

Das erste Beispiel einer materialistischen Anthropologie hatte Fontenelle in *De l'origine des fables* gegeben. Rousseau stand dieser Lehre denkbar fern. Für ihn ist der Mensch vom Urbeginn an ein spirituelles, mit der Freiheit des Willens ausgestattetes Wesen. Kennzeichen einer materialistischen Anthropologie sind vor allem eine naturalistische Genese des Menschen, ferner die organologische Erklärung des menschlichen Fortschritts, z. B. durch die Artikulation der Hand oder die Prädisposition des Gehirns. Für die Entstehung der Religion muß aus der Frühe der Welt eine psychologische Erklärung gefunden werden. Es gibt keine Willensfreiheit – höchstens die Konkordanz des Willens mit dem notwendig Gebotenen.

Als durchschnittlichen Typus einer materialistischen Theorie greifen wir die des von Edna Lemay vorgestellten Jean-Nicolas Démeunier (1751–1814) heraus.[68]) Am Anfang der Revolution spielte er in den Etats généraux eine gewisse Rolle, aber von 1791 bis 1796 lebte er als Emigrant in den Vereinigten Staaten. In der Folgezeit wurde er von Napoleon protegiert. In seinem dreibändigen Hauptwerk *L'Esprit des usages et des coutumes des différents peuples* (1776) nannte er die Faktoren für die Differenzierung der menschlichen Gattung: „Das Klima, die Unfruchtbarkeit des Landes, die Rauhheit des Himmels, die physische Organisation, die Bedürfnisse der Völkerstämme bei ihrer Niederlassung begründen zuerst sehr verschiedenartige Sitten. Die Politik, das Gesetz und die Moral, die falschen Ideen und Vorurteile, Freiheit und Sklaverei und hundert andere Umstände tragen vollends zu ihrer Unterschiedlichkeit bei." [69]) Démeunier stellt die Frage, ob Fleischnahrung natürlich sei, warum Neugeborene getötet würden. Männerkindbett und Anthropophagie, die Infibulation, die Kastration, die Beschneidung, die Entfernung des Gliedes, die Päderastie – all das waren Probleme, die ihn interessierten. Die Anordnung seiner Darstellung folgt dem Lebensgang, von der Wiege bis zur Bahre. In neun Zehntel aller Fälle zitiert er korrekt – nur zehn Prozent sind ungenau; er benutzt in hundertfünfzig Fällen Werke, ohne sie zu zitieren: Lafitau, Legendre, Montesquieu, Antoine-Yves Goguet (1716–1758), ferner Henry Home Lord Kames (1696–1782), de Pauw u. a. Er übernimmt Montesquieus Unterscheidung der Wilden, der Barbaren und der Zivilisierten. Dabei vermeidet er Werturteile – er will nur verstehen.

Der Ansatz zu einer materialistischen Anthropologie liegt vor in Goguets *De l'origine des lois, des arts, et des sciences et de leurs progrès chez les anciens peuples* (1758). Goguet hat darin Fragen aufgeworfen, die auch die neuere Anthropologie noch beschäftigen[70]): die Technik des urmenschlichen Ackerbaus, die Entwicklung der Schreib- und Rechenkunst. Er folgt der hebräischen Geschichte, nicht aus religiösen Gründen, sondern weil sie wie die Geschichte keines zweiten Volkes einen pausenlosen Fortgang, eine Kontinuität darstellt. Allerdings sei die Epoche vor der Sintflut nur durch lückenhafte Berichte gekennzeichnet. Etwas Licht falle durch Vergleichung mit heute lebenden Urvölkern in diese Frühzeit der Menschen. Einhundertfünfzig Jahre nach der Sintflut sei die Menschheit, deren Nahrungsspielraum sich immer mehr verengte, zerstreut worden. Die babylonische Sprachverwirrung verweist auf die Sonderung der

Nationalsprachen. Türme wurden gebaut, um die Kontakte zwischen den getrennt lebenden Gruppen nicht abreißen zu lassen. Nur in wenigen Familien wurden nach Goguets Auffassung die Kenntnisse bewahrt, die die Menschheit vor der Vereinzelung besessen hatte. Die übrigen verfielen der Barbarisierung, irrten gesetzlos in Wäldern umher oder flüchteten in Höhlen oder auf Bergesgipfel. Anthropophagie war an der Tagesordnung. Lange Zeit war der Gebrauch des Feuers unbekannt, wie noch zu Goguets Zeiten bei den Bewohnern der Marianen und den Urbewohnern der Kanarischen Inseln. Solange man kein Feuer kannte, mußte das Fleisch roh verzehrt werden. Der Feuergebrauch kam schließlich, Goguet zufolge, durch Reiben von alten Hölzern zustande. Vor der Erfindung von Pfeil und Bogen bildeten Steine und Stöcke die Werkzeuge der Frühzeitmenschen.

Die dann folgenden ersten Gesetze waren stillschweigende Konventionen: einander nicht schädigen, Verpflichtungen einhalten, keine Sache gewaltsam wegnehmen, das Erbrecht des Sohnes anerkennen. Diese Bestimmungen beruhten auf den dem Menschen ins Herz gelegten Gefühlen für Gerechtigkeit und Billigkeit. Noch bestand aber die sexuelle Promiskuität. Die Kinder konnten nur ihre Mutter, nicht ihren Vater kennen. Die Weiber waren Gemeinbesitz, d. h. sie gehörten allen. Die in der Volksversammlung gewählten Monarchen hatten darüber zu wachen, ebenso über die Organisation des Fischfangs. Die Monarchie wurde nach der Analogie mit der Familie geschaffen, in der Goguet den Ursprung der menschlichen Gesellschaft sehen wollte. Die ersten Ehegesetze kamen unter den ersten Monarchen in Ägypten zustande. Auch Moses forderte, wie dies schon bei den Inkas üblich war, einjährige Steuerbefreiung für junge Ehepaare. Was die Religion betrifft, so war der Monotheismus älter als die zivilisierte Gesellschaft. Ohne einen „culte public" kann für Goguet überhaupt keine Gesellschaft bestehen.

Mit dem Ende dieser Epoche falle der Übergang vom Wahlkönigtum zum Erbkönigtum zusammen. Solange nur mündliche Konventionen bestanden, bedurfte es – wie Goguet versichert – keiner Schreibkunst, so wenig wie bei den heutigen Wilden. Noch immer war die Nahrungslage prekär. Hungersnöte wurden erst später durch Einführung des Feldbaus gebannt. Es folgte der Weinbau, die Biererzeugung, die Herstellung von Tuch und Kleidern, die Verdrängung des Hüttenlebens durch den Häuserbau und schließlich die Metallverarbeitung. Die Chinesen und Inkas verständigten sich zuerst durch Schnurschrift in verschiedenen Farben, während die Mexikaner

Nachrichten durch Bilder weitergaben; für nicht bildhafte Vorgänge und Begriffe wurden besondere Zeichen erfunden. Aus der Silbenschrift ging dann die Lautschrift hervor.

Konsequent materialistisch war die Anthropologie von Claude-Adrien Helvétius (1715–1771): Der Mensch unterscheidet sich vom Tier durch seine gegliederte Hand. Affen, die dieses Kennzeichen mit den Menschen teilen, sind weit geringer an Kopfzahl als die Menschen. Sie leben von Früchten, haben infolgedessen weniger Bedürfnisse und weniger Anreiz zu Erfindungen. Auch ist ihre Lebenszeit begrenzter als die des Menschen und ihre Gesellschaftsbildung kann nur als flüchtig angesehen werden.

Herder bietet eine Variante dieses Motivs: „Helvétius hat insofern recht, daß die Hand dem Menschen ein großes Hilfsmittel seiner Vernunft gewesen: denn was ist nicht schon der Rüssel des Elefanten? Ja, dieses zarte Gefühl der Hände ist in seinem Körper verbreitet, und bei verstümmelten Menschen haben die Zehen des Fußes oft Kunststücke geübt, die die Hand nicht üben konnte.“ 71)

Nach Helvétius läßt sich die Überlegenheit des Menschen an der Entwicklung des Geistes ermessen, d. h. an der Kenntnis der Beziehungen zwischen den Objekten und der Beziehungen dieser Objekte zum Menschen. Instrument dieser Erkenntnis ist die Sprache: sie ist die Sammlung aller menschlichen Gedanken. Ursprünglich gibt es keine Ungleichheit zwischen den Geistern. Diese entsteht aus der unterschiedlichen Menge der wahrgenommenen Objekte, die eine bestimmte Gesellschaft ihren Individuen zur Verfügung stellen kann. Hemmend wirkt das natürliche Ruhebedürfnis, dem z. B. die Hottentotten und die Caraiben noch gehorchen. Sie zeigen den gleichen Abscheu vor dem Denken wie vor der Arbeit. Ihre Ruhehaltung ist aber nur relativ, nämlich im Verhältnis zu den entwickelteren Gesellschaftsformen; sie haben den einer primitiven Gesellschaft entsprechenden Grad von Aktivität. Erst in den entwickelten Gesellschaften wird die Macht des Prinzips der Aktivität deutlich, die den geistigen Menschen in Bewegung setzt: Die Leidenschaften seien im Geistigen, was die Bewegung in der physikalischen Welt sei; sie erschaffe und zerstöre, erhalte und belebe alles. So sind es auch die Leidenschaften, welche der geistigen Welt des Menschen zum Leben verhelfen.

In Helvétius' Konzeption hat der Mensch nicht, wie bei Rousseau, den Keim zur Vollendbarkeit mitbekommen. Es gibt keine angeborenen Ideen. Wer der Soziabilität ein anderes Prinzip zugrunde legt als die physischen Bedürfnisse, führt nach seiner Meinung das Publikum in die Irre. Die menschliche Frühgesellschaft ist dem Schutzbedürfnis den wilden Tieren gegenüber entsprungen. Im Innern dieser Verbände brechen bald Machtkämpfe aus, die in einen an Hobbes gemahnenden allgemeinen Kriegszustand ausarten. Der Gesellschaftsvertrag bereitet dieser unheilvollen Entwicklung ein Ende. Die Menschen verzichten auf eine verderbliche Freiheit, um sich gegenseitig Erhaltung ihres Lebens und ihres Besitzes zu garantieren, um sich dem gemeinsamen Interesse zu unterwerfen und damit den Naturzustand zu beenden. Tugend bedeutet jetzt, das private dem allgemeinen Interesse zu opfern. Am besten geordnet findet Helvétius diejenigen Gesellschaften, in denen der Gesetzgeber es versteht, das Interesse der einzelnen mit dem öffentlichen Interesse zu verknüpfen, aus den Menschen Staatsbürger zu machen, ohne sie zu denaturieren. Dieser Zustand der Vollkommenheit ist aber nur ein Punkt, über den die Entwicklung hinausgeht. Die Konzentrierung aller Reichtümer in den Händen weniger erzeugt eine Spaltung der Klasseninteressen, die den Bürgerkrieg wieder aufleben läßt und in der Errichtung des Despotismus vorläufig endet. Der Despot ist der Feind aller, da er alle versklavt. Der durch den Despotismus sich selbst entfremdete Mensch verfällt von neuem dem Naturzustand, und die ganze Bewegung kann abermals beginnen. Die zyklische Geschichtsauffassung von Helvétius ist damit gekennzeichnet.

Voltaire stellt seine Anthropologie im *Essai sur les moeurs et l'esprit des nations* (1769), gewiß mit vollem Bewußtsein, dem biblischen Ansatz der Menschengeschichte entgegen. Den verschiedenen Menschenrassen entsprechen verschiedenräumige Anfänge der Menschheit. Er stützt sich dabei auf die Befunde von Anatomen, die an Negerleichen ein besonderes, die schwarze Hautfarbe bedingendes Membran entdeckt haben wollen. Dem Klima spricht er jede Wirksamkeit ab. Die nach Amerika verkauften Negersklaven würden auch nach Generationen dieselben bleiben, die sie bei der Verschiffung gewesen waren.

Alle Völker begannen Voltaire zufolge ihre Geschichte im Zustand der Wildheit. Familienverbände durchstreiften die Wälder und stritten sich mit den Tieren um die Nahrung. Ihre Waffen waren Steine und große Baumzweige. Sie nährten sich von wilden Gemüsen, von allerhand Früchten und schließlich von erlegten Tieren. Innerhalb der Familie verständigte man sich durch Gesten und Schreie. In diesem Zustand behaupten sich nach Voltaires Überzeugung die Urvölker Brasiliens. Sie kennen weder Gesetz noch Religion, sondern nur die physischen Bedürfnisse. Sie sind Anthropophagen. Sie befriedigen ihre geschlechtlichen Bedürfnisse mit ihren Töchtern, Schwestern, Müttern. Ganz ähnlich leben die Hottentotten. Die Eingeborenen der Marianen sind zwar weder wild noch grausam; sie bebauen ihre Gärten, jedoch besitzen sie keine Religion, was sie in den Augen Voltaires tief herabsetzt. Höher stehen für ihn die Indianer Kanadas: Bauern und Jäger, in Marktflecken angesiedelt, die aus dem Reich der Blödigkeit in das beginnende der Vernunft eingetreten sind, um zahlreiche, von republikanischem Geist erfüllte Gesellschaftskörper zu bilden. Die Inkas hält Voltaire für die zivilisierteste und gewerbereichste Nation der Neuen Welt. Sie waren Meister der Architektur und der plastischen Kunst. Aber das schönste Denkmal indianischer Kunstfertigkeit hinterließen sie mit ihrer Hauptstadt Mexiko. Abgesehen von den schauerlichen Menschenopfern war die Regierung hier menschlich und weise. Voltaire ist gewiß, daß sich die Menschen stufenweise über jene Anfänge hinaus erheben, in denen sie nur vom Gattungsinstinkt geleitet wurden. Es bedarf indessen einer unendlichen Folge von Jahrhunderten, bis eine machtvoll organisierte Nation entsteht. Nur die vollendete Vernunft vermochte den Gedanken an einen höchsten und allmächtigen Gott zu fassen; sie allein konnte die großen Männer hervorbringen, die berufen waren, die großen Nationen zu zivilisieren. Freilich, im Innern der Zivilisierten sitze noch immer die Barbarei. Man denke nur an die Religionskriege, an die Verbrennung der Werke Bayles und d'Argens' in Colmar, das verdiente, die Hauptstadt der Hottentotten zu sein. Die Richter, die das Todesurteil für den achtzehnjährigen Chevalier de La Barre fällten, seien grausamer als die Kannibalen: „Ihr barbarisches Treiben würde die Wilden selbst im Zustand der Trunkenheit erzittern lassen."

Unter den mannigfachen wissenschaftlichen Bestrebungen, die den Präsidenten der Preußischen Akademie der Wissenschaften, Pierre-Louis Moreau der Maupertuis (1698–1759), als einen der bedeutendsten Vorläufer moderner Theorien erscheinen lassen, spielte das Problem der Vererbung eine besondere Rolle. Ausgelöst wurden seine diesbezüglichen Erkenntnisse durch die Entdeckung eines weißen Negerkindes von vier bis fünf Jahren, das von schwarzen Eltern abstammte. Maupertuis sieht in diesem Phänomen die Bestätigung dafür, daß es ursprünglich nur eine einzige weiße Rasse von Menschen gegeben habe. Er hielt die Umkehr des Vorgangs für ausgeschlossen. Von weißen Eltern würde niemals ein schwarzes Kind geboren werden. Die schwarze Hautfarbe ist nur dann die ursprüngliche der Menschen, wenn sie ihr durch klimatische Einflüsse oder auch durch eine Art von Zuchtwahl verfallen sind. Diese menschliche Variante mochte vor ein paar Jahrhunderten geschaffen worden sein. Die Vererbung konnte, die Artung der Eltern überspringend, die Eigenschaften von älteren Vorfahren zur Geltung bringen. – Es ist hier nicht der Ort, um die weitreichenden Konsequenzen zu berühren, die Maupertuis für die Vererbungslehre, besonders auch für die Vererbung erworbener Eigenschaften, entwickelte.

Der Philosoph Jean-Baptiste-René Robinet interessiert durch seinen Evolutionismus, der aber nicht nur christliche Elemente, sondern auch die Ausgeburten einer ins Mythologische ausschweifenden Phantasie einbezog. In seinem zweibändigen Werk *De la nature* (1761–1763 erschienen) stellt er den Menschen als das Ziel einer stufenweisen Entwicklung dar. Die Natur arbeitet vielfach mit fast unmerklichen Nuancen. Alle Wesen sind miteinander verkettet. Die Entwicklung geht von den immer höher aufsteigenden Tieren bis zum Herrn der Schöpfung. Insofern ist noch alles einsichtig und nachvollziehbar, obwohl der grundsätzliche Anthropozentrismus Robinets befremdet. Doch hält man den Atem an, wenn er allen Ernstes z. B. herumliegende Muscheln als Vorfahren des menschlichen Körpers begreifen möchte, als ob die ganze Natur eine einzige Konspiration zugunsten des Menschen wäre. Robinet glaubt, wie zuvor der Verfasser des *Telliamed*, daß die Erde mehrmals überflutet wurde und (hier Boulanger vorgreifend) daß der Schrecken der damaligen Menschen noch bis auf den heutigen Tag Spuren hinterlassen hat. Indessen geht Robinet, in heimlicher Vorliebe für die Mythologie, so weit, Sirenen und Fischmenschen als reale Vorstufen der Menschwerdung anzusehen. Im übrigen trifft er den Nagel auf den Kopf, wenn er – offenkundig mit Rousseau polemisierend – anerkennt, daß „die Menschen nicht dazu geschaffen wären, wie Bären oder Tiger vereinzelt in den Wäldern umherzuirren".[72]) Auch die Urmenschen lebten gesellig, nur daß sie, im Unterschied zur zivilisierten Menschheit, in ihrer natürlichen Dummheit die in sie gelegten Eigenschaften unentwickelt ließen. In Wahrheit ist, sagt Robinet weiter, „das Werk der Natur, als natürliches Erzeugnis der menschlichen Perfektibilität, so fruchtbar im Guten wie im Bösen". Die Entstehung von Kunst und Wissenschaft, von Gesetzen und Regierungen, die Entwicklung des Handels, der Ausbruch von Kriegen – all das vollzieht sich nach einem bestimmten Plan. Die Keime der gesamten Entwicklung sind unsichtbar bereits vorhanden. Mit dieser Idee der Frühkeime verfällt Robinet in eine schon längst überwundene Theorie der Vor- und Frühaufklärung zurück. Den Aspekt der Zukunft versucht er durch die These zu sichern, daß die Natur vielleicht noch weiterhin aus ihrem Vorrat andere, langsamer sich entwickelnde Keime hervorbringen werde, „deren Frucht künftige Rassen sind".

So läßt das wunderliche Buch Robinets beim Leser keinen einheitlichen Eindruck aufkommen. Es ergänzt aber in gewisser Weise die übrigen Anthropologien der Aufklärung, die mit dem Urmenschen beginnen und bis zum Eintritt in die Zivilisation führen, wogegen hier erstmals die Entwicklung mit dem Menschen endet. Die Ungereimtheiten Robinets aber wurden schon von Delisle de Sales heftig bekämpft, und ebenso von Herder.[73])

Mit Nicolas-Antoine Boulangers *L'Antiquité dévoilée* (1766) erreicht die Aufklärungstheorie einen Höhepunkt. Über diesen Autor handeln bisher nur drei sehr ungleichartige Arbeiten: die treffliche Studie von Franco Venturi sowie die Monographien von John Hampton und Frank E. Manuel.[74]) Boulanger, der nur sechsunddreißig Jahre zu leben hatte, war als Ingenieur beim Straßenbau tätig. In späteren Jahren verkehrte er im Holbach-Kreise, obwohl er sich selbst nicht für einen „philosophe" hielt. Als Geo- und Kosmologe vertrat er die Auffassung, daß die Erde periodisch wiederkehrenden Katastrophen unterworfen sei. Eine solche Katastrophe war die biblische Sintflut. Boulanger sieht darin aber kein gottgewolltes, sondern ein natürliches Ereignis. Sein Verhältnis zur Religion ist damit gekennzeichnet. Sie gilt ihm nicht, wie den Philosophen, als Verirrung des Menschengeistes, sondern als wertvoller Hinweis auf vor- und frühgeschichtliche Zustände. Im Verhältnis zur Religion war er ein Atheist, aber nicht auf die gleiche Art und Weise wie die „Philosophen". Er war ein positivistisch eingestellter Religionshistoriker. Für ihn bedeutete die Bibel eine korrumpierte Offenbarung. Sie spricht wie alle Weltreligionen.

Die ersten Menschen waren nach seiner von Buffon übernommenen Theorie von den Überschwemmungen auf die Berge getrieben und von dort durch vulkanische Ausbrüche zur Rückkehr ins Flachland gezwungen worden, wo sie sich, durch Erdbeben und Angriffe wilder Tiere erschreckt, sehr bald zusammenschlossen, um sich gemeinsame Unterkünfte zu bauen und mit Abwehrwaffen zu verteidigen. Der Schrecken verminderte selbst ihre Zeugungsfähigkeit und verkürzte ihre Lebensdauer. Aber zur Furcht kam die Überlegung hinzu.

Die Menschen gebrauchten ihren Verstand zur Erklärung des Geschehenen. So entstand die Religion. Die Menschen hatten einen gewissen Höhepunkt erreicht, von dem sie dann später abfielen. In allen Weltreligionen werden religiöse Erinnerungsfeiern an das Geschehene begangen. Diese Feste beginnen mit Trauer und enden im Jubel, zur Erinnerung an die Zerstörungen und an die Wiedergeburt. Aber bald wird der Anlaß der Feste verdrängt. Das Wissen um die vergangenen Ereignisse wird in die Mysterien verbannt. Die Verdrängungstaktik spielt hier bei Boulanger eine ähnliche Rolle wie schon bei Fontenelle. Der Aberglaube bemächtigt sich der Menschen und schlägt ihnen tiefere Wunden als alle Erdkatastrophen. Boulanger zeichnet den negativen Fortgang bis zur Errichtung des Despotismus nach. Trotz allem glaubt er, daß die Aufklärung eine Besserung verheißen kann, und so schwenkt er schließlich in das optimistische Weltbild der Philosophen ein.

Einen Vorläufer dieses originellen Werks könnte man in Giambattista Vico (1667–1744) sehen. Ihm zufolge dachten die Wilden nur in Bildern. Die heidnische Naturreligion stammt aus der Einbildung der von Naturkatastrophen geängstigten Primitiven. Aber während Vico das Göttliche ganz ernst meint, ist es für Boulanger nur eine Fiktion. Bei Vico macht die Sintflut die Menschen zu Bestien, während sie bei Boulanger durch die Katastrophe ihren Geist zur Religion erheben. Es ist jedoch nicht bekannt, inwieweit sich Boulanger mit Vicos Theorien auseinandergesetzt hat.

Es konnte nicht ausbleiben, daß von Boulanger ein tiefer Einfluß auf die Zeitgenossen ausging. So entlehnte Buffon 1778 seinerseits von Boulanger den Gedanken, daß die primitive Menschheit ein Opfer des durch Erdkatastrophen erschütterten Planeten wurde. Die religionsgeschichtliche Perspektive dieser Idee kam Buffon weniger gelegen.

Es fehlte auch nicht an Gegnern Boulangers. Fabry de Moncault, Comte d'Autrey (1723–1777), stürzte sich in seiner *L'Antiquité justifiée* 1766 in eine Polemik mit der *Antiquité dévoilée* Boulangers. Er verwies auf das Unwahrscheinliche von zyklisch sich wiederholenden Erdkatastrophen, bei denen jeweils eine kleine Zahl von Menschen durch das Geschick erhalten blieb. Moncault hat insofern ganz recht, als bei Boulanger mit der Vervielfachung der Sintflut auch die Errettung der Menschheit immer wiederkehren mußte. Er wandte sich auch gegen die Überlegung Boulangers, daß die Überlebenden der Sintflut die Lust zur Fortpflanzung verloren hätten, wogegen Moncault die schnelle

Ausbreitung der Menschheit nach der Katastrophe geltend machte. Außerdem verwarf er Boulangers Auslegung der Mysterien als einer Versicherung gegen Massenselbstmorde.

Diese einzelnen Einwände bilden aber nicht den Kern der Ausführungen dieses ebenso konservativ wie kirchlich eingestellten Gegenrevolutionärs. Auf der einen Seite bemerkte er, daß Boulangers Verhältnis zur Religion nicht das eines Wald- und Wiesen-Antiklerikalen war. Moncault mußte zugeben, daß in Boulangers Theorie manche Bestätigung der biblischen Berichte gefunden werden kann. Aber er sah zugleich, daß Boulanger mit dieser Materie als Atheist umgeht. Moncault stimmt damit in den Chor der streitbaren Antiphilosophen ein, und zwar auf dem Punkte, auf dem das Übel der Aufklärungsphilosophie sich schon so weit eingeschlichen hatte, daß man nur mit Bangen der Zukunft ins Auge sehen konnte.

Herder nimmt mit Boulanger den Ausbruch zahlreicher Erdrevolutionen an, als es schon Menschen gab.[75]) Indessen kann er der daran sich anschließenden geistvollen Theorie Boulangers nicht folgen, da für ihn die Religion eine ursprüngliche Gegebenheit des Menschen ist.[76])

Von einer anderen Seite her kommt die Kritik des holländischen materialistischen Anthropologen Cornelis de Pauw: „Es ist demnach gar keine Ähnlichkeit, gar kein Verhältnis zwischen der Zeremonie der Reinigung und der von Herrn Boulanger erklärten Gewohnheit. Lese ich mit Aufmerksamkeit seine *Recherches sur le despotisme oriental* und seine *Antiquité dévoilée*, die nur eine Auslegung des ersten Werks ist, so schmeichle ich mir, den Hauptgegenstand seines Systems begriffen zu haben. Doch kann ich mich gar nicht überreden, daß die Erwartung des Endes der Welt und die Zukunft des großen Richters auf die Einbildung der bestürzten Sterblichen alle Wirkungen machen können, welche er aus diesen zwo Ursachen herleitet, sogar daß er die Eltern schamrot macht, wenn ihnen Kinder geboren wurden. Noch viel weniger glaube ich, daß eben diese Furcht vor dem Untergange der Erde die Beschneidung bei den Menschen veranlasset habe, gleichsam als wenn sie große Gewissensbisse empfänden, wenn sie Geschöpfe ihrer Art gezeugt haben, wie es Herr Boulanger in dem Kapitel gläubt, wo er weitläufiger von der Beschneidung redet. – Ich rüge diese Nachlässigkeiten nicht, um das Andenken dieses Gelehrten zu beschimpfen, wie es viele Fanatiker gemacht, die von ihren eigenen Chimären trunken und über die Fehler der andern eifersüchtig waren: ich rüge sie, weil die Fehler großer Männer die Widerlegung verdienen: die Irrtümer gemeiner Leute sind nicht wert, daß man daran denkt." [77])

Unter den zahlreichen Übersetzungen englischer Publikationen befindet sich eine von Robinet 1769 veranstaltete mit dem Titel: *Parallèle de la condition et des facultés de l'homme avec la condition et les facultés des autres animaux*. Diesem Werk nach verwirklichen die Indianer keineswegs den Urzustand der Natur. Sie haben sich ebenso weit von der Natur entfernt wie die zivilisierten Völker, nur in einer anderen Richtung: „Die Wilden, unmittelbar über die Tiere gestellt und fast völlig instinktgebunden, teilen in ihren Wäldern dieselben Vorteile gegenüber uns. Aber die Wilden sind nicht im Genuß der höheren Anlagen, deren ihre Natur fähig wäre. So haben sie auch kein Gefühl für das Elend, das die ständige Zugabe der zivilisierten Nationen bildet. – Es wäre wichtig, einmal zu untersuchen, was eigentlich die natürlichen Instinkte des Menschen sind, sie zu unterscheiden von den trügerischen Leidenschaften, diesem Bastard lasterhafter Gepflogenheiten, und dann den Vergleich mit dem Instinkt der Tiere anzustellen ... Wo will man eine Klasse von Menschen antreffen, die nur vom Instinkt, von der Natur, von Gemeinsinn geleitet werden? Die barbarischen Völker unterscheiden sich aufs stärkste von einander in ihren Sitten und besonderen Gewohnheiten. Sie entfernen sich so weit von der Natur wie die zivilisiertesten Nationen. Sie besitzen ein Lot von Vernunft, die sie lenkt. Sie besitzen Vorurteile ... und abergläubische Vorstellungen, denen sie blindlings gehorchen. Ein durchdringendes Auge würde den Charakter der Natur auch in ihren scheinbaren Widersprüchen erkennen, und man wird angenehm überrascht sein, bei den Wilden Züge von Geist und von Feinheit des Empfindens zu erkennen, die den aufgeklärtesten Menschen Ehre machen würden. Unter diesem Gesichtspunkt ist die Geschichte der Zivilisation und der Natur des Menschengeschlechtes nicht nur eine Unterhaltung, um die Spannung aufrechtzuerhalten, sondern ein subtiles und nützliches Studium, das die Mittel dazu liefern kann, das Menschengeschlecht zu vervollkommnen." [78]) – Ein weiterer Beitrag also zur Entkräftung der angeblichen Sonderstellung der Primitiven innerhalb der Menschheit.

Der englische Verfasser hebt ferner die vorzügliche Kinderpflege der Indianer hervor. Sie gehören zu jenen Völkern, die es verschmähen, ihre Kleinsten in Windeln zu verpacken: „Diese Praxis hat sich als so erfolgreich erwiesen, daß nach zwei oder drei Monaten die Kinder Kraft genug haben, um die Wiege zu verlassen und sich mit

Händen und Knien fortzubewegen. Vor einem Jahr lernen sie selbständig gehen." [79]) Die jungen Indianerkinder werden sorgsam gewaschen (das war unter den Zivilisierten damals offenbar weniger üblich): „Es ist von größter Wichtigkeit für die Gesundheit der Kinder, sie immer sauber zu halten." Die zentralamerikanischen Indianerinnen baden mit ihren ganz kleinen Kindern in eiskaltem Wasser, was ihnen offenbar nur gut bekommt.[80]) Auch neuere Forscher, wie z. B. Danzel, betonen die Liebe der Indianer zu ihren Kindern, die völlig zwanglos und frei heranwachsen.

Der Naturbegriff, der sich im Verlauf dieser Darstellung zuweilen über sich selbst zu erheben scheint, wird schließlich wieder eingefangen, um die große Alternative zur Zivilisation zu bestimmen.

Damit ist auch ein zentrales Motiv von Diderots Anthropologie angekündigt. Äußerst komplex war Diderots Verhältnis zur Vor- und Frühgeschichte. Die Ermittlung des Verhältnisses zwischen Mensch und Tier bildet den Ausgangspunkt aller seiner weiteren Betrachtungen. Ihn interessie. vor allem die Stufung der Wesen in einem Ganzen. Buffons ständiges Streben nach Hervorhebung der menschlichen Spitzenstellung ist Diderot fremd. Die These Buffons vom unendlichen Abstand zwischen dem intelligentesten Tier und dem stupidesten Menschen und ebenso die anthropozentrische Evolutionstheorie Robinets liegen ihm gänzlich fern. Die Fähigkeit zu denken, zu handeln, zu fühlen ist für Diderot nichts als eine Eigenschaft der Materie. Der Übergang von einer Form zur anderen geschieht unmerklich, ohne Sprung zu einer neuen Qualität. Die Sonderstellung des Menschen wird von Diderot lediglich aus der besonderen Akzentuierung und Elastizität der Hand abgeleitet. Die menschliche Geschichte ist nichts als ein Bestandteil der Geschichte aller Gattungen.

Das Nebeneinander von Individuen bildet nach Diderot noch keine Gesellschaft. Zweck der wirklichen Gesellschaft ist die Erhaltung der Individuen, ihre Fortpflanzung und Ausbreitung. Schuld an der später eintretenden Perversion haben der Fanatismus der Priester und schließlich der Despotismus der Könige. Die Familie ist die erste Gesellschaft. Ihre Ausdehnung und Zerteilung führt in den Hobbesschen Kriegszustand aller gegen alle, daher in den Despotismus. Dieser endet in einer Revolution, nach der der ganze Prozeß von neuem beginnt. So erhält die Gesellschaft der Naturmenschen eine neue Anziehungskraft. Die Erzeugung künstlicher Bedürfnisse entfernt den Menschen immer mehr von seinem Glück. Aber die Entscheidung für den Fortschritt ist unausweichlich. Es kann keinen Stillstand geben, keine Zügelung der den Fortschritt bedingenden und von ihm angestachelten Begierden. In dem fingierten Gespräch eines alten Eingeborenen und eines intellektuellen Franzosen aus Diderots *Supplément au voyages de Bougainville* (1772) wird das Naturleben ähnlich hochgespielt wie zu Anfang des Jahrhunderts. Aber auch die immer näher an die Küste jener fiktiven Insel herangetragene Zivilisation wirft schon ihre Schatten.

Die Erkenntnis war nicht neu, daß die heutigen Eingeborenen von ihrem Ursprung weit abgekommen und daher nur als unvollkommene Zeugen der menschlichen Frühe anzusehen waren. Erst Diderot hat diesen Wandel grundsätzlich aus der Konfrontation der Naturgesellschaft mit der Zivilisation erklärt. Die Antithese Zivilisation – Naturgesellschaft bleibt für Diderot offen. Der *Enzyklopädie*-Artikel „Scythes" verrät es: Die Griechen waren niemals so glücklich wie die Skythen. Vereinzelte Akte von Brutalität und Kannibalismus werden ihnen großzügig nachgesehen – ein scheußliches, aber momentanes Verbrechen sei der permanenten Verderbnis der Zivilisation vorzuziehen. Und im *Discours sur la poésie* von 1758 heißt es: „Die Poesie will eine enorme Sache, etwas Barbarisches und Wildes." Stephen Werner zufolge war für den späten Diderot ein mittlerer Zustand zwischen Barbarei und Zivilisation ein optimum vitae. Die äußerste Polarisierung der beiden Zustände komme – wie Wolf Lepenies schreibt – in Diderots Bemerkung zum Ausdruck, wonach der Naturmensch dazu geschaffen sei, wenig zu denken und viel zu handeln; der Mann der Wissenschaft dagegen denke viel und rege sich wenig.[81])

In Umkehrung von Buffons Bemerkung über den unendlichen Abstand zwischen dem höchstentwickelten Tier und dem stupidesten Menschen glaubt Diderot einen größeren Abstand zwischen einem genialen Menschen und einem auf niedrigster Stufe verweilenden Artgenossen walten zu sehen als zwischen diesem letzteren und einem höher entwickelten Tier.

Der am schwierigsten zu deutende Einwand Diderots ist gegen Helvétius' materialistische Erklärung der Tugend und Gerechtigkeitsliebe aus dem Interesse gerichtet. Als gäbe es keine Tugend, keine Gerechtigkeit an und für sich! Diderot erklärte sich ausdrücklich mit der Grundintention des Helvétiusschen Werkes einverstanden. Er bekämpft aber Helvétius als einen zu großen Simplifikator. Die Durchschlagskraft einer materialistischen Theorie dürfe nicht durch Halbwahrheiten gefährdet werden. Sie müsse außerdem den anthropologischen Tatbestand in seiner Totalität im Blick haben. Vom heutigen Standpunkt aus würde man sagen, daß Helvétius den dialektischen Charakter der Entwicklung noch nicht begriffen hatte, so etwa, wenn er einfach das gesellschaftliche aus dem privaten Interesse ableitet. Tugend und Gerechtigkeit müßten auf einer so unzulänglichen theoretischen Basis verkümmern. Das bedeutet aber noch nicht, daß Diderot gleich Voltaire die Moral als eine eingeborene Eigenschaft ansah. – Die Genielehre hat Diderot vor allem auch im Briefwechsel mit Etienne-Maurice Falconet (1704–1778) vertreten. Dieser hielt den Unsterblichkeitsglauben eines Künstlers für wahnhaft; der Künstler habe genug damit zu tun, seine Gegenwart auszufüllen. Diderot hingegen empfand diese Art des Materialismus als trostlos. Die Spannweite zur Zukunft in Anspruch zu nehmen, war für ihn die einzige schöpferische Bedingung.

Die Widersprüche, in die sich Diderots Denken verstrickt hatte, werden in der Studie von William R. Womack, *Eighteenth Century Themes in the Histoire philosophique et politique des deux Indes*[82]), deutlich gemacht. Auf der einen Seite ist ihm aller staatliche Zwang verhaßt, der die Freiheit des Handelns in Frage stellen würde. Andererseits geht er in der Lobpreisung des „bon sauvage" und seines Naturverhältnisses so weit wie nur irgendeiner. Ihr Kollektivismus bekümmert ihn dabei überhaupt nicht.

Ähnlich wie in Diderots Gespräch zwischen dem Eingeborenen und dem Europäer wird auch in Raynals *Histoire philosophique et politique* die eine und die andere Daseinsform gegeneinander abgewogen. Schon das Verhalten der Primitiven ist zwielichtig. Von den Caraiben wird gesagt: „... sie verdankten den Frieden, den sie genossen, diesem angeborenen Mitleid, das aller Reflexion vorangeht und aus dem die sozialen Tugenden hervorgehen. Dieses sanfte Mitleid hat seine Quelle in der Organisation des Menschen, dem es genügt, sich selbst zu lieben, um das Unglück bei seinesgleichen zu hassen."[83]) Auf der anderen Seite führen sie grausame Kriege mit den Araukanern. Und siegestrunken feiern sie ausschweifende Feste, bei denen der eine den anderen umbringt: „Der Haß und die Rachgier, die einzig tiefen Gefühle, die diese wilden Seelen in Bewegung setzen konnten, verewigten sich somit selbst durch ihre Vergnügungen."[84])

So drängt sich Raynal die Frage auf, ob es nicht die bessere Wahl sei, die Vorteile der Zivilisation zu genießen, statt sich den Nöten der Wildnis anzuvertrauen: „Zufolge unserer Kenntnis der Verhältnisse bei den Wilden kann man vermuten, daß der Vorteil, nicht mehr durch lästige Kleiderzwänge bedrückt zu werden, durch die ungesunde Abgeschlossenheit unserer erhabenen Bauten, die vielfältige Tyrannei unserer Gewohnheiten ... nicht die Kompensation sein kann für ein prekäres Dasein, für den Totschlag in täglichen Kämpfen um eine Ecke Wald, um eine Höhle ... um eine Tierhaut und den Besitz einer Frau. Mag die Menschenfeindschaft soviel als ihr gefällt die Laster unserer Städte übertreiben; es wird ihr nicht gelingen, uns diese ausgesprochenen oder verschwiegenen Konventionen und die Kunstfertigkeit zu verleiden, die die Sicherheit und den Zauber unserer Gesellschaften ausmachen."[85])

Der Abbé Pluquet, dessen interessanter Traktat *De la sociabilité* 1767 in zwei Teilen erschien, zeigt deutlich, wie schwer es für einen religiös gesinnten Forscher war, im Hinblick auf die sich schon verdichtende Anthropologie das Schema der biblischen Erklärungen festzuhalten. – Die Menschen sind dazu bestimmt, in Horden und später in Gesellschaften zu leben. Nur so können diese ersten Herren der Schöpfung den Angriffen der Raubtiere Widerstand leisten. Den Ursprung der Instrumente und Waffen leitet Pluquet aus einer sinnreichen Ursituation ab: Beim Betreten der Wälder bogen sich die Zweige vor den Vorwärtsdrängenden und schnellten zurück. Die Wilden wiederholten das Geschehen mit Bewußtsein, damit die ihnen nicht greifbaren Früchte niederfielen. Dieselbe Situation war der Ausgangspunkt für die Erfindung von Pfeil und Bogen. Die Urmenschen suchten zunächst tagsüber in Höhlen Unterschlupf, um nur bei Nacht die Nahrungsmittel zu sammeln. In den Höhlen mochten sich auch die ersten Ansätze eines Familienlebens gebildet haben. Später ging man zum Hüttenbau über, der noch größere Sicherheit vor den anspringenden Raubtieren bot. Das größte Wunder des Menschen ist – sein Magen. Er befähigt ihn, die verschiedensten Lebensmittel in jedem beliebigen Klima zu konsumieren. Dem gemeinsamen Mahl kommt eine besonders festliche Bedeutung zu: Es ist die Feier der Eintracht in der Beglückung der Gemeinsamkeit.

Zwar spricht der Abbé von einer den Menschen von Natur aus gegebenen Religion, dem steht aber seine Demonstration einer allmählichen Entwicklung religiöser Gefühle entgegen. Das Schauspiel der Natur bringt den Menschen auf die Erkenntnis einer dahinterstehenden Macht. Der Monotheismus werde erst nach einer polytheistischen Phase erreicht. Der Abbé Pluquet verwirft die Doktrin der Menschengleichheit. Da die Menschen verschiedene Anlagen haben, sei die Subordination eine ganz natürliche Haltung. Er wendet sich gegen die Behauptung von Hobbes, Spinoza und Bernard de Mandeville (1670–1733), die Unabhängigkeitsliebe und die natürlicherweise allen Vorgesetzten gegenüber empfundene Feindschaft würde jede Art von Unterordnung als gewaltsam und naturwidrig erscheinen lassen. Er wehrt sich auch gegen Montesquieus Bestimmung der Monarchie als einer auf das Prinzip der Ehre, d. h. faktisch auf den Adel, gestützten staatlichen Ordnung. Pluquet möchte die Monarchie von Bürgern und nicht von Höflingen getragen wissen. Auf dem Hintergrund der familiären patria potestas ist für ihn die Monarchie als einzig denkbare Staatsform gesichert. Im Anschluß daran führt Pluquet die verschiedenartigen Entwicklungsstufen der Völker auf das unterschiedliche Klima zurück. Germanen und Goten lebten in einem Klima, das ihnen eine weitere Entwicklung sicherte. Den Arabern und den Tataren blieb nichts anderes übrig als eine nomadisierende Existenzform.

In der französischen Spätaufklärung kann man zweierlei Verhalten zur Anthropologie beobachten. Die eine Auffassung hatte schon 1750 der junge Turgot verfochten[86]); sie gipfelt in Condorcets berühmter *Esquisse d'un tableau historique des progrès de l'esprit humain* und sieht von der Frühgeschichte bis zur Gegenwart eine fortgesetzte Kette des Fortschritts. Die andere Richtung entfernt sich noch weiter von der Anthropologie, indem sie die gesamte Vorgeschichte der Aufklärung und Revolution zu einem einzigen negativen, gegebenenfalls mit Gewalt zu beseitigenden Zustand zusammenfaßt. – Hier radikaler Bruch, dort eine kontinuierliche Lösung, wie sie noch Turgot und Antoine-Joseph-Michel Servan (1737–1807) verfochten.

Beide Motive, der Haß auf den Despotismus und die Verachtung der Barbarei, verbinden sich in de Pauws *Philosophischen Untersuchungen über die Amerikaner, oder wichtige Beiträge zur Geschichte des menschlichen Geschlechts*. Schon dieser Titel verrät das hohe Selbstbewußtsein eines Gelehrten, der einem lange behandelten Problem eine neue Wendung zu geben hatte. Die Sonderstellung der Amerikaner erscheint hier primär als Folgeerscheinung ihrer physischen Veranlagung. An die Bibel gelehnte Theorien wie die des

Abbé Noël-Antoine Pluche (1688–1761), derzufolge die Äthiopier die Nachkommen von Chus, des Kanaan oder Ismael seien, werden von de Pauw mit rüden Worten zurückgewiesen. Es gehe hier um Fragen der Physik, für die die Theologie keinerlei Kompetenz besäße.[87])

Der erste Eindruck, den die Indianer auf die Europäer machen, ist verheerend, und das Bild wird durch nähere Kenntnis der Materie keineswegs gebessert: „Der wilde Mensch lebt also einzig und allein für sich; er hilft keinem Menschen, und kein Mensch hilft ihm; kein Band, kein Vertrag der Brüderschaft bringt ihn zu seinesgleichen; er ist allein auf der Welt, und er weiß nicht, daß man wohltätig, mitleidig und großmütig sein kann. Man kann sich keine größere Erniedrigung unserer Natur erdenken, als diesen Stand von Trägheit und Untätigkeit, wo man die Tugend, Gutes zu tun, nicht kennt und wo man nur für sich oder seine Herren zu denken beschäftigt ist. Es ist traurig, daß dem ohngeachtet der dritte Teil des menschlichen Geschlechts in diesem Zustande wächst; denn der Teil Menschen, der unter Gesetzen lebt, so wenig billig sie auch sind, ist viel kleiner als man denkt. Amerika und Afrika sind nur von Wilden bevölkert: der Despotismus hat Asien gedrückt und drückt es noch und herrschet an tausend Orten in Europa."[88]) So wird gerade der Gemeinsinn den Indianern abgesprochen, den Lafitau ihnen in beredten Worten zuschrieb. Aber der zentrale Einwand de Pauws gegen die Indianer ist die Schwäche ihrer physischen Konstitution: „Die Amerikaner waren also wild und halbwild, weil ihre schwache Leibesbeschaffenheit und ihr Genie einen undankbaren Boden nicht bezwingen konnte."[89]) Diese schwächliche Veranlagung ist das Resultat eines geschichtlichen Schicksals.

Dom Antoine-Joseph Pernety (1716–1801) unterzog die Theorien de Pauws einer umfassenden Kritik in seiner *Dissertation sur l'Amérique*.[90]) Er hält diesen für einen typischen Schreibtischgelehrten, voller Vorurteile gegenüber seinem Gegenstand. Die Reaktion der Peruaner auf die ihnen unbekannten Reiter und Feuerwaffen sei eine natürliche gewesen. Im Kampf erweisen sie sich als mutig. Sie sind glücklich, da sie die Wörter mein und dein nicht kennen. Es gibt bei ihnen keine Klassenunterschiede.[91]) Jeder Art von Exzessen abhold, lieben sie keine übertriebenen Zärtlichkeiten. Sie verstehen es gut, geographisch genaue Karten auf Rinden einzuritzen. Dom Pernety übernimmt dann die Behauptung La Condamines (1701–1774), die Inkas hätten eine Reihe von Städten, Palästen und solide gebaute Tempel besessen.

De Pauw antwortete darauf in denselben *Recherches philosophiques sur les Américains* (Berlin 1770), in denen er seinem Widersacher Dom Pernety Gastrecht gewährt hatte. Seine Hauptargumente finden sich bereits in den *Philosophischen Untersuchungen*: „Unser Gesichtshimmel hatte das Ansehn des Altertums, weil der menschliche Fleiß Zeit gehabt hatte, die durch die außerordentlichen Bewegungen der Natur veranlaßten Schäden zu ersetzen. Auf der entgegengelegnen Halbkugel aber waren die Menschen nur von den Felsen und Erhöhungen heruntergestiegen, wohin sie, wie die Deukalier, geflohen waren: sie lebten noch in den Feldern zerstreut, die mit Moder und Morast angefüllt waren; ihre Leibesbeschaffenheit war durch die Dünste der Erde und feuchten Luft angesteckt worden. Die wenige Hitze ihres Temperaments, ihre unglaublich schwache Bevölkerung, ihre haarlosen und enervierten Körper, die endemische Krankheit, womit sie behaftet waren, dieses alles zeigte an, daß sie eine wirkliche und ganz neue Veränderung erlitten hatten."[92]) Ihre Standhaftigkeit im Ertragen von Martern, von Lafitau und anderen so bewundert, wird lediglich auf ein phlegmatisches Temperament zurückgeführt. De Pauw hält dafür, daß die Rühmung des peruanischen Reiches jeder Grundlage entbehre. Mit den Skythen verwandte und gemeinsame Züge seien nicht durch deren Einfluß entstanden: „... natürlicherweise mußte man eine solche Gleichheit in der Art zu existieren bei allen Wilden der ganzen Welt, die sich zusammenbegeben hatten, wahrnehmen".[93]) – So begründet de Pauw eine Art von Gesetzlichkeit der Entwicklung, eine Stadialtheorie! D. h. die Ethnologie fließt in die Anthropologie zurück. Mit allem Nachdruck spricht er aus, daß „die ersten Menschen zu Anfang der Dinge und der Jahrhunderte keine anderen Begriffe und Kenntnisse gehabt, als welche die Wilden heute haben".[94]) Im übrigen unterliegt es keinem Zweifel, daß die wichtigsten Thesen de Pauws von Buffon beeinflußt waren.

Servan, dessen Wirkung in die Revolution hineinreicht, verfaßte einen 1781 erschienenen *Discours sur le progrès des connaissances humaines en général, de la morale et de la législation en particulier*. Die vier großen Epochen des Fortschritts werden durch die Erfindung des Ackerbaus, der Schrift und der Druckerpresse bestimmt; als weiteres Agens wertet Servan die Produktivkraft des Metalls: „Man kann bemerken, daß diese Künste nur von einer einzigen abhängen, der, die eine sehr harte Materie zu gebrauchen weiß, teils um zu pflügen, teils um die Metalle hervorzuziehen. So stammt alles aus der

Metallurgie, und vielleicht ist es nur allzu wahr, daß die Menschen, bis auf die Intelligenz, alles mit dem Eisen erobert haben."[95])

Weit ausführlicher als Servans Abhandlung fiel Condorcets postum (1795) herausgekommene *Esquisse d'un tableau historique* aus. Ausgangspunkt der dargestellten Entwicklung ist die Familie, aus deren Erweiterung und Zusammenschlüssen „peuplades", Volksgruppen, hervorgehen. Damit wird auch die Sprache ausgebildet. Waffen werden gemeinsam bearbeitet. Auf dieser Stufe wird das Kochen und die Konservierung von Lebensmitteln erlernt. Einen großen Teil des Tages verbringen die Wilden mit dem Früchtesammeln. Sie beginnen, rings um die Hütten Küchengärten anzulegen. Innerhalb der „peuplade" erwächst ein Gefühl der Sympathie für einander und der Gerechtigkeit; aber der Krieg der „peuplades" untereinander ist immer häufiger an der Tagesordnung. Aus der ursprünglich allgemeinen Volksversammlung wird ein Rat der kriegserfahrensten Männer gebildet und schließlich ein Führer gewählt. Der Fortschritt wurde zufolge Condorcet auf zwei verschiedenen Wegen erreicht: einmal durch einzelne Individuen (wie z. B. den Erfinder von Pfeil und Bogen) und daneben durch das ganze Kollektiv, das an der Erfindung der Sprache und an ihrem Ausbau beteiligt war. Schon in dieser Frühzeit entsteht der Tanz, die Musik, die Dichtung. Am Ende dieser Epoche zerspaltet sich das Volk in zwei Klassen, in solche, die unterweisen und befehlen, und in solche, die nur zu gehorchen verstehen.

Man könnte hier vielleicht den Begriff der Erntevölker einschalten, den Julius Ernst Lips (1895–1950) in die moderne Anthropologie eingeführt hat. Von diesen Völkern werden und wurden wildwachsende Pflanzenarten (z. B. Reis) planmäßig gesammelt und die Überschüsse in Vorratshäusern untergebracht. Diese Zwischenstufe macht deutlich, daß Seßhaftigkeit wohl als Voraussetzung, aber keineswegs nur als Folge des Feldbaus angesehen werden kann.

Damit wird der Rahmen in Condorcets Anthropologie nicht gesprengt. Erst die zweite Periode beginnt hier mit der Zähmung und dem Gebrauch der Haustiere. Man versteht es nunmehr, Wolle zu bearbeiten. Statt mit Fellen bekleiden sich die Menschen mit Geweben. Kriegsgefangene werden nicht mehr niedergemacht, sondern versklavt und zur Arbeit herangezogen. In fruchtbaren Gegenden kommt der Feldbau auf. – Condorcet wägt Plus und Minus der einzelnen Perioden zwar gegeneinander ab; die Gesamttendenz seines Entwicklungsschemas ist jedoch optimistisch. Auch die Revolution, an der er zugrunde geht, wird als mächtiger Antrieb des Fortschritts gewertet.

Es ist klar, daß für Condorcet die Wildheit nicht ein lebenswerter Zustand war wie für Diderot, sondern nur eine zu überwindende Phase. Die Zivilisation ist die Bestimmung des Menschen, was an und für sich noch keine europazentrische Einstellung beinhaltet. Wo die Völker das Gastgeschenk der Zivilisation nicht annehmen, verstoßen sie gegen das eigene Interesse: „Diese Völker würden rascher und sicherer fortschreiten als wir, weil sie von uns all das empfingen, weil sie, um die einfachen Wahrheiten, die sicheren Methoden kennenzulernen, auf die wir erst nach langem Irren gekommen sind, bloß deren Darlegungen und Beweise in unseren Abhandlungen zu übernehmen brauchten.“[96]) Ungeachtet seiner Anprangerung der Räuberkontore der kolonialistischen Sklavenhändler hält Condorcet doch die direkte Bedrohung der Zivilisation durch den Anprall der wilden Völker für möglich. Sie stehen seiner Meinung nach vor der Alternative, entweder zurückgedrängt zu werden und unmerklich zu verschwinden oder sich zur Zivilisation zu bekennen, die alle Vorrechte der einzelnen Nationen aufhebt.

Schon Charles Perrault (1628–1703) und Fontenelle hatten ausgeführt, daß die Spitze des Fortschritts nicht durch eine besondere Genietat erreicht werde, sondern dadurch, daß die eine Generation auf den Schultern der anderen stehe.

Am Anfang des 19. Jahrhunderts kritisierte der klerikale Monarchist Louis-Gabriel-Ambroise Bonald (1754–1840) die Thesen Condorcets in Grund und Boden. Hatte schon Rousseau nur den vergesellschafteten Menschen zur Verwirklichung der „perfectibilité“ ermächtigt, so wird dasselbe Argument, allerdings in einem andern Geist, von Bonald gegen Condorcet ausgespielt. Er verwirft die Anmaßung des Philosophen, den anderen Völkern die Zivilisation aufzudrängen. Man müsse ihr Herz und nicht ihren Geist formen.[97])

Der Gedanke der Kontinuität liegt auch der absurden Anthropologie von Charles Bonnet (1720–1793) zugrunde, die Emile Guyénot folgendermaßen zusammenfaßt: „Unglücklicherweise gab Charles Bonnet den englischen Theologen recht mit ihrer Theorie der Erdrevolutionen; nach jeder hätte die Erde neue tierische und vegetabilische Formen hervorgebracht. Noch unglücklicher war der Autor mit einer Vorbestimmung der künftigen Entwicklung des organischen Lebens. Indem der Mensch sich immer mehr vollendete, würde er zum Engel werden und die Erde mit einem seinen hohen Fähigkeiten angemesseneren Aufenthaltsort vertauschen. Auf Erden aber bliebe der erste Platz den Affen und Elefanten vorbehalten, unter denen man eines Tages Geister wie den Newtons und Leibnizens auftauchen sehen würde."[98]) Herder trat Bonnets sogenannter „Philosophie der Keime" mit großem Ernst entgegen. „Niemand hat in unserem Gehirn ein geistliches Gehirn, den Keim zu einem neuen Dasein, entdeckt." Die Vermischung der Physiologie mit theologischen Motiven ist auch ihm zuwider.[99])

Schließlich ist noch die anthropologische Theorie des Engländers James Burnett Lord Monboddo (1714–1799) im Zusammenhang mit dem Entwicklungsgedanken der Aufklärung zu beachten. Monboddo gehört zu denjenigen Geistern, die von einem qualitativen Anderssein der primitiven Vorstellungen gegenüber den zivilisierten überzeugt waren und damit die von Fontenelle zuerst vertretene und dann von Helvétius verfochtene Theorie der Gleichheit des menschlichen Verstandes in der Urzeit wie heute trotz gänzlicher Verschiedenheit des Erfahrungsumfanges widerlegen wollten.

Daß die Indianer über die heutige Beringstraße, die infolge des gesunkenen Meeresspiegels eine Landbrücke gebildet hatte, vor etwa 35000 Jahren aus Nordostasien eingewandert waren und sich erst dann über den ganzen amerikanischen Kontinent zerstreut hatten, diese Meinung teilt die heutige Forschung mit der des 18. Jahrhunderts, obwohl diese eine auch nur approximative Datierung noch nicht wagen konnte. Indessen hatte schon William Robertson klar erkannt, daß die Indianer, aus Asien stammend, auf ihren Kanus die Beringstraße überquerten. Wenn aber das menschliche Leben im eurasischen Raum vor 500000 und mehr Jahren begann, so ist die Besiedelung der Neuen Welt viel später erfolgt. Trotzdem konnte die Anthropologie des 18. Jahrhunderts in den Indianern mit Recht Relikte der Vorzeit sehen, da sie sogar in der höchsten Form ihrer Staatenbildung und Zivilisation bei der Verarbeitung von Stein und Kupfer stehengeblieben waren. Selbst Operationsbestecke wurden in Mexiko aus Stein geschliffen. Die Domestizierung des Pferdes, die Konstruktion des Rades, der Gewölbebau waren ihnen unbekannt. Die mangelhafte technische Zurüstung auf der niederen Stufe der Steinzeitmenschen mag darin begründet sein, daß der auf Mais beschränkte Feldbau genügend Nahrungsmittelspielraum hergab, so daß der Anreiz zu einer vollen Ausbildung des agrarischen Zustandes fehlte. Der Maisanbau nahm nur ein Fünftel des Jahres, den Zeitraum von etwa sechzig bis siebzig Tagen, in Anspruch, während der Reisbauer in den asiatischen Flußtälern einhundertzwanzig bis einhundertdreißig Tage lang beschäftigt war, der europäische Bauer aber über die Hälfte des Jahres.[100])

Diese Fakten finden in dem Amerikabuch des Schotten Robertson besondere Berücksichtigung. William Robertson (1721–1793) steht als Schüler Voltaires der französischen Historiographie nahe. In seiner *Histoire de l'Amérique* (1771 englisch und 1778 französisch erschienen) beschäftigten ihn dieselben Probleme, für die auch de Pauw eine, freilich ganz andere, Erklärung bereit hatte. Während de Pauw die Schwäche der indianischen Konstitution und die geringe Attraktion des Geschlechtsaktes auf eine mangelhafte physische Organisation zurückführte, sieht Robertson die Ursache in unangewandten und daher unentwickelten Kräften. Die Wünsche der Indianer seien so gering wie die Mühewaltung im Ergreifen der Nahrung. Wenn sie dagegen auf die Jagd gehen oder zur Arbeit gezwungen würden, kräftigte sich auch ihre Konstitution.

Die Entwicklung der Erotik ergebe sich aus der allgemeinen Entwicklung der Zivilisation, an der aber nur die Oberklassen teilhatten. Die unteren Stände konnten im Drang ihrer Geschäfte nur das Notwendigste ins Auge fassen. Ähnlich stünde es mit den Wilden, die inmitten der Mühen und Plagen ihrer fortgesetzten Kriegsführung und der erschwerten Nahrungsmittelsuche keinen Sinn für Verliebtheit hätten.[101]) Damit setzt sich Robertson in Widerspruch zu der von ihm selbst verfochtenen These, daß die Schwäche der indianischen Konstitution durch den geringen Aufwand an Energie zustande gekommen wäre.

Es fehlt auch sonst nicht an Widersprüchen im System dieses Gelehrten. Er stellt dar, wie die Zivilisation sich Schritt für Schritt aus ihrer Kindheit befreit hätte. Die Kindheit der Indianer würde durch den Gemeinbesitz und die Arbeitsscheu bestimmt. Der Aufstieg vom Primitiven zur Entfaltung höherer Daseinsweisen ist aber unvereinbar mit dem Buch Genesis, das Robertson seiner Darstellung zugrunde legt. Der biblizistische Ansatz und nicht irgendeine moderne Motivierung veranlassen ihn, im Gegensatz zu Voltaire die Monogenese der Menschheit anzuerkennen. Mit all diesen Widersprüchen belastet, konnte Robertson keinen wesentlichen Fortschritt über den schon erreichten Stand hinaus realisieren.

Viel einheitlicher und geschlossener wirkt das Bild der Urgesellschaft Constantin-François de Volneys (1757–1820). Sein Hauptwerk, *Les ruines, ou Méditations sur les révolutions des empires* (1791), geht aus von den somatischen Besonderheiten der Wilden, darin de Pauw und Robertson gleichend. Die mangelnde Haupt- und Körperbehaarung wäre kein Rassemerkmal. Die Haare würden vielmehr von den Indianern ausgerupft. Vielleicht habe man geglaubt, dadurch dem Zugriff des Feindes weniger ausgesetzt zu sein. Wenn man ihre durchweg gutgewachsene äußere Erscheinung rühme, so hänge dies damit zusammen, daß kränkliche Kinder von vornherein von ihren Eltern liquidiert würden. Die Indianer lebten ausschließlich von der Jagd und dem Fischfang. Sie trieben keinerlei Vorratspolitik, so daß in Zeiten, in denen die gewöhnliche Nahrungsweise versagt, die ärgste Hungersnot von ihnen Besitz ergreife. Mit ihrer beständigen Kampfbereitschaft hänge der Verzicht auf Liebesfreuden zusammen – von Keuschheit oder Reinheit könne dabei keine Rede sein. Es ist Volney fraglos gelungen, die Unhaltbarkeit der Legende vom idyllischen Leben der Wilden nachzuweisen. Sein Verdienst bleibt es, in der Lebensform der Indianer einen bestimmten Zustand der menschlichen Entwicklung erkannt zu haben.

Der Anfang der Gesellschaft wird im sechsten Kapitel der *Ruines* erörtert. Manche Einzelheit erinnert an die Rousseausche Konzeption der schweifenden und in den Wäldern umherirrenden Menschen. Indessen wird jeder Eingriff außermenschlicher Mächte in die beginnende Gesellschaft entschieden abgewehrt: „Im Anfang fühlte sich der aus Körperlichkeit und Geist geformte Mensch wie aufs Geratewohl in die verworrene und wilde Welt versetzt, wie ein Waisenkind, von einer unbekannten Macht, die ihn geschaffen hatte. Er sah keineswegs an seiner Seite vom Himmel gestiegene Retter, um ihn über seine Bedürfnisse zu belehren, die lediglich seine Sinne verursacht hatten, oder um ihn in seinen Pflichten zu unterweisen, die lediglich aus seinen Bedürfnissen herrührten."[102]) Er verlor sich in den Wäldern, ohne Erfahrung der Vergangenheit und ohne Voraussicht der Zukunft. In den Wäldern jagend und an den Flußufern fischend, fühlten die Menschen die Gefahr ihrer Vereinzelung. Das Prinzip der Kooperation war erfolgreich. Man ging nun daran, gemeinsam die Tiere zu bändigen. Neue Beobachtungen führten zu Feldwirtschaft und Häuserbau. Aber diese glückliche Entwicklung wurde jäh unterbrochen durch die wachsende

Begierde der Stärkeren, sich der Arbeitsfrüchte der Schwächeren zu bemächtigen. Den Krieg aller gegen alle beendete die Konstituierung von Regierungen und die Verbindlichkeit der Gesetzgebung. In diesen ersten Staaten war individuelle und ökonomische Gleichheit noch gewahrt. Erst später wurde das Gleichgewicht aufgehoben; der Despotismus kam zum Zuge.

Weiterhin wird das Schicksal der antiken und modernen Staatenbildung verfolgt. Den Schluß des Werkes bilden Betrachtungen über Religion und Religionen, in denen Volney seinen atheistischen Standpunkt eindeutig zu erkennen gibt. Die Ursprünge der Religion reichen weit zurück: „In den Wäldern umherirrend, von allen Lebensbedingungen abgeschnitten, hatten die Wilden nicht die Muße, über Beziehungen und Redewendungen nachzudenken. Von allen möglichen Übeln befallen, ist ihr gewöhnliches Gefühl die Furcht, ihre Theologie der Schrecken. Ihr Kult beschränkte sich auf einige heilsame Praktiken und das Opfer an Wesen, die sich als so wild und gierig erwiesen, wie sie selbst es waren. In ihren Verhältnissen der Gleichheit und Unabhängigkeit konnte es keine Mittler geben ... Keiner hatte Überflüssiges zu geben, es existierten keine Parasiten, die sich Priester nannten, und keine Tribute an Opfern im Namen des Altars ... Dogma und Moral waren ineinander verflochten, lediglich der Selbsterhaltung gewidmet, und die Religion, ein Willkürgedanke ohne Einfluß auf die wechselseitigen Beziehungen, war nur eine leere Ehrfurchtsbezeigung an die Adresse der sichtbaren Mächte der Natur."[103]

Mit der Gründung der Gesellschaft und mit dem Feldbau entstand eine Hierarchie, die sich im Götterglauben widerspiegelte: „So wie die gesellschaftlichen Verhältnisse schon eine methodisch gesteuerte Hierarchie von Rängen, Anstellungen, Fügungen hervorgebracht hatten, so räsonnierten die Menschen weiterhin, um ihre neuen Begriffe ihrer Theologie einzuverleiben. Daraus resultierte ein kompliziertes System von gehobenen wie von untergeordneten Gottheiten."[104] Neben dem obersten Sonnengott rangierte der Mond als Königin, die Planeten als ihre Diener und die Menge der Sterne als das Volk. Aber auf dieser Stufe blieb der Gottesgedanke der Gedanke an ein physisches Wesen. Die göttlichen Gebote waren nicht mehr als verständige Regeln zur Erhaltung der Existenz der einzelnen und der Gesamtheit.

Für Volney sind die primitiven Religionsformen die harmloseren. Die Schädlichkeit der Religion tritt erst in den metaphysischen und mystischen Anschauungen der großen Weltreligionen mit aller Schärfe zutage. Als Resultat einer Übersicht über die verschiedenen Typen und Formen der Religionen stellt sich die Dringlichkeit einer Befreiung des staatlichen und gesellschaftlichen Lebens von den Ansprüchen der Kirche heraus. In der Zeit der Niederschrift der *Ruines* hatte die Revolution diese Forderung schon verwirklicht.

Der als Nachtrag in Volneys *Tableau du climat et du sol des Etats Unis d'Amérique, suivi d'eclaircissement . . . sur les sauvages* 1823 erschienene Erfahrungsbericht über die nordamerikanischen Indianer entkräftet noch einmal das Märchen vom „bon sauvage". Zunächst wäre festzustellen, daß die Ähnlichkeit mit anderen, weit entlegenen, in fremden Erdteilen beheimateten Völkerschaften den Gedanken an Einflüsse oder Verwandtschaft nicht ausschließt. So wird als besonders charakteristisch die Ähnlichkeit altgriechischer und indianischer Gebräuche hervorgehoben. Den Indianern könne Unerschrockenheit bei allen Gefahren, Festigkeit im Erleiden von Martern, Verachtung der Schmerzen und des Todes und unendliche Geduld in den schlimmsten Lebenslagen nicht abgesprochen werden. Ihr Unabhängigkeitswille sei stark genug, um einem Offizier die Bestrafung eines Gemeinen zu untersagen. Kein Kind würde in einem ihrer Dörfer anderen Erwachsenen als seinen eigenen Eltern gehorchen. Sie lebten in einer unerbittlichen Demokratie, die für Volney das negative Vorzeichen der Anarchie besitzt.

In der Spätaufklärung kam es zu neuen Entdeckungen der Gefühlswerte. Rousseau hatte im Instinkt die ursprüngliche Art der Erkenntnis gesehen. Ist damit die Anthropologie, wenn auch auf einer völlig anderen Ebene als der durch Einflüsse der christlich-cartesianischen Philosophie gekennzeichneten, doch wieder dem Dualismus verfallen? Wir glauben es nicht. Die in der zweiten Jahrhunderthälfte dominierende materialistische Anthropologie verdichtete sich am Anfang des 19. Jahrhunderts bei Jauffret und anderen in einer konsequent monistischen Konzeption.

Der *Essai sur les préjugés* wurde wahrscheinlich von Du Marsais um 1750 geschrieben, von Holbach 1769 umgearbeitet und herausgegeben. Diese Kampfschrift gehört schon zu denjenigen Werken, die keinerlei Interesse mehr an einer liebevollen oder detaillierten Ausmalung des menschlichen Altertums bekunden, sondern alles Vergangene in einem einzigen, zu überwindenden Zustand zusammenfassen.

Die barbarischen Rechtsgewohnheiten und der Aberglaube gelten als eine Verlängerung der Kindheitskrisen. Man muß die Menschen diesem Zustand entreißen, „ihren puerilen Vergnügungen ... und sie zur Männlichkeit führen". Ist denn der Mensch „zu einer ewigen Kindheit verurteilt?" [105])

Das verhängnisvollste Vorurteil, das Vorurteil, das alle anderen in sich schließt, ist „die Verehrung des Altertümlichen" oder „der Respekt, den die Menschen für die Gebräuche, Meinungen, Institutionen ihrer Väter haben".[106]) Schon Fontenelle hatte in *De l'origine des fables* den „blinden Respekt vor dem Altertum" gegeißelt. Es ist jenes Prinzip, in dem sich die Quelle aller Irrtümer erfassen läßt: „Unsere Väter haben es so geglaubt; wollen wir uns anmaßen, weiser als sie zu sein?" [107]) Und dieser von Fontenelle her zu belegende Gedanke wird von dem Autor des *Essai* ergriffen und erweitert. Für ihn sind die Zuletztgekommenen dem Wahn verfallen, „daß ihre offenbar unwissenden und unzivilisierten Vorfahren aufgeklärter waren als sie selbst". Daher kommt es, daß „die Menschen sich wie in einer ewigen Minderjährigkeit ansehen".[108]) Das „Vorurteil für das Altertum" ist in der Tat ein folgenreiches Prinzip; es erklärt die Aufrechterhaltung der überlebten Bräuche, den ständigen Rückfall in das Faustrecht: „In der Tat, wenn wir die Quelle einer Menge falscher Vorstellungen und sinnloser Gebräuche suchen wollen, denen unsere Mitbürger noch sehr stark verfallen sind, so müßten wir auf die Lebenspraxis der Skythen, Sarmaten, Vandalen, Goten – mit einem Wort, zu den Wilden – zurückgehen, deren Fürsten und Große diesen Wahn sorgfältig gewahrt haben." [109])

Im weiteren Verfolg zeigt der Autor des *Essai*, daß ein Kampf entbrannt ist zwischen den veralteten Einrichtungen und den wirklichen Bedürfnissen einer schon zur Reife gelangten Gesellschaft. Es ist der Kampf der Zukunft mit der Vergangenheit, der über das Schicksal der Menschheit die Entscheidung bringen wird: „Die

Franken, Goten, Westgoten herrschen noch über uns. Ihre brutalen Gesetze liegen noch unserer Jurisprudenz zugrunde und bestimmen noch, was bei uns für Recht und Unrecht gilt. Ihre veralteten Gebräuche bestimmen das Schicksal der Staaten, die doch in der Zwischenzeit zivilisiert worden sind, sowie Künste und Handwerk, die Industrie, den Handel, die Manufakturen ... die diesen grimmigen Eroberern unbekanntes Wissen hinzuerworben haben. Es ist offenkundig, daß die Natur den Menschen zur Erfahrung befähigt und daher immer vollendbarer gemacht hat. Darum ist es absurd, ihn auf seinem Lauf zum Stillstand zu zwingen, ungeachtet des ewigen Gesetzes, das ihn vorwärts treibt." [110])

Holbach verrät in seinem gesicherten Werke, dem *Système social, ou Principes naturels de la morale et de la politique* (London 1773), seinen Abscheu vor jedem gewaltsamen Umsturz, ganz im Gegensatz zum *Essai sur les préjugés*, in dem mit der Erschöpfung aller friedlichen Reformversuche gerechnet wurde. Aus den authentischen Schöpfungen Holbachs kann man entnehmen, daß er das Ancien régime, allerdings ohne Kirche und Religion, hinnehmen würde.

Die Vorzeit, in der sich der Mensch nur wenig vom Tier unterscheidet, läßt – dem *Système social* zufolge – keinen Ausweg aus diesem primitiven Zustand erkennen: „Die Nationen wie auch die menschlichen Individuen durchlaufen verschiedene Altersstufen und Zustände; ihr erster Zustand ist eine Art von Kindheit. In Familien zerteilt, in kleinere Horden auseinandergerissen, sieht man sie ohne feste Wohnung umherirren, ohne die Hilfe des Handwerks und der Industrie, von der Jagd und dem Fischfang ein mühseliges Auskommen suchen, fast so unvernünftig wie die Tiere." [111])

Holbach macht sich die Aufgabe leicht und verzichtet auf eine Darstellung der Entwicklung der Menschheit aus primitiver Vorzeit. Die ganze Frage wird zurückgeschoben durch die Intervention von Vertretern der schon vorhandenen gesitteten Nationen. Durch sie werden die Wilden im Ackerbau und in anderen Künsten unterrichtet. Sie werden dann deren Priester, werfen sich auf zu deren Richtern und Königen. Die Religion brauchen sie zur Bändigung der Wilden: „Die religiösen Schreckerlebnisse sind in der Tat sehr geeignet, einfache und gläubige, der Vernunft, der Vorsicht und der Überlegung noch unfähige Menschen biegsam und leicht lenkbar zu machen. Man zähmt die Wilden durch die Religionen; die Gesetzgeber ergreifen dabei dieselbe Methode wie noch heute die Mütter und Ammen, wenn sie die aufsässigen Kinder, mit deren Lärmen und

Geschrei sie nicht fertig werden, mit irgendwelchen Schreckgespenstern bedrohen." [112])

Die Priester der Wilden unterscheiden sich in nichts von denen der aufgeklärteren Nationen: „Die Reisenden sagen uns, daß bei fast allen wilden Völkerschaften der Kranke Gaukler, Zauberer und Priester zu Hilfe ruft, denen man Einfluß auf die bösen Geister zutraut, die man für die Urheber der natürlichsten, den Menschen befallenden Übelstände ansieht . . . Unter dem Vorwand, die Krankheit auszutreiben, sprechen diese Schurken Beschwörungen aus, in einer unverständlichen Sprache; sie rufen die Geister herbei, tun so, als redeten sie mit ihnen, stoßen greuliche Laute aus, entsetzen den armen Kranken durch einen Höllenlärm, begleiten alles mit tausend Grimassen und veranstalten schließlich Tänze, an denen sie den Kranken trotz seiner Schwäche teilzunehmen zwingen, bis er erschöpft zu Boden sinkt, wo er häufig für immer liegen bleibt". [113]) Die Nutzanwendung ist klar: Nicht anders handeln auch heute noch die Priester unter den fortgeschrittensten Nationen. Nur daß die angeblichen Schrecknisse bei der besseren Gesellschaft alle Geltung verloren haben. Für das Volk ist es zur bloßen Gewohnheit geworden, sie mit anzuhören.

Einen gewissen Gegensatz zu dieser Stelle bildet der vorhergehende Passus, der den Ausblick auf das Absterben der Religion eröffnet. Diese für Holbach so erfreuliche Perspektive der Gegenwart erübrigt jeden Gedanken eines gewaltsamen Eingreifens in die kirchlichen und religiösen Verhältnisse. Rückblickend ist festzustellen, daß auch hier jedes wirkliche Interesse an einer anthropologischen Fragestellung geschwunden ist und daß nur die Gegenwart ein aufmerksames Auge fordert. Im Verhalten zu dieser Gegenwart liegt freilich ein abgründiger Unterschied zwischen dem unverhohlen revolutionären Tonfall des *Essai sur les préjugés* und der gelassenen, Kompromissen keineswegs abholden Gesinnung, die aus den unstreitig authentischen Werken Holbachs spricht. Während der Adel zwischen Reaktion und Revolution hin und her schwankte, besaß das Großbürgertum, das Holbach trotz seines frischgebackenen Baronats vertrat, keinerlei Interesse an einer grundstürzenden Änderung des Bestehenden, da es am Ende des Ancien régime offenkundig war, daß nur noch ein Zierdegen an die alte Adelsmonarchie erinnerte.

Jean-Paul Marats (1743–1793) Werk, *Les Chaînes de l'esclavage*, 1774 in London gedruckt, entwirft dagegen ganz im Geiste Rousseaus ein glückliches Bild der menschlichen Frühzeit: Solange die Reichtümer des Staates auf sein Territorium beschränkt blieben und der Boden in ungefähr gleiche Anteile der Bewohner zerfalle, habe jeder von ihnen dieselben Bedürfnisse und dieselben Mittel zu ihrer Befriedigung. Zwischen ihnen bestünden dieselben Beziehungen, und sie seien daher gänzlich unabhängig von einander. Es sei der glücklichste Zustand, um alle Freiheit zu genießen, die eine Regierung gewähren könne. Aber handelt es sich in der Tat um die menschheitliche Frühzeit und nicht vielmehr um eine Norm, eine Forderung?

Auf dem Gipfel der Revolution drängt sich für Robespierre (1758–1794) die ganze Vorzeit in eine fortgesetzte Folge von Betrugsmanövern zusammen: Müsse man nicht genau das Gegenteil von dem tun, was man vorher getan habe? Die Kunst zu regieren sei bis auf unsere Tage die Kunst gewesen, die Menschen zu betrügen und zu verderben. Sie dürfe jetzt nur noch die Kunst sein, die Menschen aufzuklären und besser zu machen. Wenn die stürmische Rhetorik des großen Tribunen eine neue Zeit einläutet, so versinkt das Interesse für die gesamte Vergangenheit und damit selbstverständlich auch für die Frühgeschichte der Menschheit. Dieses Interesse wird erst am Anfang des kommenden Jahrhunderts bei Chateaubriand wieder erwachen.

Das Problem der Ursprache

Die Frage nach den ersten Menschen konfrontierte die Aufklärungsanthropologie notwendig mit dem Problem der Ursprungssprache. Dieses Problem beschäftigt auch die moderne Anthropologie, wennschon sie sich, wie ihre Vorgängerin im 18. Jahrhundert, mit bloßen Spekulationen behelfen muß. Gott der Herr hatte es leider versäumt, die ersten Sprechversuche Adams und Evas auf Tonband festzuhalten.

Der hervorragende sowjetische Biologe und Anthropologe Nikolaj Petrovič Dubinin setzt wohl die antimendelsche Tendenz der Mičurin und anderer sowjetrussischer Biologen fort, indem er nicht die Speicherung in den Genen, sondern die Wirkung der Erziehung in den Vordergrund stellt. Auch wenn man, wie der Verfasser dieses Buches, die Theorien Dubinins für kreditwürdig ansieht, so muß doch vor aller Spracherziehung Sprache einmal gesprochen worden sein. Dubinin geht in seinem Aufsatz über Probleme der Genetik zunächst davon aus, daß „alle Menschen eine allgemein genetische Determination des Gehirns zur Kommunikation mit Symbolen zur Sprache" besitzen. Er hatte zuvor gesagt: „In der Frühstunde der Menschheit waren die Menschen in kleinen Gruppen über ein großes Territorium verstreut. Unter diesen Bedingungen hatte die Gruppenauslese eine große Bedeutung." [114]) Man kann ohne weiteres daraus folgern, daß die Gruppen auch die Träger der ersten Sprachprozesse waren.

Damit ist aber noch keine exakte Antwort auf unsere ursprüngliche Fragestellung erkennbar. Die moderne Wissenschaft hält diese Fragestellung vielleicht teilweise überhaupt für unwegsam und veraltet. Immerhin war Arnold Gehlen in *Der Mensch, seine Natur und seine Stellung zur Welt* (Berlin 1940) dem Problem der Ursprungssprache in detaillierterer Weise nahegetreten, wodurch seine trotz ihres fachhistorischen Charakters und hinsichtlich ihrer weltanschaulichen Prämissen angreifbare Anthropologie bemerkenswerte Anregungen bietet. Die Sprache gehört nach Gehlen zu den Wesensmerkmalen des Menschen.

Seine Behauptung der Ursprünglichkeit der Sprache besagt, „daß auch ohne die gewöhnliche Tradierung der Sprache durch Erwachsene Kinder, die wir sprachlos aufgezogen dächten, aus sich selbst Sprache entwickeln".[115]) Die Vermutung wird zur Gewißheit auf Grund der Jespersenschen Analyse völlig vernachlässigter dänischer Kinder, die eine der Erlernung des Dänischen vorausgehende Eigensprache entwickelten. Wie ist aber das Zusammenwirken der verschiedenen Sprachwurzeln zu einem Keimpunkt der Sprache, zu einem ersten Sprachakt zu denken? Gehlen verweist auf vier Sprachtheoretiker, deren Meinungen ungefähr auf dasselbe hinauslaufen: Ludwig Noiré (1829–1889), Karl Vossler (1872–1949), Hermann Ammann (1885–1956) und Otto Jespersen (1862–1943). Die Sprache wäre demnach aus dem alle gemeinsame Tätigkeit begleitenden Gesang oder Zuruf und dem daraus gebildeten Laut entwickelt worden. Verständigung wird also erstmals über eine gemeinsam zu verrichtende Tätigkeit erzielt.[116])

Wie aber steht es mit der Ursprungslehre speziell in der Sprachwissenschaft der Aufklärung? Enttäuschend ist, was Ernst Cassirer (1874–1945) 1932 in seiner *Philosophie der Aufklärung* vorbrachte. Die Sprachwissenschaft der Aufklärung und die Lehre vom Sprachursprung zerfällt für ihn in zwei Richtungen: in eine irrationale, bis auf Rousseau außerfranzösische, und in eine rationalistische, auf Frankreich beschränkte Schule.[117]) Nur die erstere Linie hält Cassirer für zukunftsträchtig. Sie geht von Vico aus, erreicht Rousseau, Hamann und Herder und bildet das Fundament der künftigen deutschen Geistesgeschichte, während für die rationalistische, in Frankreich beheimatete Richtung lediglich Etienne Bonnot de Condillac (1715–1780) steht, unter Auslassung aller anderen französischen Forscher, deren Sprachauffassungen sich in einem großen Reichtum an Spielarten entfalteten. Das Zusammenwerfen von Sensualismus und Rationalismus führte ferner zu einer Verkennung der entscheidenden Impulse Condillacs und der französischen Sprachwissenschaft im 18. Jahrhundert.

Natürlich erfolgte die Loslösung von Descartes nicht mit einem Schlage. Jacques Chouillet hat diese Nachzügler des Cartesianismus untersucht.[118]) Für die Sensualisten ist das Wort mit dem Bedürfnis entstanden. Worte sind transformierte Sensationen. In der natürlichen Sprache liegt das ganze Geheimnis der Poetik und Rhetorik.

Ausgangspunkt der Rationalisten ist dagegen die „grammaire générale". Der Geltungsbereich der von den Jansenisten Claude

Lancelot (1616–1695) und Antoine Arnauld (1612–1694) verfaßten sogenannten *Grammaire de Port-Royal* (1660) ist in letzter Zeit als eine die Sprachwissenschaft des 18. Jahrhunderts noch entscheidend beeinflussende Position hingestellt worden. Davon zeugt die Arbeit von Guy Harnois: *Les théories du langage en France de 1650 à 1821* (1929). Sieht man genauer zu, so ist ein Wesensmerkmal der rationalistischen Sprachauffassung der Vorrang des Denkens vor dem Sprechen. Daher bleibt diese Konzeption bei den verschiedenen Formen des Urteils stehen, während die sensualistischen Autoren die einzelnen Kategorien der Rede in den Vordergrund stellen. Für Du Marsais, den man traditionellerweise als einen rationalistischen „grammairien" anspricht, ist die Grammatik lediglich im Bewußtsein existent. Er baut die Genealogie der Sprache in sensualistischer Weise auf, vom Konkreten zum Abstrakten fortschreitend.

Für den Rationalismus bildet die Sprache das Haupt- und Wesensmerkmaldes Menschen. Condillac, wie schon John Locke (1632 bis 1704), läßt dagegen das aus der Sinnlichkeit abstrahierte Wort den Ideen vorangehen. Die Grammatik ist nicht präexistent, wie die Rationalisten glauben, sondern sie ist empirisch durch Induktion auf Grund von Beobachtungen entstanden. Der Begriff der „grammaire générale", den der Sensualist Nicolas Beauzée (1717–1789) wieder aufnimmt, hat nichts mit den rationalistischen Apriorismen gemein.

Im vierten Buch seines *Traité sur les sensations* (1754) zählt Condillac solche Kenntnisse und Künste auf, die die primitiven Menschen schon vor Erfindung der Sprache erwerben und ausüben konnten. Die Sprache konstituiert also nicht das menschliche Wesen. Sie bezeichnet eine bestimmte Entwicklungsstufe, auf der neue Ideen gebildet werden. Durch die Sprache wird zunächst die Assoziation der Ideen ermöglicht. Wenn für Herder und Charles de Brosses (1709–1777) die Ursprache durch den Reichtum der Synonymik gekennzeichnet ist, so besteht sie bei Condillac aus individuellen Bezeichnungen.

In der französischen Sprachwissenschaft des 18. Jahrhunderts war es somit der Sensualismus, der den entscheidenden Anstoß erteilte. In nominalistischer Weise wurde in der Zuordnung der Worte zu den Dingen bloße Willkür gesehen. Schon Francis Bacon (1561–1621) hatte gesagt, daß Gesten und Hieroglyphen direkt auf die Objekte zielen, daß aber alle anderen Zeichen auf Willkür beruhen. Noch weitergehend sind für Hobbes die Zeichen allesamt arbiträr. Locke erklärt, ohne die Annahme der Arbiträreität wäre das Phänomen der Vielsprachigkeit unverständlich. Ähnlich wie Bacon grenzt er aber davon ab die den Dingen entnommenen einfachen Ideen, die nicht arbiträr seien. In dieselbe Doppelrichtung weist Condillacs Unterscheidung einer naturbedingten „langage d'action" und der arbiträren „langue d'institution". Naturbedingt kann in diesem sensualistischen Zusammenhang nicht heißen, daß sich die Wesensgesetze der Sprache bemächtigen, sondern daß es sich um die Vorstellung einfacher, allen Menschen geläufiger Dinge handelt. So gesehen ist auch die Onomatopoetik verständlich, die in manchen sensualistischen Systemen eine große Rolle spielt.

Noël-Antoine Pluche schrieb seine *La mécanique des langues et de l'art de les enseigner* 1751, also in einer Zeit, in welcher der schon von Locke erschütterte Einfluß des Rationalismus endgültig vergangen war. „Was die Natur den Menschen gelehrt hat, gilt allezeit", heute wie in Urzeiten. Variation und mangelnde Stabilität ist – zufolge Pluche – nicht durch die Natur, sondern durch Menschenwerk bedingt. Es komme aber immer wieder zum Durchbruch der Natur. Sie liege schon der ursprünglichen Gestensprache, dann der gelauteten zugrunde. Die Sprache sei dann nichts anderes als das Abbild oder der Ausdruck der menschlichen Gedanken. Wohlgemerkt: Ausdruck der Gedanken, nicht der Dinge. Auf diesen Unterschied ist um so mehr zu achten, als der Naturbegriff der Sensualisten sich leicht der Mißdeutung aussetzt. Es handelt sich nicht um die substantielle, rationale Natur. So kann Pluche sagen: „Nicht der menschliche Fleiß hat uns das Wort verliehen." Vor aller Logik und Grammatik hätte die Natur jeder Gesellschaft den Gebrauch des Wortes gewährt.

Ähnlich wie Pluche nannte auch Charles de Brosses sein Hauptwerk *Traité de la formation mécanique des langues et des principes physiques de l'étymologie* (1765). Er greift ebenfalls auf den sensualistischen Naturbegriff zurück. Auch er ist, wie die anderen Sensualisten, der Ansicht, daß die Sprache die getreue Übersetzung der universalen Gedanken ist. In der Wortbildung könne der intelligente Leser den „Spiegel der Meinungen und Ideen erkennen". Ein kurzer Einblick in die Werkstatt dieses Etymologen muß genügen. Das erste Erzeugnis der menschlichen Sprache habe, wie Erfahrung und Beobachtungen beweisen würden, nur in einer mehr oder minder vollkommenen Darstellung der benannten Sache bestehen können, soweit eben die Sprechwerkzeuge dazu durch nachahmende Geräusche wirklicher Objekte imstande gewesen wären. Das charakteristische „g" im Anlaut bezeichnet im Französischen „gorge", hebräisch „gharon", griechisch „glottis", lateinisch „guttur", italienisch „gola", spanisch

„garguero", englisch „gullet", deutsch „Gurgel". Durch „d", „th" „t" wird die Tätigkeit der Zähne („dent", „dentes", „teeth", dänisch „tand", „persisch „dandan", türkisch „disch") bezeichnet.[119]) Noch größer ist die Liste der mit „m" beginnenden, auf die Kautätigkeit bezogenen Wörter: „manduco", „manger", „mâchoire", „mastiquer", „mascher" usw. Die Zungentätigkeit wird mit dem „l"-Laut verkettet („lingua", hebräisch „lachach", englisch „lap", spanisch „lamer", deutsch „lecken", ferner „loqui", „logos", „logique").[120]) Es fehlt nicht an einem offenen Bekenntnis zum Prinzip der Onomatopoetik: „Wenn von der einfachen inneren Wahrnehmung die Rede ist (es handelt sich ja noch nicht um Reflexion und gedankliche Kombination), so kommt das sehr gut zum Ausdruck durch die Geste, den Akzent, den einfachen Schrei. Dieser Teil der Sprache ist dem Tier wie dem Menschen gegeben. Wenn man ein äußeres Objekt bezeichnen und ihm einen Namen geben will, bemüht sich der Mensch, trotz des entfernten Verhältnisses zwischen Wort und Sache, so gut es geht, mit seiner Stimme das sichtbare Objekt nachzuahmen."[121])

Das Prinzip der onomatopoetischen Auslegung hindert den Präsidenten de Brosses nicht, gewisse Fälle von Wortwanderung, Sprachverwandtschaft, Sprachübertragung durch die Nachbarsprachen zur Geltung zu bringen. So macht er das deutsche und nordische „fish" zum Ausgangspunkt einer Rhapsodie, die zugleich einen kulturhistorischen Zusammenhang beleuchtet: „Die Römer haben ihr Wort 'piscis' dem einfachen 'fish' nachgebildet, der in der deutschen und in den nordischen Sprachen dasselbe bedeutet; die Römer haben noch eine Endung aus ihrer Sprache hinzugefügt, und aus 'piscis' ist unmittelbar italienisch 'pesce' und französisch 'poisson' abgeleitet; jede Nation fügt noch die in ihrem Sprachgebrauch gewohnte Endung hinzu. Die Römer haben eine Menge von Wörtern aus den Sprachen des Nordens, unmittelbar oder mittelbar über das Keltische, dem ihre Sprache viele Elemente verdankte. Es war nur natürlich, daß das Wort 'piscis' neben anderen aus dem Norden herkam, wo Fische unendlich viel häufiger vorkommen als anderswo."[122])

Eingehend beschäftigt sich Court de Gébelin mit der Ursprache. Sie ist nicht an mehreren Orten, sondern an einem einzigen entstanden. Damit nähert er sich der biblischen Sprachauffassung. Als Ursprache zieht er aber nicht mehr das Hebräische in Betracht. Die Ursprache kannte nur ein- und zweisilbige Wörter. Da diese

Sprache nur auf die Gegenwart beschränkt war, entstand bald die Schrift. Das primitive Alphabet malt die Dinge, während die Sprache ihre Klangwerte wiedergibt. Jedes Wort war auf einen besonderen Gegenstand gestimmt, zuerst auf sinnliche Gegenstände, dann auch auf figürliche Bedeutungen. Der Autor zeigt, wie der Buchstabe „A" ursprünglich ein Schrei war. An der Spitze der Buchstaben stehend, verleiht er den mit ihm zusammengesetzten Wörtern die Akzente der Überlegenheit, der Priorität, der Herrschaft.

Am Ende des Jahrhunderts stellt Lord Monboddo die Behauptung auf, die Sprache beginne mit der Herrschaft der onomatopoetischen Wortbildung. Sie wirke noch nach in figürlichen und affektiven Ausdrücken wie z. B. „tonner contre le vice" oder „vous me percez le coeur".

Auch mit dieser Reduktion auf den sprachlichen Urbeginn erwies sich die onomatopoetische Konzeption als unhaltbar. Nur ganz wenige Paradigmen kann die moderne Sprachwissenschaft namhaft machen, und auch unter ihnen werden einige durch die unvereinbaren Unterschiede, d. h. durch die Arbitrarität der nationalen Sprachen, in Frage gestellt. Das Pferd „wiehert" in Deutschland, aber es „relincha" in Spanien und „hennit" in Frankreich.

Der Sensualismus hatte in Frankreich seine Machtstellung hinlänglich genug ausgebaut, als daß sich die Annahme nicht verböte, sein Einfluß sei lediglich unbewußt bei den zahllosen Bemühungen um einen Kommentar der *Grammaire de Port-Royal* entstanden.[123])

Wenn die wissenschaftliche Behandlung nach sensualistischer Meinung von außen nach innen vorzugehen hat, so muß die Sprachuntersuchung zuallererst auf die Gestik, auf die Gebärdensprache stoßen. Condillac eröffnete den Weg zu dieser Betrachtung. Er nennt die ursprüngliche Gestensprache „langage d'action". Sie bestand aus Verrenkungen und gewaltsamen Verzerrungen des Körpers, der damit für die Beschauer ein erstes Sinnfeld aufschloß. In der Antike gab es für die Gesten und für den Gesang verschiedene Darsteller. Die Römer hielten den letzteren für überflüssig und begnügten sich mit der Pantomime.

Rousseau bestreitet nicht die Priorität der Gestensprache, doch hält er es für unmöglich, daraus die gelautete, dem Gefühl entstammende Sprache abzuleiten. Nur diese letztere nahm ihn gefangen. Wenn Diderot und Rousseau ins Theater gingen, so schloß Rousseau die Augen, um nur auf die Töne zu achten, während sich Diderot die Ohren zuhielt, um ausschließlich die Gestensprache ins Blickfeld zu bekommen.[124])

In Diderots *Lettre sur les sourds et les muets* von 1751 tritt die Gestensprache naturgemäß erneut in den Gesichtskreis. Während die gelautete Sprache nur eine Sukzession von Vorstellungen behandeln kann, umfaßt die Geste den Zusammenhang mehrerer Situationen. Diderot beschreibt eine pantomimische Szene in *Macbeth*, die mit Mitteln der Sprache nicht ausgedrückt werden könnte. Die primordiale Bedeutung der Gesten wird vor allem in Diderots eigenen Schauspielen gefordert. – Der Abbé Proyart, katholischer Missionar in Afrika, war ein sehr sorgfältiger ethnòlogischer Beobachter. Er glaubt Relikte der alten Gestensprache bei primitiven Negerstämmen zu erkennen, z. B. bei der Wiedergabe von Zahlen.

Das Problem der Ursprache, das die Intellektuellen des 18. Jahrhunderts so stark beschäftigte, kam auch in einer Preisfrage der friderizianischen Akademie von 1771 zur Geltung, die folgendermaßen lautete: „Angenommen, die Menschen wären ihren natürlichen Fähigkeiten überlassen; wären sie dann imstande, die Sprache zu erfinden, und mit welchen Mitteln?“[125])

In dieser Fragestellung liegt explizit schon eine erste Antwort: Die Sprache ist nicht göttlichen – wie Rousseau, Johann Peter Süßmilch und Hamann meinten –, sondern menschlichen Ursprungs. Bekanntlich erlangte die These Herders den ersten Preis. In anderen Einsendungen liegt der Einfluß der sensualistischen französischen Aufklärung auf der Hand. In der Einsendung Nummer 13 wird das Verhältnis von Gebärde und Laut an folgendem Beispiel erläutert: Mann und Frau durchpirschen die Wälder. Er geht voran, sie hinterdrein, wobei sie einen sich nähernden Wolf gewahrt. Da die Gesten versagen, versucht sie, das Wolfsgeheul nachahmend, den Partner auf die von ihm verkannte Gefahr aufmerksam zu machen. Der Einsender folgert daraus: „Wir können sagen, daß die Stimme in den ersten Zeiten im Verhältnis zur Geste das war, was bei uns heute die Geste im Verhältnis zur Stimme bedeutet.“

Das chronologische Primat der Gestensprache spielt eine Rolle noch bis zum Ende des 19. Jahrhunderts, z. B. bei Wilhelm Wundt.

Preußens Akademiemitglieder blieben wohl mehrheitlich dem Wolffianismus und Rationalismus verpflichtet. Aber das besagt nicht, daß dieser Geistesabschnitt sich für die Anregungen des in

Westeuropa führenden Sensualismus nicht auch geöffnet hätte. Ein ausgesprochener Schüler Condillacs war Johann David Michaelis (1717–1791); er vertrat die Ansicht, der Auswirkung der Meinungen auf die Sprache entspräche die Rückwirkung der Sprache auf die Meinungen. Sensualistisch intendiert ist auch die Warnung des Abtes Jerusalem (1709–1789): „. . . daß man sich die Sprache gleich anfangs zu vollkommen und philosophisch denkt und daß man dabei voraussetzt, daß die Seele überhaupt keiner vernünftigen Vorstellungen ohne Worte fähig sei, wobei man denn auch, nach meiner Einsicht, die Hauptbegriffe, woraus die Sache entschieden werden muß, nicht deutlich genug auseinandersetzt".[126])

Der preußische Akademiepräsident Maupertuis verband seine Leibniz-Kenntnis mit einem radikalen, philosophischen, an Isaac Newton (1643–1727) und David Hume (1711–1776) geschulten Sensualismus. In sprachwissenschaftlicher Hinsicht ist er, wie Ferdinand de Saussure (1857–1913), Verfechter der Arbiträreitätstheorie. Da die Sprache lediglich auf Konvention zurückkehrt, hat die Onomatopoetik keinen Platz mehr in diesem System. Den sprachlichen Entsprechungen der Wahrnehmungen wird jeder Zusammenhang mit der Realität abgesprochen. Damit tritt Maupertuis dem extremen Sensualismus George Berkeleys (1685–1753) zur Seite. Für ihn waren alle abstrakten Ideen Illusionen, da sie nichts als ein Konglomerat von Einzelideen darstellten. Die Sprache tauge lediglich, um Stimmungen zu erregen, Bereitschaften herzustellen.

Mit diesen Thesen setzte sich schon um 1750 der junge Turgot auseinander. Die Unzugänglichkeit der Ursprache, die es mit uns fremd gewordenen Ideen zu tun habe, werde durch die Reliktwörter in der Gegenwartssprache aufgewogen. Im übrigen sei die vergangene Sprache keineswegs einfach gewesen, sondern voller Metaphern. Das Bedürfnis nach Kommunikation und nicht die Selbstverständigung durch Befragen der eigenen Wahrnehmungen liege der Sprache zugrunde. „Man will nicht über Wahrnehmungen von Dingen, sondern über wirkliche Dinge reden. Wenn Wahrnehmungen verschiedener Personen aus ein und demselben Mittelpunkt stammen, so ist die Annahme gerechtfertigt, daß es sich hier um ein außerhalb unserer befindliches Objekt handelt."[127]) Turgots besonnener Realismus bahnt eine materialistische Sprachauffassung an. Die Kommunikationstheorie könnte ihn zu ihren entfernten Vorläufern rechnen, und ebenso die noch auszuarbeitende

These, nach der alle sprachlichen Vorgänge gerichtet, adressiert sind und die Sprache ohne Entsprechung nicht existiert.

Die Auswirkungen der Aufklärungsphilologie auf die moderne Sprachwissenschaft, auf Louis Hjelmslev (1899–1965), Noam Chomsky u. a. ist ein Problem, das gesondert abgehandelt werden müßte. Diese Auswirkungen sind immerhin so stark, daß der italienische Forscher Luigi Rosiello in seiner trefflichen Darstellung der Aufklärungslinguistik die Sprachwissenschaft der Gegenwart als „neoilluminista“ bezeichnen konnte.

Die deutsche Anthropologie am Ende des 18. Jahrhunderts

Das Interesse der Deutschen an der Anthropologie war seit der zweiten Hälfte des Jahrhunderts erwacht.[128])

Der Basler Isaak Iselin (1728–1782) veröffentlichte seine *Philosophischen Mutmaßungen über die Geschichte der Menschheit* 1764. Die Beziehung des Menschen zum tierischen Wesen wird darin abgebrochen. „Der tierische Stand des Menschen ist ein Unding, welches die Natur nicht kennt".[129]) Der Durchgang der Menschheit durch die verschiedenen Stadien ihrer Entwicklung wird dem stufenweisen Fortschritt der individuellen Entwicklung gleichgesetzt. Es sei aber nicht an dem, daß alle Völker gleichzeitig dieselbe Stufe erreichten. Als Beispiel dafür figuriert, im Anschluß an Strabo (um 63 v. u. Z.–20 n. u. Z.), das alte Spanien vor seiner Romanisierung. Viele Menschen lebten damals noch in den Wäldern, beunruhigten die Einwohner der Städte „und behinderten also den Fortgang der milderen Sitten". Wie Montesquieu Wilde und Barbaren von einander schied, so werden bei Iselin die Naturvölker von den höher entwickelten Barbaren abgelöst. Der zweite, barbarische Zustand müßte auf der Stufe eines zwei- oder dreijährigen Kindes beginnen. Vergangene, gegenwärtige und zukünftige Vorstellungen verbinden sich erst allmählich zu einem Ganzen. „Der „gemeine Verstand" hat darin seine Grundlage. Nur langsam erfolgt die Zuwendung zu den Mitmenschen. Dabei wird dem Menschen die Sprache schätzbar und notwendig. Als Naturvölker werden vor allem die Skythen, Lappländer und Amerikaner dargestellt. Kindisch ist ihr Geschmack, wenn sie sich „Nasen und Lippen mit Ringen, Steinen, Muscheln und allerhand buntem Zeuge" behängen und ihre Leiber bemalen.[130]) Dummheit und Unempfindlichkeit charakterisiert die scheinbar so glücklichen Verhältnisse des Grönländers; er lebt „ohne Obrigkeit, ohne Gesetze, ohne öffentliche Ordnung, ohne Zucht in Frieden mit seinen Nachbarn".

Tapferkeit ist die einzige Tugend der Barbaren. Sie läßt sie die gräßlichsten Martern gleichgültig ertragen. Für barbarisch hält Iselin noch das Mittelalter, in dem aber schon die freiheitlichen Institutionen (Reichsstädte und dann Freistaaten) auftauchen, die das nächste Stadium kennzeichnen werden.

Was wir schon bei der Skizzierung der französischen Anthropologen feststellen konnten, ist auch das Kennzeichen des naturgemäß in ihre Schule gehenden Baslers: das mutwillige Umspringen mit der Chronologie. Der Weg von der Urgesellschaft bis zur Errichtung der Schweizer Eidgenossenschaft wird erstaunlich schnell zurückgelegt.

Zeitlich am nächsten stehen Iselins Menschheitsgeschichte die *Betrachtungen über die vornehmsten Wahrheiten der Religion* (1770) von Johann Friedrich Wilhelm Jerusalem, Abt in Rüddaghausen und Vater eines problematischen, durch Selbstmord geendeten Sohnes, der das Urbild von Goethes Werther wurde.[131]) Jerusalems Betrachtungen über die Frühzeit der Menschheit sind durchaus beachtlich, in ihrer Tragweite aber eingeschränkt durch die im biblizistischen Sinne allein für gültig erachteten Darlegungen der mosaischen Bücher. Die folgenden, dem zweiten Band (1774) entnommenen Ausführungen verraten den Widerspruch zwischen militantem protestantischem Biblizismus und dem im Verlauf des 18. Jahrhunderts angereicherten Besitz an konkreten anthropologischen Kenntnissen:

„Daß der erste Mensch, so wie er seine Existenz erhielt, gleich in eine solche Gegend kam, wo er mit der Natur, soweit sie zu seiner Erhaltung nötig war, gleich bekannt wurde; dies erforderte der unmittelbare Endzweck seiner Schöpfung. Aber daß alle Tiere aus allen Gegenden des Erdbodens, in allen ihren Geschlechten und Arten, vom weißen Bären und Rhinozeros bis zur Maus und vom Strauße bis zum Kolibri um den ersten Menschen sich versammelt, um ihm als ihrem Herrn zu huldigen, und daß darauf mit diesem Eindrucke von der Majestät ihres Herrn das eine nach dem Nordpol und das andre in die afrikanischen Wüsten gegangen; welcher Endzweck! Um seine Herrschaft über dieselben auszuüben, hatte er, so oft es nötig war, in seiner Vernunft und in seinen Gliedern, auch ohne diese Huldigung, alle nötigen Mittel. Oder aber sollte es deswegen sein, damit der Schöpfer ihm von einem jeden Tiere die Natur und den Namen lehrte? Aber zu welchem Ende auch diese Gelehrsamkeit? Wird das Kind dadurch auch klüger, wenn es das ganze linnäische Natursystem herzusagen weiß?

Die Kenntnis der Tiere, die ihm zum Baue der Erde und zu seiner unmittelbaren Nahrung behilflich waren, war ihm nötig. Man nehme hierbei, wenn man will, auch noch einen besondern Unterricht an. Aber wozu die Kenntnis aller übrigen Tiere? Und warum diese Kenntnis der Tiere mehr als der Pflanzen und Fische? So wie er aber für diese, so wie sie ihm nach und nach vorkamen, Namen zu finden und mit ihrer Natur sich bekannt zu machen wußte, so gut konnte er auch für jene Namen finden. Der große Redner und Philosoph sollte er anfangs nicht sein, denn er wäre beides noch umsonst gewesen; er bekam nur die Hilfen, die er zur nächsten Erfüllung seiner Bestimmung brauchte. – Die Veranlassung zur ferneren Ausbildung seiner Vernunft und Sprache sollte er in der vernünftigen Gesellschaft finden, wozu zugleich mit seiner Existenz die Anlage von seinem Schöpfer gemacht war. Denn allein für sich hatte der Mensch alle Vorzüge seiner Natur noch umsonst; in der Verbindung mit seinesgleichen wird er erst der Mensch, und der Trieb, den der Schöpfer ihm hierzu eingepflanzt hat, ist das große Mittel, wodurch diese Vorzüge sich entwickeln und wodurch selbst der erste Grundtrieb der vernünftigen Natur, der Trieb zur Vollkommenheit, seine Tätigkeit erhalten muß. Auf diesen Trieb ist die ganze Natur eingerichtet; hierdurch erhält sie allein ihre Schönheit und ihre Harmonie, und ist in der vernünftigen Natur eben das wirksame allgemeine Gesetz, was die anziehende Kraft in der körperlichen ist, das alle vernünftigen Kräfte in eine gemeinschaftliche Wirksamkeit setzt und den Menschen von Stufe zu Stufe zu der großen Bestimmung erhebt, daß er die ganze Natur beherrschen und alle einzelnen Vollkommenheiten zur Verherrlichung seines Schöpfers und zu seiner und seiner Mitgeschöpfe Vollkommenheit verbinden und als Werkzeuge und Mittel zu immer neuen Vollkommenheiten gebrauchen kann. – Ohne diesen Trieb würde der Mensch mit allen seinen großen Vorzügen nichts mehr als ein ander Tier sein; er würde die Natur nicht anders als ein Tier ansehen, bei allen seinen Fähigkeiten nichts mehr als ein Tier davon genießen, und die Erde selbst würde, bei allem ihrem innern Reichtume, unter den glücklichsten Himmelsgegenden eine ewige Wildnis bleiben. Denn ohne allen Trieb, seine Fähigkeiten zu bearbeiten, ohne alle gereizte Einbildung, ohne alle Aufmerksamkeit, durch keine andre Leidenschaften als durch den bloßen Trieb der Natur erweckt, der immer leicht gesättigt würde, würde er sein Leben in tierischer Unempfindlichkeit verschlummern, sein Gedächtnis würde ohne alles Nachsinnen in bloß tierischen sinnlichen Eindrücken bestehen; der Keim von Vernunft, Erfindungskraft und Tugend würde sich nie entwickeln; ohne Gelegenheit, den Einfluß und die Folgen seiner Handlungen zu bemerken, würde selbst das Gefühl von Sittlichkeit und Gewissen nie in ihm erweckt werden, und alle Neigungen und Triebe, die in der Gesellschaft zu den sanftesten Empfindungen von Freundschaft, Wohlwollen und Großmut sie veredeln, würden nichts als tierischer Instinkt bleiben."[132])

Wir dokumentieren im folgenden Jerusalems eindrucksames Bild der ganzen Frühgeschichte, zumal der Name dieses Autors in den Annalen der Literaturgeschichte kaum je herangezogen wurde: „In den Erdgewächsen ist diese eingeschränkte Fruchtbarkeit allein nicht; ihre Vermehrungskraft, so unendlich sie schon in sich ist, ist überdem noch dem Fleiße des Menschen überlassen, und ganz darauf eingerichtet, ihn zu ihrer fleißigen Bebauung noch mehr zu reizen. Ihre Nahrung und Bereitschaft ist seiner Gesundheit am zuträglichsten; ihre Mannigfaltigkeit nährt ihn mit dem meisten Vergnügen; je mehr sie bearbeitet werden, je ergiebiger werden sie, je mehr können die Menschen beieinander bleiben und ihre Hände, ihre Hilfen, ihre Einsichten und Erfahrungen sich einander mitteilen; der Erfindungsgeist wird dadurch zugleich immer mehr erweckt, das Leben bequemer und leichter, das gesellige Band wird soviel genauer; zugleich verfeinern sich die geselligen Gefühle, die Teilnehmung am Glücke und Unglücke wird allgemeiner, die Sorge für die gemeinschaftliche Ordnung und Ruhe hält die wilderen Ausbrüche der Leidenschaften zurück, die dadurch veranlaßten Verordnungen und Gesetze machen eine größere Gleichheit in den Gesinnungen und Sitten, der Einfluß von Tugend und Laster wird soviel mehr erkannt, das moralische Gefühl soviel mehr erweckt und verfeinert, und so wird der Ackerbau oder die Kunst, Kräuter und Gewächse in nötiger Menge hervorzubringen, der Grund von aller Gesellschaft und dadurch der Grund von aller Vollkommenheit, wozu das menschliche Geschlecht sich erheben kann. Dies bestätigt ohne Ausnahme die ganze Geschichte der Menschheit. Wo der Ackerbau je hingekommen oder wo er noch das wichtigste Geschäft ist, da ist alles blühend, da ist die größte Bevölkerung, da sind Bequemlichkeit und Überfluß, da sind die sanftesten Sitten, die weisesten und menschlichsten Gesetze, da finden alle übrigen Wissenschaften und Künste ihre Ermunterung und Nahrung. In dem Maße hergegen, daß sich die Menschen davon entfernen, in dem Maße ist die Natur soviel ärmer und die Menschheit soviel roher, weil der Mangel der nötigen Nahrungsmittel keine ruhige, beständige Wohnung und weder genaue noch große gesellschaftliche Verbindungen zuläßt. Dies ist der einzige Grund, daß alle wilden Nationen auf der niedrigen Stufe der Menschheit, wohin sie bei ihrer ersten Verwilderung versunken, Jahrtausende stehen bleiben, daß ihre vernünftige Natur immer gleich ungebildet und roh, ihre Sprache immer gleich dürftig; daß in ihren Hütten, ihren Werkzeugen, ihren Waffen sich so wenig von einigem vernünftigen Nachdenken zeigt; daß ihre kleinen Völkerschaften nichts wie Rudel von Tieren sind, die alles, was dazu nicht gehört, mit tierischer Wut verfolgen, und daß sie, unempfindlich gegen alle Schönheiten der Natur, von all ihrem Reichtum unter den schönsten Himmelsgegenden nichts mehr als jede andren Raubtiere genießen. – Die Völker, die von der Viehzucht leben, sind weniger wild; indessen ist die damit verbundene umschweifende Lebensart und größere Zerstreuung dennoch der Grund, daß Vernunft, Sittlichkeit und Künste bei ihnen doch noch wenig weiter ausgebreitet seien, als sie bei dem ersten Anfange ihrer Horden gewesen sein mögen. Alle gesitteten Nationen haben daher ihren vernünftigen Wohlstand dem Ackerbaue auch allein zugeschrieben. Daher die dankbaren Vergötterungen derer im Altertume, die ihre Zeitgenossen mit dieser wohltätigen Wissenschaft und mit den dazu nötigen Werkzeugen zuerst bekannt gemacht; daher die Hochachtung, womit auch selbst die größten Heerführer und Regenten den Ackerbau als das edelste Geschäft wählten; daher führt der Kaiser in China jährlich noch an einem feierlichen Tage, in Begleitung aller Großen seines Hofes, den Pflug, um einem Gewerbe alle seine Würde zu erhalten, das der Grund von der glücklichen Größe seines Landes und seiner eigenen Hoheit ist."[133])

„Tubal, dessen Verdienst durch die Erfindung der Metalle ebenso groß war, indem er dadurch alle Geschäfte des Lebens und besonders den Ackerbau erleichterte, den Menschen bessere Waffen gegen die Tiere gab und die Menschheit lehrte, durch den Schmuck sich eine Würde und Gefälligkeit zu geben. Zwei Erfindungen, die, wo sie zuerst hingekommen, den Menschen allemal so wohltätig geschienen, daß sie aus Dankbarkeit die Urheber davon vergöttert haben. Und da die Ägypter zu des Verfassers Zeit diese Erfindung ihren Göttern schon zuschrieben, so hätte er dies falsche Göttersystem nicht nachdrücklicher als durch die Anführung dieses echten archäologischen Fragments zuschanden machen können. – Der Zeitpunkt der Erfindung ist auch hier nicht zu früh angegeben. Ja wenn die Vorsehung den ersten Menschen gleich nach seiner Existenz sich selbst überlassen hätte, so wäre diese Geschichte allerdings ein sehr übel ausgedachter Roman. Denn so hätten Tausende von Jahren hingehen müssen, ehe der Mensch aus seinem tierischen Zustande sich erheben und seine Vernunft auch nur bis zur geringsten Erfindung sich hätte entwickeln können. Aber nach den hier beschriebenen vorhergegangenen Anstalten der Vorsehung, die Menschen gleich zu einer sittlichen Gesellschaft zu bringen, hat die Angabe dieser Erfindungen alle Wahrscheinlichkeit und läßt sich keine Geschichte denken, wo die Vernunft in natürlichern Stufen, als hier angegeben werden, sich hätte erheben können. Rousseau läßt seinen Tiermenschen Tausende von Jahren in seiner Wildheit herumlaufen, ohne abzusehen, wie er ihn nur auf die erste Stufe der Menschheit bringen soll. Aber sobald hat er ihn auch den Sprung nur tun lassen, daß er sich an eine häusliche Gesellschaft gewöhnet, so fängt sein Wilder an zu sprechen, fühlt die sanften Regungen eines Ehegatten und Vaters, wird ein geselliger Mensch, ein gesitteter Bürger, Künstler und Philosoph mit einer Schnelligkeit, die sich Rousseau selbst wieder nicht zu erklären weiß. – Die Menschheit ist sich im Großen wie im Kleinen gleich. Ein Kind ohne Gesellschaft bleibt ein Tier und lernet seine vernünftigen Seelenkräfte nie gebrauchen; aber in der vernünftigen Gesellschaft entwickeln sich dieselben mit einer fast unbegreiflichen Schnelligkeit, und der geschäftige Beobachtungsgeist setzt den bemerkenden Vater alle Tage in neue entzückende Bewunderung. So ist die Menschheit im Großen auch. Der Wilde sieht und erfindet nichts; aber sobald seine Vernunft durch ein geselligeres, ruhigeres Leben nur erweckt wird, so ist der Beobachtungsgeist auch da, und die Erfindungen gehen unter der gemeinschaftlichen Arbeit mehrerer Augen und Hände so schnell, daß man bei jeden Schritte hintennach was zu bewundern findet ... Man braucht sich deswegen beide hier erwähnten Künste nicht gleich in ihrer Vollkommenheit zu denken. Auch der geringste Anfang mußte die Erfinder schon als die ersten Wohltäter der Menschheit geehrt machen. Für ein noch rohes Ohr hat auch die einfachste Harmonie schon ihre entzückenden Reize, und die allererste Kenntnis der Metalle hat schon ihren unschätzbaren Wert. Der Zufall, der an allen Erfindungen den meisten Teil hat, hat vermutlich auch zu diesen beiden die erste Gelegenheit gegeben. Ein ungefähres Spiel mit einem hohlen Rohre oder einige über einen Bogen gespannte trockne Gedärme oder Nerven von Tieren, das gemeinnützige Werkzeug aller Wilden, konnte zur Erfindung der musikalischen Instrumente und zur harmonischen Abteilung der Töne sehr leicht die erste Veranlassung geben; so wie der Glanz und die außerordentliche Schwere einiger in einem Bache gefundener Gold- und Kupferkörner oder einiger vom Regen bloßgespülter und wahrgenommener gediegener Gold-, Silber- und Kupferstufen die Aufmerksamkeit erregen und zur ersten Bekanntschaft mit diesen Metallen die Gelegenheit werden konnte, ohne daß es nötig ist, eine tiefe Forschung in den Eingeweiden der Erde dabei gleich vorauszusetzen."[134])

Iselin und Jerusalem gehörten zu den Schreibtischgelehrten, als welchen man auch den Holländer Jan Cornelis de Pauw bezeichnete. Zu derselben Zeit bahnte sich aber durch den deutschen Orientalisten Johann David Michaelis eine neue Wendung an. Er dachte sich wissenschaftliche Methoden für Forschungsreisende aus. Die Forscher sollten konkrete wissenschaftliche Fragen zur Beantwortung auf ihre Reisen mitbekommen. In Zeitungen und Zeitschriften veröffentlichte er seinen Appell an die Interessenten, dem die Wissenschaftler in aller Welt begeistert Folge leisteten. Seine Reiseinstruktionen wurden mit dieser Hilfe zu einer Kollektivarbeit.

Kants Anthropologie versucht die monophyletische Ansicht der menschheitlichen Entstehungsgeschichte weiter auszubauen. Wenn auch die heutige Forschung zur Monogenese zurückgekehrt ist, so ganz gewiß nicht in der Gefolgschaft der mosaischen Bücher. In 18. Jahrhundert war vielmehr die von Georg Forster (1754–1794) vertretene polyphyletische Ansicht ein Fortschritt, durch den der Deutungsanspruch der Bibel aufgegeben wurde. Dagegen hat Kant den modernen Rassebegriff begründet: Neger und Weiße sind zwar nicht verschiedener Art (dies anzunehmen verbot der monophyletische Standpunkt), aber doch zwei verschiedene Rassen.

Kant vorausgegangen war der in seiner eigenen und in der heutigen Zeit besonders hoch geschätzte Johann Friedrich Blumenbach. Schon 1775 veröffentlichte er *De generis humani varietate nativa.* Seine Rassentheorie stützte er auf seine Schädelsammlung. Die Benennung der einzelnen Rassen erfolgte dagegen nach der Hautfarbe; die kaukasische Rasse weiß, die mongolische gelb, die äthiopische schwarz, die Lappländer braun, die Indianer rot und die Südseeinsulaner gelb und schwarz. Cuvier machte dagegen geltend, daß solche Aussagen durch viel breiteres Material gesichert sein müßten.

Ähnliche Ansichten wie Blumenbach vertrat der Holländer Pieter Camper (1722–1789). Er beschäftigte sich mit Schädelmessungen und anatomischen Studien. Wie Blumenbach ging er auf Carl von Linné (1707–1778) zurück und nicht auf Buffon, der wegen seiner dualistischen Anwandlungen als Reaktionär erschien. Campers naturalistische Einstellung bezeichnet der lapidare Ausspruch: „Der Mensch ist der schönste Vierfüßler."

Für Georg Forster besaß die kindliche, patriarchalische, auf Ehrfurcht gegründete Verfassung der menschlichen Frühzeit ihre großen Reize. Wie Rousseau sieht er die neu aufgekommene Vorstellung des Eigentums und der Alleingewalt für unselig an. Die folgenden Stellen sind einem Brief Forsters an Friedrich Heinrich Jacobi von 14. 2. 1783 entnommen: „Die natürlichste, ja die rechtmäßigste Oberherrschaft in der ganzen Schöpfung ist diese Fürsorge des Weisern und Bessern und in sich selbst Vollkommeneren für den Schwachen, der seines Schutzes bedarf, den Unmündigen, dessen Seelenkräfte er erst entwickeln, den Unvollkommneren und Dürftigen, den er ausbilden, dem er die Quelle seines innern Reichtums öffnen, den er, mit einem Worte, in sich selbst glücklich machen soll. Je vollkommener das Wesen, je schönere Harmonie in seinen Geisteskräften liegt und Regel seines Wirkens ist, desto fähiger und würdiger ist er, den Kurzsichtigen hellsehend zu machen, den Gebundenen zu entfesseln, dem Irrenden zu seinem eigenen und dem allgemeinen Besten Schranken anzuweisen und Grenzpfähle zu stecken, von denen er sich nicht entfernen darf. Das Urbild dieser Vormundschaft in aller seiner heiligen Einfalt und Würde erlebte das Menschengeschlecht zuerst im patriarchalischen Zelte. – Dort war der ehrwürdige Hausvater zugleich der Urheber, Beschützer und Erhalter, der Führer und Lehrer seiner ganzen Nachkommenschaft. Sein kleiner Reichtum von Erfahrung, die auf physische, gesellige und sittliche Glückseligkeit Einfluß hatte, ward ihnen nach und nach durch Beispiel und Unterricht zuteil. Wie der Acker allen Bedürfnissen des Lebens genügt, wie der Mensch die Tiere des Feldes zu Gehilfen seiner Arbeit macht, wie er mit wenigem zufrieden lebt und dann mit einer frohen Hoffnung auf die Zukunft stirbt – diese ersten felsenfesten Grundlehren aller Kunst und Wissenschaft sammelten die Söhne von den Lippen des Erzvaters und wurden nach seinem mächtigen Vorbilde nicht nur Hirten der Tiere, sondern auch Hirten hervorkeimender Völker. – Lebendig und frisch im Gedächtnis waren dem jungen Menschengeschlechte die Ereignisse seines Anfangs, und ganz im kindlichen Geiste nannte es Gott selbst seinen Vater. Kindlich waren alle seine ersten Begriffe, die Welt des großen Allvaters Haushalt, der Himmel sein Gezelt, alle sichtbaren Dinge sein Eigentum und seiner Hände Werk, jede Erscheinung, jedes Hervorbringen der Natur seine unmittelbare Wohltat; und so ward kindliches Vertrauen, kindliche Liebe der erste Gottesdienst. Nur Eine Familie war das Menschengeschlecht, Ein Völkchen von Brüdern, und ihr Vater Gott. Der sichtbare Stellvertreter, der Erstgeborene, der Vertraute des Vaters und sein Mitregent, ein grauer Patriarch, im Kreise seiner Enkelsenkel. – Diese glückliche Verfassung der ersten Gesellschaft, in ihrer Einfalt so schön, sollte gleichwohl von keiner Dauer sein; bald verschwand sie wie eine süße Traumgestalt und ließ kaum eine Spur zurück. Gegen den besten Funken der Liebe, von dessen Pflege das Wohl der Menschen abhing, empörten sich unlenksame Leidenschaften, und oft erstickten sie ihn. Bald wimmelte es von solchen Wesen auf Erden, die zwar mit Willen, Einbildungskraft und Vernunft begabt, jedoch ohne alle Entwicklung ihres angeborenen Verbindungsmittels, nur als vernünftige Raubtiere lebten. Jedes derselben existierte für sich, wähnte sich selbst den Mittelpunkt, um den die ganze Welt sich drehe, für dessen Genuß sie lediglich geschaffen sei; keins war mit dem andern durch das mindeste Mitgefühl verbrüdert, keins kannte eine andere Freude als die Empfindung eines vernichtenden Widerstandes. Die unseligen Begriffe des Eigentums und der Alleingewalt tränkten die Erde mit Strömen von Blut, und wie jene fabelhaften, aus Drachenzähnen entstandenen Ungeheuer sich vor den Augen des Kadmos verzehrten, so schien zuletzt die gänzliche Aufreibung dieser feindseligen Kreaturen untereinander unausbleiblich zu sein. – Jedoch die Weisheit, die das Schicksal der Menschen abwägt, hatte auch hier bereits dem Toben ihrer Leidenschaften ein Ziel gesteckt. Aus der blutigen Erfahrung, daß nichts im ganzen Umfange der Natur so fähig sei, dem Menschen zu schaden als ein anderer Mensch, leuchtete endlich die unvermeidliche Notwendigkeit gesellschaftlicher Verträge hervor. Der heiße Wunsch, im ungestörten Genusse des Eigentums zu bleiben, knüpfte zwischen jenen gesetzlosen Horden das erste schwache Band und legte ihrer Raubbegierde Zaum und Gebiß an: so ward gemeinschaftlicher Schutz beschlossen und die

Gewalt des einzelnen durch die Gewalt der ganzen Bundesgenossenschaft entkräftet. Allein den unnatürlichen Grund einer bloß auf Zwang und Furcht beruhenden Verfassung bezeugt der Umsturz so vieler aufeinanderfolgender Reiche, denn was vermochte je in Herzen, wo die Bruderliebe längst erloschen war, der Wut unersättlicher Begierden Einhalt zu tun, sobald sich durch irgend einen günstigen Vorfall die Übermacht wieder auf ihre Seite lenkte? – Durch keinen äußerlichen Zwang – nein! auf dem einzig möglichen Wege durch Erweckung des Wahrheitsgefühls im Menschen, durch sanfte Überredung und liebreich dargebotene Mittel zur Glückseligkeit sorgte die Vorsehung für die Dauer und das Wohl der Staaten. Bald hier, bald dort standen Weise und Menschenfreunde auf, nahmen sich ihrer verwilderten Mitbürger an, weckten ihr Gewissen zur Anerkennung natürlicher Rechte, zur hohen Ahnung der Unsterblichkeit, zum Gedanken an Gott als Schöpfer und Vater."[135])

Ganz anders der Tenor in der etwas später, 1787, veröffentlichten Schrift *Des Capitän Cook dritte Entdeckungsreise* (Berlin 1787–1789), in der die folgenden, von Mühlmann nur bruchstückweise zitierten Sätze stehen. In ihnen meldet sich – ideologisch gesehen – der bürgerliche Eigentums- und Besitzbegriff zur Stelle, ganz abgesehen davon, daß ein Empiriker wie Georg Forster sich nicht auf eine einzige Theorie verließ. Anthropologisch ist es der letzte Rückschlag auf die noch immer kursierende Legende vom „bon sauvage": „Immerhin mögen Romandichter, die sich ihrer Ideale nicht entschlagen können und gewohnt sind, von Naturmenschen, vom Goldenen Zeitalter, von ursprünglicher Vortrefflichkeit und Einfalt und einem angebornen Gefühl, daß allen alles gehöre, überirdisch träumen, immerhin mögen sie, sage ich, diese Bilder ihre süßelnden Phantasie auch in ihre Darstellung der wirklichen Welt übertragen: der Reisende durchirrt alle vier Weltteile und findet nirgends das liebenswürdige Völkchen, welches man ihm in jedem Walde und in jeder Wildnis versprach. Getäuscht durch eine faselnde Erdichtung, die den Namen der Geschichte und der Philosophie entheiligt, schämt er sich endlich seiner kindischen Leichtgläubigkeit und erweiset dem läppischen Naturmenschen noch unverdiente Ehre, wenn er ihn zu den Centauren und Cyklopen oder zu den redenden Tieren der alten Fabel zählt. Man zeige uns den Wilden, der, ohne blödsinnig zu sein, von mein und dein gar keine Begriffe hat. Sein ist die Hütte, die er errichtet, der Pelz, den er genähet, der Kahn, den er ausgehöhlt, der Bogen, den er geschnitzt, die Schleuder, die er geflochten, das Netz, das er gestrickt, der Putz, den er sich mühsam zusammengesuchet und mit unendlicher Geduld bereitet hat. Sein ist der Baum über seinem Haupte, der ihm Früchte trägt, das Wild, das er tötet, der Fisch, den er fängt. Sein ist endlich der Wald, wo er jagt, das Ufer, wo er fischt, das Weib, das er umarmt. Niemand versucht es ungeahndet, ihn im Besitz dieses Eigentums zu beeinträchtigen. Doch auch das Tier, könnte man einwenden, fühlt einen zueignenden Trieb; wer kennt nicht den sultanischen Instinkt des Seelöwen und des Affen-Anumants? (Anumant heißt in Indien der Affe, dem ein ganzer Trupp gehorcht, dessen Herrschaft sehr despotisch ist. Der Seelöwe hat ein Serail von Weibchen, denen kein anderer zu nahe kommen darf.)"[136])

In Herder widerstreiten Theologie und Anthropologie einander. Der Anthropologe formuliert bedenkenlos die Beobachtung über menschenähnliche Affen (Anthropoide), wogegen der Theologe zu bedenken gibt: „Du aber, Mensch, ehre dich selbst! Weder der Pongo noch der Longimanus ist dein Bruder, aber wohl der Amerikaner, der Neger. Ihn also sollst du nicht unterdrücken, nicht morden, nicht [be]stehlen; denn er ist ein Mensch wie du bist; mit den Affen darfst du keine Brüderschaft eingehen."[137]) So gibt auch bei dieser Wendung der progressive Ton den Ausschlag: Gegen die Versklavung der Neger wandten sich alle Aufgeklärten und alle Aufklärer. Wertvoll ist an den Naturvölkern nicht, daß sie einen Weg zur Zivilisation eröffnen, sondern gerade, daß sie noch nicht zivilisiert sind. Mit dem Lobpreis der Naturvölker fällt Herder in den Mythos vom „bon sauvage" zurück. Aber die Aufwertung der naturgegebenen Eigenschaften der Völker war im Kampf mit der seelenlosen Staatsmaschine des Ancien régime eine revolutionäre Losung.

Herder glaubte, daß das mosaische Weltbild mit dem theologischen Hand in Hand ging.[138]) Für Herder waren die Menschen nicht in verschiedenen geographischen Regionen entstanden, sondern sie hatten ihre gemeinsame Wiege in Asien. Daß die Nennung dieses Erdteils ein echt anthropologisches Motiv ergab, läßt sich schon aus den folgenden Zeilen ersehen: „Alle Völker Europens, woher sind sie? Aus Asien. Von den meisten wissen wirs gewiß: wir kennen den Ursprung der Lappen, der Finnen, der Germanier und Goten, der Gallier, Slawen, Kelten, Kimbern usf. Teils aus ihren Sprachen oder Sprachresten, teils aus Nachrichten ihrer alten Sitze können wir sie ziemlich weit ans

Schwarze Meer oder in die Tatarei verfolgen, wo zum Teil noch ihre Sprachreste leben. Von der Abkunft anderer Völker wissen wir weniger, weil wir die älteste Geschichte derselben weniger kennen: denn bloß die Unkunde voriger Zeiten macht Autochthonen ... Die Abkunft der Afrikaner und Amerikaner ist uns freilich dunkler; so weit wir aber den obern Rand des erstgenannten Weltteils kennen und die ältesten Traditionen über ihn zusammenhalten, ist er asiatisch. Weiter hinab müssen wir uns begnügen, in der Negergestalt und Farbe wenigstens nichts Widersprechendes gegen diese Abkunft, vielmehr ein fortgehendes Gemälde klimatischer Nationalbildungen zu finden ... Ein gleiches ists mit dem später bevölkerten Amerika, dessen Bepflanzung aus dem östlichen Asien schon der einförmige Anblick der Völker wahrscheinlich machte."[139])

Für Herder bildet die Naturnähe der Primitiven ein entscheidendes Kriterium zu ihren Gunsten: „Der Schnabel des Vogels war dem Menschen das Vorbild zu Spieß und Pfeilen; wie die Gestalt des Fisches zu seinem künstlich schwimmenden Boot. Von der Schlange lernte er die schädliche Kunst, seine Waffen zu vergiften; und die sonderbar weit verbreitete Gewohnheit, den Körper zu malen, war ebenfalls nach dem Vorbilde der Tiere und Vögel. Wie? dachte er, diese sollten so schön geziert, so unterschieden geschmückt sein: und ich müßte mit einförmiger, blasser Farbe umhergehn, da mein Himmel und meine Trägheit keine Decken leidet? Und so fing er an, sich symmetrisch zu sticken und zu malen: selbst bekleidete Nationen wollten dem Ochsen sein Horn, dem Vogel den Kamm, dem Bären den Schwanz nicht gönnen und ahmten sie nach. Dankbar rühmen es die Nord-Amerikaner, daß ein Vogel ihnen den Mais gebracht; und die meisten klimatischen Arzneien sind offenbar den Tieren abgelernt. Allerdings gehörte zu diesem allen der sinnliche Geist freier Naturmenschen, die, mit diesen Geschöpfen lebend, sich noch nicht so unendlich erhaben über sie glaubten. Den Europäern ward es schwer, in andern Weltteilen nur aufzufinden, was die Eingebornen täglich nützten; nach langen Versuchen mußten sie doch von jenen das Geheimnis erzwingen oder erbetteln."[140])

Die Indianer wären den Spaniern in jeder anderen Hinsicht gewachsen gewesen, wenn sie sich auf die Zähmung von Tieren verstanden hätten: „Ungleich weiter aber kam der Mensch dadurch, daß er Tiere zu sich lockte und sie unterjochte; der ungeheure Unterschied nachbarlicher Nationen, die mit oder ohne diese Substituten ihrer Kräfte leben, ist augenscheinlich. Woher kam's, daß das entlegne Amerika dem größten Teil der alten Welt bei Entdeckung desselben noch so weit nachstand und die Europäer mit den Einwohnern wie mit einer Herde unbewehrter Schafe umgehen konnten? An körperlichen Kräften lag es nicht allein, wie noch jetzt die Beispiele aller ungezählten Waldnationen zeigen: im Wuchs, in schnellem Lauf, in rascher Gewandtheit übertreffen sie, Mann gegen Mann gerechnet, die meisten der Nationen, die um ihr Land würfeln. An Verstandeskraft, sofern sie für einen einzelnen Menschen gehört, lag es auch nicht: der Amerikaner hatte für sich zu sorgen gewußt und mit Weib und Kindern glücklich gelebt. Also lag es an Kunst, an Waffen, an gemeinsamer Verbindung, am meisten aber an gezähmten Tieren. Hätte der Amerikaner das einzige Pferd gehabt, dessen kriegerische Majestät er zitternd anerkannte, wären die wütenden Hunde sein gewesen, die die Spanier als mitbesoldete Diener der katholischen Majestät auf ihn hetzten; die Eroberung hätte mehr gekostet, und den reitenden Nationen wäre wenigstens der Rückzug auf ihre Berge, in ihre Wüsten und Ebenen offen geblieben."[141])

Wichtig sind im Rahmen der spätaufklärerischen deutschen Anthropologie, außer Blumenbach, noch Christoph Meiners (1747–1810), Georg Christoph Lichtenberg (1742–1799) und Michael Hißmann (1752–1784). Während Blumenbach zwischen den verschiedenen Rassen unmerkliche Übergänge feststellte, betonte Meiners gegenüber dieser Relativierung die Rassenverschiedenheit und die Ungleichheit der Menschen aufs schroffste. Er forderte das Studium der „unterscheidenden erblichen Merkmale ganzer Völker."

Für Lichtenberg wird dagegen die Gleichheit aller Menschen unabhängig von aller Rassendifferenzierung: „Ich glaube nach meiner Erfahrung schlechterdings an keinen großen Unterschied unter den Menschen (etwas gemildert muß dies alles werden)." Als er mit einem Tahitianer bekanntgemacht wurde, verspürte er das nicht unangenehme Gefühl, seine rechte Hand „in einer anderen zu sehen, die gerade vom entgegengesetzten Ende der Erde kam". – "Ich will nur etwas Weniges für den Neger sagen, dessen Profil man recht zum Ideal von Dummheit und Hartnäckigkeit und gleichsam zur Asymptote der europäischen Dummheits- und Bosheitslinie ausgestochen hat. Was Wunder, da man Sklaven, Matrosen und Pauker [Packer?], die Sklaven waren, einem Candidat en belles lettres gegenüberstellt. Wenn sie jung in gute Hände kommen, wo sie geachtet werden wie Menschen, so werden sie auch Menschen; ich habe sie bei Buchhändlern in London über Büchertitel sogar mit Zusammenhang plaudern hören, und mehr fürwahr verlangt man ja kaum in Deutschland von einem Bel-Esprit. Sie sind äußerst listig, dabei entschlossen und zu manchen Künsten außerordentlich aufgelegt und sollten daher, da der Versuche mit ihnen noch so wenige sind, gar nicht von Leuten verachtet werden, die immer von Anlage ohne Bestimmung und Kraft und Richtung plaudern." – Es ist mir unverständlich, wie Wolf Lepenies, dessen Buch diese Zitate (aus Lichtenbergs 1778 erschienener Schrift „Über Physiognomik wider die Physiognomen zur Beförderung der Menschenliebe und Menschenkenntnis") entnommen wurden, darin den „Keim zu jenem subtilen Eurozentrismus" herausfinden wollte.

In den folgenden Bemerkungen versucht Hißmann, die Bilanz eines Jahrhunderts der Anthropologie zu ziehen. Beachtlich ist die Scheidung der Geschichte der Menschheit von der allgemeinen Weltgeschichte: „Soviel sieht man leicht ein, daß darinnen ein charakteristisches Unterscheidungsmerkmal der Geschichte der Menschheit und der allgemeinen Weltgeschichte liegen muß, daß die letztere keine kleinen, unbedeutenden, wilden Horden, sondern bloß die weltumkehrenden, merkwürdigen Nationen aufnehmen kann; jene hingegen den Menschen in allen möglichen physischen und sittlichen Zuständen – im Zustand der Wildheit so gut als im Zustand der Kultur, und in allen Graden der Barbarei und der Aufklärung, in größern und in kleinern Gesellschaften, in dieser und in jener Staatsverfassung und Regierungsform, mit guten und mit verdorbenen Sitten und Vorurteilen, unter dem Joch dieser oder anderer Gesetze, unter dem Nordpol sowohl als unter dem brennendsten Himmelsstrich und allen übrigen Erdgürteln, an Gott oder an Götter glaubend, mit allen Ähnlichkeiten und Unterschieden usw. beobachten, und diese formlosen einzelnen Data, soviel möglich, allgemein machen müsse. – Man könnte die Geschichte der Menschheit vielleicht am deutlichsten durch die Geschichte des Ursprungs und des Fortgangs aller Erfindungen und Einrichtungen der ganzen über den ganzen Erdboden verbreiteten Menheit beschreiben; der Einrichtungen nämlich, durch welche die Bildung des menschlichen Geschlechts vom niedrigsten Grad bis zur höchsten Stufe bemerkt worden ist, auf welcher man es antrifft."[142])

„Die Beschreibungen des Standes der Natur in den Werken der berühmtesten Philosophen sind sich so sehr entgegengesetzt, daß es fast unmöglich scheint, einen Stand, den wir nicht aus der Erfahrung kennen, richtig zu bestimmen. – Nach Hobbes ist der Stand der Natur ein Stand des Krieges, der Furcht und des Mißtrauens aller gegen alle; ein Stand, wo niemand sein Haupt in die Nacht des Schlafes herabsenken kann, ohne zu wissen, ob er wieder erwachen werde; wo keiner die Frucht des nächsten Baumes abbrechen oder aus dem Bach Wasser trinken darf, ohne schüchtern um sich her sehen zu müssen, ob er nicht über dem Genuß von einem mißgünstigen Beobachter werde erschlagen werden; wo der Stärkere um sich herum mordet und der Schwächere ein Raub seiner physischen Kraft sein muß. Laß also ein paar Hobbesische Naturmenschen auf demselbigen Fußsteig einander entgegenkommen. Sie werden ohne Kriegsankündigung und ohne weitere Ursache zum Krieg über einander herfallen, und einer wird den andern erschlagen. – Im Pufendorfischen System hingegen umarmen, herzen und küssen sich ein paar sich begegnende Naturmenschen. – Rousseau hat es vielleicht am besten getroffen, wenn er sie nebeneinander, unbekümmert und unaufmerksam auf einander, vorbeigehen läßt. – Und doch kann auch der Rousseausche Tiermensch unmöglich das Ebenbild des Naturmenschen sein, weil er ihn ganz isoliert, ohne alle Gesellschaft leben und weben läßt. Nun aber ist der Stand einer gänzlichen außergesellschaftlichen Wildheit eine Chimäre, die gar nicht gedacht werden kann, weil das menschliche Geschlecht auch im Naturzustand, man mag ihn nun suchen, wo man will, fortdauert. Kann es aber beim Mangel aller Gesellschaft fortdauern? – Ebenso unbegründet ist die Hobbesische Vorstellung. Hobbes zeichnet das Bild der Natur vom Bild einer durch Rebellion zertrümmerten bürgerlichen Gesellschaft nach. Dieser Gesichtspunkt ist falsch. Wenn aus bürgerlichen Menschen – nach einer zerrissenen bürgerlichen Staatsverfassung, nach Aufhebung der Gesetze, wodurch der Bürger im Zaum gehalten wird – Spitzbuben, Räuber und Mörder werden sollten: so folgt nicht, daß die Naturmenschen ähnliche Ungeheuer sein müssen, da sie keine bürgerlichen Gesetze kennen. Denn Naturmenschen haben nicht das Interesse, den Eigennutz, die Habsucht, die Ungerechtigkeit, die ein ehemaliger bürgerlicher Mensch hat, wenn er das Joch der bürgerlichen Gesellschaft abgeschüttelt hat. Jene kennen die Schandtaten nicht einmal, die der gottlose bürgerliche Mensch verüben würde. – Zu wünschen wäre es, daß Pufendorfs Gemälde nach der Natur gezeichnet sei. Allein die Natur hat keinem Menschen solche Triebe des Wohlwollens in der Macht und Stärke, als sie dieser Schriftsteller annimmt, eingepflanzt. – Andre Philosophen haben daher den Naturzustand bei den wilden Nationen gesucht, so wie wir diese noch heute antreffen. Und fast sollte ich glauben, er müsse bei ihnen gesucht werden, wenn er anders noch zu finden sein soll; wenn man gleich keine wilde Nation kennt, die bloß noch den unverstellten Gesetzen der Natur lebt. Auch der wildeste Huron lebt nicht im eigentlichen Stand der Natur. Seine Wildheit ist schon mit Polizierung und sein platter Menschenverstand mit gekünstelten Vorurteilen vermischt."[143]) Hißmann verweist dann u. a. auf Lafitau und nimmt öfters, wenn auch polemisch, auf Jean-Jacques Rousseau Bezug.

Es zeigt sich darin, daß die Entfaltung der deutschen Anthropologie der zweiten Jahrhunderthälfte nicht ohne die Grundlegung des französischen Zweiges dieser Wissenschaft möglich gewesen wäre. Die Stunde der deutschen Anthropologie wird erst mit Johann Jakob Bachofen, Adolf Bastian (1826–1905) und vielen anderen im 19. Jahrhundert schlagen.

Einige Grundprobleme der Aufklärungs-anthropologie

Aberglaube

Lafitau zufolge ist Aberglaube Entstellung des ursprünglichen Monotheismus.[144] Er entsteht nach Fontenelle aus zu geringer Dichtigkeit des Erfahrungsnetzes und wird auch nach erfolgter Aufklärung von der Mehrheit aus Bequemlichkeit und aus falscher Ehrfurcht vor den Meinungen der Vorfahren festgehalten (vgl. S. 52). Du Marsais ist überzeugt, daß der Aberglaube den Massen von den Priestern und den Herrschenden bewußt eingeredet wird. Für Bordes zieht der Aberglaube mit den Despotismus ein (vgl. S. 61). Contant d'Orville bemüht sich, Religion und Aberglauben zu unterscheiden (vgl. S. 65). Boulanger zufolge bemächtigt sich der Aberglaube der Menschen nach der Verdrängung der Erinnerungen an die Erdkatastrophen (vgl. S. 72 f.).

Robertson meint in seiner *Histoire de l'Amérique*, daß der Aberglaube erst diejenigen indianischen Völkerstämme ergriffen habe, die schon einige Fortschritte zur Verfeinerung hin gemacht hätten: „Der Aberglaube, der im rohesten Zustande der Gesellschaft entweder ganz unbekannt ist oder seine Macht auf kindische, nichtsbedeutende Gebräuche verschwendet, hatte also über diejenigen amerikanischen Völker, die schon einige Progresse zur Verfeinerung gemacht hatten, eine solche Gewalt erlangt, daß er das Hauptwerkzeug wurde, ihre Gemüter zu einer frühzeitigen Dienstbarkeit zu beugen und sie schon im Anfange ihrer politischen Einrichtungen einem ebenso strengen Despotismus unterwarf als derjenige ist, welchen Nationen auf der letzten Stufe ihrer Verderbnis und ihres Verfalls zu erdulden haben."

Alter der Welt und der Menschheit[145])

Die alten orientalischen Völker hatten wohl erkannt, daß die Entstehung der Welt sehr viele Jahrtausende zurückliegen mußte, nur füllten sie diese Zeit mit mythischen Menschen und Regenten aus. Die Chronologen des 16. Jahrhunderts hatten es dabei leicht, diese phantasievollen Behauptungen ad absurdum zu führen, so wenn die Japaner behaupteten, ihre Volkwerdung gehe auf einen Zeitraum von mehreren Millionen Jahren zurück, und ein Tenno habe 250000 Jahre regiert. Die Chronologen hielten sich an die in der Bibel aufgeführten Geschlechterfolgen, die den zeitlichen Zwischenraum zwischen der Weltschöpfung und der Epoche der Chronologen auf 4000 bis 6000 Jahre verkürzte. Zwischen der Weltschöpfung und der Erschaffung der Menschen ließ die Bibel überhaupt nur einen geringfügigen zeitlichen Abstand bestehen. Demgegenüber stellte Mirabaud den äußersten Gegensatz dar: für ihn existierte die Welt von Ewigkeit her. Das Problem der Zeitbestimmung wurde damit hinfällig.

Nicht so für die Nachfolger der Chronologen, die Anthropologen des 18. Jahrhunderts, die sich entweder bemühten, den Zeitraum auszudehnen – wie Delisle de Sales oder Buffon –, oder aber sich über die nicht kontrollierbare Chronologie in Schweigen hüllten.

Amazonen – Gynäkokratie – Matriarchat

Das Motiv der Amazonen erfreute sich auffälliger Beliebtheit im 18. Jahrhundert. Darin kam zweifellos das Interesse an der Ur- und Frühgeschichte zum Ausdruck. Die moderne Forschung setzt für das Neolithikum matriarchalische Verhältnisse an, von denen die sagenhaften Amazonen Kunde gaben. Das Motiv gewinnt nunmehr erst seine volle Bedeutung, wenn man die beginnenden weiblichen Emanzipationsbestrebungen des 18. Jahrhunderts im Auge hat. Das Thema der Amazonen ist auch unter anderem Namen literaturfähig geworden. Das bestätigt die 1730 erschienene Fortsetzung des Gulliver, *Le nouveau Gulliver, ou Voyages de Jean Gulliver, fils du capitaine Gulliver*, von Pierre-François Guyot Desfontaines (1685–1745); darin wird zum Schaden des herrschenden Geschlechts gleich eine ganzer Harem von jungen Männern aufgetan. Louis

Rustaing de Saint-Jorys (gest. 1752) *Les femmes militaires* (1735), in späteren Ausgaben auch *Les Amazones* genannt, führt auf einer Insel Frauen vor, die allein das Wahlrecht ausüben und der Wehrpflicht Genüge tun. Von Louis Le Maingre de Boucicault kam 1730 die fünfaktige Komödie *Les Amazones révoltées* heraus.

Nebenher ging die wissenschaftliche Erschließung des Motivs. Pierre Petit (1617–1687) veröffentlichte 1685 in Leiden einen *Traktat über die Amazonen* in lateinischer Sprache und Claude-Marie Guyon (1699–1771), der erbitterte Gegner Voltaires, seine *Histoire des Amazones anciennes et modernes*. Was die letzteren betrifft, so hält es Guyon für verbürgt, daß eine Schar der aus Kaukasien stammenden Amazonen in Südamerika angetroffen wurde. Der Stamm der Tupinambu hätte es bezeugt, und der Name des Amazonenstroms, der ja nicht von ungefähr gewählt worden wäre, besäße genug Beweiskraft, ebenso wie die Informationen der spanischen Gouverneure und Vizekönige. Diese hätten es jedoch vorgezogen, die streitbaren Frauen in ihrer Unabhängigkeitsliebe nicht herauszufordern, obwohl sie den Freiheitskampf der Indianer tatkräftig unterstützten. Auf welchem Wege die Amazonen in Südamerika Fuß gefaßt hätten? Ausdrücklich wird die Beringstraße als Siedlungsweg zurückgewiesen. Dennoch ist es gerade diese Meinung, die schon für die spätere Aufklärung wie auch für die heutige Forschung die Einwanderung der Indianer erklärt. Indessen war es für Guyon eine ausgemachte Tatsache, daß die Amazonen über die nachmals versunkene Insel Atlantis nach Südamerika gekommen wären. Schon Plato sprach von einer gewaltigen Ausdehnung der Insel, die somit sich bis in die Küstenbereiche der Neuen Welt erstreckt haben sollte.

Lafitau zweifelte nicht an der realen Existenz der Amazonen: „Die Sitten der Amazonen sind viel zu besonders, als daß man hierin fehlgehen könnte. Die ersten Nachrichten betreffen teils diejenigen Weiber aus Libyen, welche sich nach der Neigung der Pallas richteten und aus dem Kriege ihren Beruf machten, den diese fürchterlichen Jungfern an dem Ufer des Nilstroms“ führten. Zu ihrem Gefolge gehören „Mänaden und Bacchanten“, welche nebst den „Satyrn und den Caribanten dem Könige Dionysos aus Libyen in seinem Feldzuge folgten“. Weitere unglückliche Unternehmungen der Amazonen gegen den Peloponnes endeten mit der Tötung der Penthesilea durch Achill.

Wenn Lafitau auf der einen Seite es unterließ, sich gegenüber dem Fabelbereich zu distanzieren, so lief doch andererseits seine Forschung auf ein überaus wichtiges und zukunftsvolles Gebiet der Anthropologie hinaus. Wir meinen die Gynäkokratie und das Matriarchat, die Lafitau als erster im Auge hatte. Nach seiner Ansicht hatte sich die Weiberrepublik der Amazonen weitläufig verbreitet. Für ihn verflicht sich das Thema der Amazonen in folgender Art mit dem der Gynäkokratie: „Die Gynäkokratie oder das Weiberregiment, welche der Grund der lycischen Regierungsart gewesen, kann ehedem allen barbarischen Völkern Griechenlands gemein gewesen sein, indem es sich fast unter allen, die Griechenland verlassen, ausgebreitet befand, wie ich solches von den Cantabriern, spanischen und den Völkern Kleinasiens erwiesen habe. Es kann auch sein, daß diese Regierungsart von den Amazonen entstanden, welche ein sehr weitläufiges Reich innehatten. Es ist ziemlich wahrscheinlich, daß diese Weiber, davon sich einige in Lycien festgesetzet, woselbst sie durch den Bellerophon und hernachmals von den Griechen überwunden wurden, des beständigen Krieges endlich müde geworden; und da sie ihren Verfall und Untergang vor Augen gesehen, sich mit ihren Feinden gesetzet und von diesen in ihre erbaueten Städte aufgenommen worden sind, indem sie auf der einen Seite die Domänen beibehielten, die sie bereits in Besitz gehabt, welche entweder in Ländereien, die sie bebaueten, oder in Kindern, die sie erzogen, bestanden; auf der andern Seite aber den Männern dadurch eine Ehre erwiesen, daß sie aus deren Gewohnheiten und den ihrigen eine Vermischung machten und ihnen die Sorgfalt der Handlungen überließen, daß also die Männer bloß die Ehre hatten, sie aber das Wesentliche besaßen."[146]) „Die Amazonen hatten verschiedene Städte, als Ephesus, Cumä, Myrrhine usw. erbauet. Es ist auch wahrscheinlich, daß sie in allen diesen Städten in Tribus eingeteilet waren, dergestalt, daß ein jedweder von allen dreien gleich viel gewesen: und die Lycastierinnen, wie ich bereits gezeiget, kommen mit der Wolfsfamilie der Irokesen und Huronen gänzlich überein."[147])

De Pauw dagegen bezweifelt, daß es jemals einen Amazonenstaat gab, obwohl dessen Existenz durch La Condamine bezeugt worden sei.[148])

Die ganze Amazonengeschichte wird auch von Robertson ins Reich der Fabel verwiesen: „Jene Eitelkeit, welche Reisenden, die unbekannte Länder besuchen, natürlich ist, und die Erfindsamkeit eines Abenteurers (La Condamines – W. K.), der gerne seine eigenen Verdienste vergrößern möchte, verbanden sich und verleiteten ihn, eine außerordentlich starke Dosis des Wunderbaren in seine Reisebeschreibung einzumischen. Er gab vor, er habe Nationen entdeckt, die so reich wären, daß die Dächer ihrer Tempel mit Goldblechen bedeckt wären; und beschrieb eine Republik kriegerischer und mächtiger Weiber, die ihre Herrschaft über einen großen Teil der fruchtbaren Gefilde, die er besucht, ausgebreitet hätten. So ausschweifend auch diese Märchen waren: so veranlaßten sie doch einen Wahn, daß es in diesem Teile der Neuen Welt ein goldreiches Land namens El Dorado, und eine Amazonenrepublik gäbe; und so sehr sind die Menschen geneigt, das Wunderbare zu glauben, daß Vernunft und Beobachtung diese Fabeln nur langsam und mit großer Mühe haben vernichten können."[149])

Eigentum – Kommunismus

Daß die Primitiven keinen individuellen Anteil an den Produktionsmitteln und der Produktion besaßen, war auch schon im 18. Jahrhundert unbestritten. Allenfalls konnte man von einem Besitzrecht an Schmuck und persönlichen Waffen sprechen. Das Votum des 18. Jahrhunderts ist darum besonders gewichtig, weil damals noch kein ausgeprägter Trend zum Kommunismus und Sozialismus zu verzeichnen war. Dieser kollektivistischen These widerstreiten, soweit ich sehe, nur zwei Autoren. Der eine war der feudalfreundliche Victor Riqueti, Marquis de Mirabeau, der andere Georg Forster, der noch in der Epoche des Kampfes zwischen kapitalistischem und Feudalbesitz stand. Vor einigen Jahren stellte der hervorragende Anthropologe Mühlmann die These des Urkommunismus als unbeweisbar hin: „Primär aber ist Eigentum ein schon bei Tieren vorzufindendes Urphänomen."[150]) Der ideologische Hintergrund dieser leidenschaftlichen Stellungnahme ist unschwer zu erkennen.

Die Meinungen des 18. Jahrhunderts zu diesem Punkt faßt wiederum William Robertson am besten zusammen: „In der Tat müssen die Menschen schon ziemlich kultiviert sein . . . ehe sie den Begriff des Eigentums fassen".[151]) „Ihren meisten Einwohnern waren Arbeit, Fleiß und Kunst und beinahe das Eigentum selbst noch unbekannt. Gemeinschaftlich genossen sie die milden, freiwilligen Gaben der Natur."[152]) „Unter Wilden, die kein Eigentum zu berechnen, keine angehäuften Schätze zu zählen, keine Mannigfaltigkeit von Gegenständen oder Begriffen anzugeben haben, ist die Rechenkunst etwas Überflüssiges und Unnützes."[153])

Einige weitere Zitate Robertsons mögen die Einstellung des Jahrhunderts zu dieser Frage beglaubigen: „Völker, die von der Jagd leben, wissen vom Eigentume nichts. Da die Tiere, wovon der Jäger sich nährt, nicht unter seiner Aufsicht gezogen noch durch seine Fürsorge genährt werden, kann er sich, solange sie wild in den Wäldern laufen, kein Recht auf sie anmaßen. Wo das Wild so häufig ist, daß man es mit geringer Mühe fangen kann, lassen sich's die Menschen niemals einfallen, das, was von so geringem Werte oder so leicht zu erwerben ist, sich zuzueignen. Wo es hingegen so selten ist, daß die Arbeit oder die Gefahr der Jagd die vereinigten Bemühungen eines Stammes oder Dorfes erfordert, da ist das erlegte Wildbret ein gemeinschaftlicher Vorrat, der allen denen zugehört, die durch ihre Geschicklichkeit oder ihren Mut den guten Erfolg der Streiferei befördert haben. Der Wald oder die Jagdreviere werden für das Eigentum dieses Stammes gehalten, von welchem er jede mitwerbende Nation auszuschließen berechtigt ist. Aber keine einzige Person maßt sich ein Recht auf irgendeine Gegend dieser Jagdreviere mit Ausschließung seiner Mitbürger an. Sie gehören allen und jedem mit gleichem Recht zu; und da holen sich auch alle und jede ihre Nahrung aus einem gemeinschaftlichen und ungeteilten Vorrate. Eben diese Grundsätze, nach welchen sie sich in ihrem Hauptgeschäfte richten, erstrecken sich auch auf ihre Nebengeschäfte. Der Feldbau selber hat keinen vollständigen Begriff vom Eigentume unter ihnen eingeführt. So wie die Männer miteinander jagen, so bauen die Weiber miteinander das Feld; und nachdem sie alle an der Mühe des Aussäens teilgenommen haben, genießen sie auch die Früchte der Ernte gemeinschaftlich. Unter einigen Völkern wird das Produkt ihrer gebaueten Felder in einem öffentlichen Vorratshaus aufbewahrt und zu gesetzten Zeiten, den Bedürfnissen eines jeden gemäß, ausgeteilt. Unter andern Völkern sammelt man zwar besondere Vorräte; aber niemand erlangt ein so ausschließendes Eigentumsrecht an denselben, daß er im Überflusse leben könnte, wenn seine Nachbarn Mangel leiden. Die aus der Ungleichheit der Besitzungen entstehenden Unterschiede sind also unter ihnen unbekannt; die Wörter reich und arm sind in ihrer Sprache nicht enthalten: und da sie kein Eigentum kennen, so ist ihnen auch der Hauptgegenstand der Gesetze und

Polizei und der Hauptbeweggrund unbekannt, der die Menschen zur Einführung ihrer verschiedenen ordentlichen Regierungsarten bewogen hat. – Leute in diesem Stande der Wildheit behalten ein starkes Gefühl der Gleichheit und Unabhängigkeit. Allenthalben, wo der Begriff des Eigentums nicht eingeführt ist, kann es keinen andern als den aus persönlichen Eigenschaften entstehenden Unterschied oder Vorzug unter den Menschen geben. Dieser kann sich aber nur bei solchen Gelegenheiten, wo der Verstand und die Kräfte des Menschen auf die Probe gesetzt werden, äußern. Zu gefährlichen Zeiten oder in verwickelten und schweren Angelegenheiten werden die Weisheit und Erfahrung der Ältesten zu Rate gezogen, und sie schreiben die Maßregeln vor, die man nehmen soll. Ziehen sie wider die Feinde ihres Vaterlands zu Felde, so führt der versuchteste und mutigste Krieger die junge Mannschaft zum Gefechte. Ziehen sie miteinander auf die Jagd, so geht der erfahrenste und kühnste Jäger voran und ordnet ihre Bewegungen. In ruhigen und müßigen Zeiten hingegen, die keine Gelegenheit zur Äußerung dieser Talente geben, hört aller Vorzug auf. Jeder Umstand zeigt an, daß die sämtlichen Mitglieder der Gesellschaft einander gleich sind. Sie kleiden sich in einerlei einfache Kleidung und genießen einerlei einfache Kost. Ihre Wohnungen und Hausgeräte sind einander ganz ähnlich. Keine Ungleichheit der Besitzungen kann einigen Unterschied veranlassen. Von allem, was einesteils Abhängigkeit verursacht oder andernteils eine Überlegenheit ausmacht, weiß man nichts. Sie alle sind freie Leute; sie fühlen ihre Freiheit und behaupten die diesem Stande zukommenden Rechte standhaft. Dieses Gefühl der Unabhängigkeit ist ihrer Natur so tief eingeprägt, daß keine Veränderung des Zustandes dasselbe austilgen und ihre Seelen zur Sklaverei beugen kann. Sie sind so sehr gewohnt, schlechterdings nach ihrem eigenen Gefallen zu handeln, daß sie sich nicht zur Vollziehung der Befehle eines andern bequemen, und da sie niemals einigen Zwang gekannt haben, so unterwerfen sie sich auch keiner Züchtigung. Viele von den Amerikanern starben vor Verdruß, da sie sahen, daß sie von den Spaniern als Sklaven behandelt wurden, und viele brachten in der Verzweiflung sich selber um. – Unter Leuten in diesem Zustande darf die Regierung sich wenige Gewalt anmaßen, und dies Gefühl einer bürgerlichen Unterordung muß sehr unvollkommen bleiben. Solange der Begriff vom Eigentume unbekannt oder unvollständig gefaßt ist und man sowohl die freiwilligen Produkte der Erde als auch die Früchte des Fleißes für gemeinschaftliche Besitzungen der Gesellschaft hält, kann sich unter ihren Mitgliedern schwerlich eine Veranlassung zu solchen Streitigkeiten und einem solchen Zwiste ereignen, welche nur durch die Gewalt einer Regierung beigelegt werden könnten. Wo das Recht eines besondern und ausschließenden Besitzes noch nicht eingeführt ist, da ist der Hauptgegenstand der Gesetze und der Gerichtsbarkeit noch nicht vorhanden. Wenn die Mitglieder eines Stammes zu ihrer eigenen Verteidigung oder zum Einfalle in feindliche Länder aufgefordert werden oder wenn sie eben die Mühseligkeiten und Gefahren der Jagd fühlen, dann werden sie gewahr, daß sie Teile eines Staatskörpers sind. Sie sind sich alsdann ihrer Verbindung mit den Mitgefährten, mit welchen sie gemeinschaftlich handeln, bewußt: und mit Ehrerbietung folgen sie denen, die sich durch ihren Verstand und Mut hervortun. Allein während der Zwischenzeiten solcher gemeinschaftlichen Bemühungen sind sie sich der Bande einer bürgerlichen oder politischen Vereinigung kaum bewußt. Man bemerket nichts unter ihnen, was einer ordentlichen Regierungsform ähnlich wäre. Die Wörter Obrigkeit und Untertan sind nicht gebräuchlich.“ [154]) Und etwas später heißt es in Robertsons Darstellung: „Einige ihrer Häuser waren so geräumig, daß sie achtzig oder einhundert Personen beherbergen konnten. Diese waren zu Wohnungen mehrerer Familien gebaut, die unter einem Dache und oft um ein gemeinschaftliches Feuer, ohne eigene Zimmer oder irgendeine Art von Scheidewand oder Schirm zwischen den Plätzen, die ein jeder einnahm, beisammenwohnten. Sobald die Menschen deutliche Begriffe vom Eigentume erlangen, oder wenn sie ihren Weibern so sehr ergeben sind, daß sie dieselben sorgfältig und eifersüchtig hüten, so trennen sich die Familien natürlicherweise und beziehen eigene Häuser, wo sie das, was sie zu erhalten wünschen, sichern und hüten können. Man kann daher diese sonderbare Wohnungsart nicht für eine Wirkung jener Gemeinschaft der Güter, die unter verschiedenen amerikanischen Völkern stattfand, sondern auch für einen Beweis ihrer Gleichgültigkeit und Sorglosigkeit in Ansehung ihrer Weiber halten. Wären sie nicht an eine vollkommene Gleichgültigkeit gewohnt gewesen, so hätte eine solche Einrichtung nicht stattfinden können; oder wäre ihre Empfindlichkeit leicht erregt und beunruhigt worden, so würden sie die Tugend ihrer Weiber den Versuchungen und Gelegenheiten eines so vermischten Umgangs nicht ausgesetzt haben. Auch muß man sich über die beständige Eintracht wundern, die in Wohnungen herrscht, worin so viele Familien beisammenwohnen; und sie gibt einen auffallenden Beweis ab, daß sie entweder sehr sanftmütige oder sehr phlegmatische Leute sein müssen, da sie in einer solchen Lage von Zwietracht, Zänkereien und Verbitterung nichts wissen." 155)

Einwanderung

Bei Lafitau heißt es: „Der berühmte Grotius hat geglaubt, daß man durch die beiden äußersten Ecken hineingekommen wäre und daß dieses in zwei Halbinseln bereits ausgeführtermaßen eingeteilte große Land an der einen Seite durch die aus dem quer über Grönland und Novasembla hinübergegangenen und hernachmals in dem ganzen mitternächtigen Amerika bis an die Erdenge Panamas zerstreuten Völker, auf der andern Seite aber durch die Abyssinier und Äthiopier besetzt worden; welche, als sie gegen das Vorgebirge der Guten Hoffnung getrieben und gezwungen worden, Afrika zu verlassen, die nicht weit von dem Feuerland und der Magellanischen Meerenge erstreckten Südländer erreicht, von da aus sie das mittägliche Amerika leicht betreten können." 156) Diese Theorie stamme schon von Jean de Laet (gest. 1649). Lafitau gibt ferner zu erwägen, daß die Amerikaner noch heutzutage nichts als elende, aus Häuten von Seewölfen verfertigte Pirogen und Kanus haben. Diese letzteren seien in Gestalt eines Kahnes ausgehöhlte Bäume, mit welchen sie sich nicht weit in die hohe See wagen dürfen. In Wahrheit sind „alle diese Völker durch die asiatischen Länder nach Amerika übergegangen. Amerika stoße mit dem festen Land der morgenländischen Tatarei zusammen, ob man gleich bis jetzo eine Meerenge, die es davon absondert, dazwischen zu sein glaubt." 157)

Lafitau kommt zu dem Schluß, „daß der größte Teil der amerikanischen Einwohner ursprünglich von den Barbaren abstamme, welche sowohl das feste Griechenland als dessen Inseln innehatten ... Es erhellet aus den Schriftstellern, daß die Barbaren noch vor denjenigen Völkern, die uns unter dem Namen der Griechen bekannt sind, Griechenland innegehabt haben." 158)

Buffon sieht in der gemäßigten Zone zwischen dem 40. und dem 50. Breitengrad das maximum vitae der Nationen.[159]) – De Pauw zufolge ist es „historische Philosophie, wenn wir anzeigen, durch welche Stufen sich der menschliche Verstand zu den großen Erfindungen geschwungen hat, und wenn wir zugleich erklären, warum dieselben Entdeckungen in einem Land zu einem größeren Grad der Vollkommenheit gediehen sind als in den andern".[160]) Zuvor hatte er gesagt: „Die Europäer sind allein nach Amerika gereist; die Asiaten und Afrikaner sind über die Entdeckung einer anderen Halbkugel so gleichgültig gewesen, daß sie niemals einen Kahn dahin geschickt haben. Ebenso Japaner und Chinesen." [161]) – Dem Abt Jerusalem zufolge war den amerikanischen Wilden in Ermangelung neuer Bedürfnisse, Begierden und Leidenschaften der Weg zur Vollendung unzugänglich.[162])

Voltaire zeigt, daß alle Völker ihre Geschichte im Zustand der Wildheit begannen. Die langsame Entwicklung von der Barbarei zur Zivilisation schließe Rückfälle nicht aus; es gäbe Barbarei inmitten der Kultur. – Volney lehrt, daß es auch innerhalb des Stadiums der Wildheit Entwicklung gibt.

Erotik

De Pauw, dem andere Amerikanisten des 18. Jahrhunderts widersprechen (vgl. S. 80ff.), erklärt aus der schwächlichen Konstitution der Indianer ihre auffallend zurückhaltende Geschlechtslust. Ihrer geringen Volkszahl, von den Spaniern phantastisch überschätzt, liege diese Tatsache zugrunde; ebenso der somatische Befund ihrer mangelnden Körperbehaarung, selbst an den Geschlechtsteilen.[163]) Die Polygamie widerstreite nicht der reduzierten Geschlechtslust. Die Stellung der Frau sei äußerst gedrückt gewesen. Nur das unerfüllte Daseinsgefühl der Weiber erkläre ihr massenhaftes Desertieren zu den Spaniern.[164]) Päderastie werde in ganz Amerika geübt; sie habe den Spaniern den Vorwand zur Bedrückung und Ausrottung der Indianer gegeben.[165]) – Lafitau berichtet über das Treiben der Transvestiten in Louisiana, Florida und Yucatan.[166]) Es waren junge Leute in weiblicher Kleidung, die bei allen religiösen Kulten eine Rolle spielten und den Priestern der phrygischen Göttin Kybele glichen. Die Spanier ließen sie durch Hunde zerreißen.

Erziehung

Die gegenseitige Achtung von Kindern und Erwachsenen, die ohne pädagogische Verrenkungen sich allmählich angleichen, wird von den Autoren des 18. Jahrhunderts rühmend erwähnt; so hebt Raynal hervor, daß die amerikanischen Jünglinge sich ihrer eigenen Freiheit bewußt seien, sie könnten keinen Zwang ertragen und pflegten wie ganz unabhängige Leute zu handeln. Ihren Eltern würden sie keine größere Achtung erweisen als anderen Leuten.[167])

Inzest

Von einem Inzestverbot kann bei den Indianern und Caraiben nach dem übereinstimmenden Zeugnis der Reiseberichte keine Rede sein. La Borde bemerkt in seiner 1674 erschienenen *Relation de l'origine, moeurs, coutumes, religion, guerres et voyages des Caraïbes*: „Es gibt Väter, die ihre Töchter heiraten, andere ihre Mutter mitsamt der Tochter, wieder andere zwei ihrer Schwestern."

Etwas differenzierter äußert sich der Père Jean-Baptiste Labat (1663–1738) in seinen *Nouveaux voyages aux Iles de l'Amérique* (Haag 1724): Verbindungen seien zwischen allen Verwandtschaftsgraden außer dem ersten möglich. Leibliche Cousinen würden nach dortigem Recht dem Vetter gehören, ohne daß er auch nur ihr Einverständnis einzuholen brauche. Ein einzelner Mann nehme häufig drei oder vier seiner Schwestern als Gattinnen.

Auch Voltaire war von der allgemeinen Promiskuität der Naturvölker überzeugt. Während Raynal in seiner *Histoire philosophique et politique* von einem überall bestehenden Inzestverbot Kunde gibt, handelt es sich für den Marquis de Sade (1740–1814) dabei um ein zu durchbrechendes Vorurteil.[168]) Maubert de Gouvest legt den von ihm idealisierten Chérakéesiern die Meinung in den Mund, die Angst der Alten Welt vor dem Inzest sei lächerlich.

Irreligion oder Urreligion?

„Wenn diese Barbaren (die Patagonier – W. K.) eine Religion hätten, so würde sie gewißlich abgeschmackt sein, aber bis jetzt hat man nicht das geringste Merkmal eines Gottesdienstes bei ihnen gespürt", sagt de Pauw.[169]) Er erklärt im Gegensatz zu Lafitau und anderen Missionaren, die Amerikaner verstünden das Christentum nicht, weil ihnen die adäquaten Begriffe fehlten.[170]) „In der Tat, wie könnten sie auch von der Wahrheit des Christentums überzeugt sein, wenn sie die Aufführung erwägen, die die Christen, in Ansehung ihrer, bezeugt haben?“ [171]) – La Créquinière berichtet aus Indien, daß dort die Volksmasse an die Seelenwanderung glaubt, die Gebildeten aber Atheisten seien. – Voltaire zufolge waren die Eingeborenen der Marianen irreligiös. – Der Marquis d'Argens verfocht dieselbe Meinung über den Atheismus der gebildeten Chinesen wie Bayle und La Créquinière.[172]) – Volney sieht in der Religion die Folgeerscheinung des Aberglaubens der unaufgeklärten Wilden.

Kannibalismus

Die Spanier haben den Kannibalismus der Indianer, de Pauw zufolge, maßlos übertrieben, um ihre Unterdrückungs- und Ausrottungspolitik zu bemänteln.[173]) Menschenopfer würden überall gebracht, bei den Peruanern aber vermutlich seit langer Zeit nicht mehr.[174])

Kriegsführung

Darüber berichtet Robertson: „Sie (die Indianer – W. K.) sehen es für die höchste Torheit an, einem Feinde, der auf seiner Hut ist, unter gleichen Umständen zu begegnen oder sich in offenem Felde mit ihm zu schlagen. Der größte Sieg beschimpft einen Feldherrn, wenn er mit irgendeinem beträchtlichen Verluste seiner Mannschaft erkauft worden ist; und sie rühmen sich niemals eines Sieges, der mit dem Blute ihrer eigenen Landsleute befleckt ist. In einem Gefechte umkommen, wird unter ihnen nicht für einen rühmlichen Tod, sondern für ein Unglück gehalten, welches dem Andenken eines Kriegers die Beschuldigung einer Unvorsichtigkeit, der Tollkühnheit zuzieht. – Dieses Kriegssystem war in Amerika allgemein; und die kleinen, unpolizierten Völkerschaften, die in allen seinen Ländern und Himmelsstrichen zerstreuet wohnen, äußern in ihren Kriegsunternehmungen mehr List als Mut. Manche Schriftsteller, die dieses Verfahren, das den Begriffen und Grundsätzen der Europäer so sehr zuwider ist, befremdete, behaupten, es rühre von einer den Amerikanern eigenen feigen Kleinmütigkeit her, die keines großmütigen oder herzhaften Bestrebens fähig sei. Erwägen wir aber, daß viele von jenen Völkerschaften in Fällen, die ein außerordentliches Bestreben erfordern, sich nicht nur mit hartnäckiger Entschlossenheit wehren, sondern auch ihre Feinde mit dem kühnsten Mute angreifen, und daß sie eine Standhaftigkeit der Seele besitzen, die über das Gefühl der Gefahr und die Furcht des Todes erhaben ist; so müssen wir ihre gewöhnliche Behutsamkeit irgendeiner andern Ursache als einer angebornen Feigheit zuschreiben. Die Anzahl der Menschen in jedem Stamme ist so klein und die Schwierigkeit, unter den Gefahren und Beschwerlichkeiten einer wilden Lebensart neue Mitglieder heranzuziehen, so groß, daß das Leben eines jeden Bürgers höchst kostbar ist und die Erhaltung desselben eine Hauptsache ihrer Staatskunst wird. Hätte unter den schwachen amerikanischen Stämmen eben dieselbe Art von Ehrbegierde wie unter den mächtigen europäischen Nationen geherrscht, hätte man sie mit Leib- und Lebensgefahren nach Ruhm oder Sieg streben gelehrt, so hätten Grundsätze, die sich mit ihren Umständen so wenig vertragen konnten, ihren Untergang befördern müssen. Wo aber ihre Staaten volkreicher sind, wo sie mit einer beträchtlichen Macht zu Felde ziehen und den Verlust vieler von ihren Mitgliedern aushalten können, ohne dadurch merklich geschwächt zu werden, da sind die Kriegsunternehmungen der Amerikaner anderer Nationen ihren ähnlicher. Die Brasilianer und die am La Plata-Strome wohnenden Völker ziehen oft mit zahlreichen Haufen zu Felde, die man mit Recht Heere nennen kann. Sie fordern ihre Feinde zum Gefechte heraus, lassen sich in ordentliche Schlachten ein und fechten mit jener verzweifelten Wut, die Leuten natürlich ist, welche keinen andern Begriff vom Kriege haben, als daß sie ihre Feinde ausrotten müssen, und welche weder Quartier geben noch nehmen. In den mächtigen Reichen Mexiko und Peru wurden große Heere auf die Beine gebracht, viele Schlachten geliefert, und die Theorie sowohl als der Kriegsgebrauch war von demjenigen verschieden, das in jenen kleinen Gesellschaften, die sich Nationen nennen, stattfand." 175)

Rothäute

Lafitau gibt folgende Beschreibung der Indianer: „Die Haut dieser Völker ist von Natur ganz rötlich; das ist aber nicht sowohl der Wirkung der dasigen Himmelsgegend als vielmehr der Einbildungskraft der Mütter beizumessen. Diese finden eine Schönheit in dieser Farbe und pflanzen sie daher auf ihre Kinder fort; doch wird auch die Kunst hierbei zu Hilfe genommen, denn diese Barbaren lassen sich täglich mit einem gewissen Rocu, der ihnen anstatt roter Schminke ist, bemalen; dieser nun verursacht, daß sie am ganzen Leib mit der Zeit blutrot aussehen." [176])

Ähnlich äußert sich de Pauw: „... in alle diese Zubereitungen (von Hautcreme – W. K.) mischen sie eine rote Materie hinein, es sei nun, daß sie an dieser Farbe einen besondern Geschmack finden oder daß sie aus Erfahrung entdeckt haben, daß sie die Insekten am besten abhalten." [177])

Und bei Volney heißt es: „Die Wilden, die beständig nackend gehen, geben sich alle Morgen ein farbiges Kleid. Der Grund davon ist hochrot, welchen sie mit vieler Sorgfalt damaskieren, auch mancherlei andere Figuren von verschiedener Farbe hinzufügen und dadurch die Grundfarbe des Kleides zu erheben suchen. Sobald sie das Bad verlassen und sich ein wenig abgetrocknet haben, so kommen ihre Weiber in die Carbets mit großen Flaschen voller Safran und andern Farben, die in Palm- oder Jenipatöl eingetunket sind. Diese bemalen anfänglich den ganzen Leib mit Rocu und fügen hernachmals noch andere Zierlichkeiten hinzu." [178])

Schiffahrt

Im Gegensatz zu de Pauw, der die Schiffahrt der Amerikaner für kläglich hält, urteilt Robertson so: „Allein das Meisterstück der Kunst unter den amerikanischen Wilden besteht in der Verfertigung ihrer Kähne. Ein Eskimo kann, wenn er sich in sein walfischbeinernes und mit Seekälberhäuten überzogenes Boot eingesperrt hat, jenem stürmischen Weltmeere trotzen, mit dessen Fischerei er sich, der Unfruchtbarkeit seines Landes wegen, vornehmlich nähren muß. Die Eingebornen von Kanada wagen sich auf ihre Ströme und Landseen in Booten, die aus Baumrinden bestehen und so leicht sind, daß zwei Männer sie allenthalben, wo die Schiffahrt durch Untiefen oder Wasserfälle unterbrochen wird, forttragen können. In diesen zerbrechlichen Fahrzeugen unternehmen und vollenden sie weite Reisen. Die Einwohner der Inseln und des südlichen festen Landes höhlen die Stämme großer Bäume mit unendlicher Mühe zu Kähnen aus, und so schwerfällig und untauglich diese auch scheinen mögen, so wissen sie dieselben doch so geschickt zu steuern und zu rudern, daß Europäer, die in allen Verfeinerungen der Schiffahrtskunst wohl erfahren und geübt waren, über die Schnelligkeit ihrer Bewegung und die Behendigkeit ihrer Wendungen erstaunten. Ihre Piragoas oder Kriegsboote sind so groß, daß sie vierzig bis fünfzig Mann führen; ihre Kähne hingegen, die sie zur Fischerei und zu kurzen Seereisen gebrauchen, sind kleiner. Sowohl die Figur als die Materialien aller dieser verschiedenen Arten von Fahrzeugen taugen sehr wohl zum Dienste, wozu sie bestimmt sind: und je genauer man sie betrachtet, desto mehr muß man sowohl die Einrichtung ihres Baues als die Sauberkeit der daran gewandten Arbeit bewundern." [179])

Staatlichkeit

Über das Staatswesen der amerikanischen Urvölker sagt Robertson: „In einigen Gegenden des festen Landes scheint die Gewalt der Caciquen ebenso groß gewesen zu sein als sie in den Inseln war. In Bagora, das nun eine Provinz des Königreichs Neu-Granada ist, wohnte eine Nation, welche zahlreicher und in den verschiedenen Künsten des Lebens weiter gekommen war als irgendein anderes amerikanisches Volk, ausgenommen die Mexikaner und Peruaner. Es nährte sich vornehmlich vom Feldbaue. Der Begriff des Eigentums war unter ihm eingeführt; und die Eigentumsrechte durch Gesetze gesichert, welche durch Sagen oder Überlieferungen im Andenken erhalten und sehr sorgfältig befolgt wurden. Sie wohnten in beträchtlichen Städten, gingen auf eine anständige Art gekleidet; und ihre Häuser konnte man, in Vergleichung der dasigen Völker mit ihren, bequem heißen. Die Wirkungen dieser ungemeinen Zivilisation waren merklich. Die Regierung hatte eine ordentliche Form angenommen und eine Gerichtsbarkeit eingeführt, welche verschiedene Verbrechen ahndete und streng bestrafte. Sie kannten einen Unterschied der Stände. Ihr Oberhaupt, den die Spanier einen Monarchen nannten und der sowohl seiner Herrlichkeit als seiner Macht wegen diesen Titel verdiente, herrschte mit unumschränkter Gewalt über sie. Er wurde von Beamten aus verschiedenen Ständen bedient, kam niemals ohne ein zahlreiches Gefolge öffentlich zum Vorschein, wurde in einer Art Palanquin mit großem Gepränge getragen, und vor ihm gingen Leute her, die den Weg kehreten und mit Blumen bestreueten. Diese ungemeine Pracht wurde von Geschenken oder Auflagen unterhalten, die er von seinen Untertanen erhob, welche eine solche Ehrfurcht für ihren Fürsten hegten, daß keiner unter ihnen sich erkühnte, ihm gerade ins Gesicht zu sehen oder sich ihm jemals anders als mit abgewandten Augen zu nahen." 180)

Und weiter: „In der Neuen Welt wie in andern Weltteilen scheinen kalte oder gemäßigte Länder der Lieblingssitz der Freiheit und Unabhängigkeit zu sein. Dort ist der Geist wie der Leib munter und stark. Die Menschen sind sich ihrer Würde bewußt und des wirksamsten Eifers, sie zu behaupten, fähig. Sie streben nach Unabhängigkeit, und ihre hartnäckigen Gemüter sträuben sich wider das Joch der Sklaverei. In wärmern Himmelsstrichen, durch deren Einfluß die ganze Konstitution so sehr entnervt wird, daß ein gegenwärtiges Vergnügen die ganze Glückseligkeit ausmacht und bloße Ruhe schon ein Genuß ist, schmiegen sich die Menschen fast ohne das geringste Widerstreben unter die Herrschaft eines Obern. Auch werden wir, so wie wir längs dem festen Lande von Amerika von Norden nach Süden hin reisen, finden, daß die Macht derer, welche die Autorität in Händen haben, immer zunimmt und der Geist des Volks je länger je geschmeidiger und geduldiger wird. In Florida war die Autorität der Sachems, der Caciquen oder Oberhäupter nicht nur beständig, sondern auch erblich. Sie unterschieden sich durch besondere Zieraten, genossen allerlei Vorrechte, und ihre Untertanen begegneten ihnen mit der Ehrfurcht, welche zur Unterwerfung gewöhnte Leute ihren Herren bezeugen." 181)

Cornelis de Pauw ist einer der wenigen Amerikanisten des 18. Jahrhunderts, der in seinen *Recherches philosophiques sur les Américains* den Ursprung des Staates nicht in der Analogie zur Familie zu finden glaubte, sondern im Kredit der alten Männer. Dieser habe die Grundlage einer zivilen Regierung gebildet, nicht aber die väterliche Autorität, die sich stets nur über eine Familie und niemals über eine ganze Gesellschaft ausgedehnt habe.

Stoizismus

Den Stoizismus der Indianer charakterisiert Robertson so: „Die erstaunlich gleichmütige Standhaftigkeit, womit die Amerikaner die empfindlichsten Qualen ertragen, hat einige Schriftsteller bewogen zu mutmaßen, daß sie, der ihnen eigentümlichen schwachen Leibeskonstitution wegen, keine so durchdringende Empfindlichkeit als andere Völker haben, so wie man bemerkt hat, daß Weibspersonen und Leute von schlaffer Konstitution Schmerzen weniger fühlen als starke Männer, deren Nerven fester gespannt sind. Allein die Leibesbeschaffenheit der Amerikaner ist, ihrer Natur nach, von der andern Menschen ihrer nicht so verschieden, daß man diese Verschiedenheit ihres Betragens daraus sollte erklären können. Dieses rührt von einem frühzeitig eingeflößten und sorgfältig genährten Triebe der Ehrbegierde her, der so stark wird, daß er den Menschen in seinem rohesten Stande mit einem Heldenmute begeistert, zu welchem ihm die (stoische) Weltweisheit in einem kultiviertern und poliziertern Stande umsonst zu bilden gestrebt hat ...

Das stärkste Gefühl im Herzen eines Wilden ist das Bewußtsein seiner eigenen Unabhängigkeit. Durch seinen Eintritt in die Gesellschaft hat er wenig von seiner natürlichen Freiheit aufgeopfert, so daß er großenteils noch ganz allein nach seinem eigenen Gefallen lebt. Oft entschließt er sich für sich allein, ohne sich mit andern zu beratschlagen, ohne sich an sie zu kehren oder einige Verbindung mit seinen Nächsten zu fühlen. In vielen von seinen Verrichtungen steht er von den übrigen Menschen ebensosehr abgesondert, als ob er in gar keine Verbindung mit ihnen getreten wäre. In dem Bewußtsein, wie wenig er von andern Menschen abhängt, ist er geneigt, sie mit sorgloser Gleichgültigkeit anzusehen. Die Stärke seiner Seele selbst hilft diese Gleichgültigkeit vermehren; und wie er in seiner Überlegung, was er zu tun habe, nicht weiter als auf sich selber sieht, so erstreckt sich auch seine Sorge wegen der Folgen seines Betragens selten weiter. Er geht seinen eigenen Gang fort und folgt seinem eigenen Belieben, ohne sich zu erkundigen oder zu bekümmern, ob sein Betragen auch andern angenehm oder verhaßt, nützlich oder schädlich sein werde. Daher der unbändige Eigensinn der Wilden, ihre Ungeduld unter jeder Art von Zwang, ihr Unvermögen, irgendeine Neigung zu unterdrücken oder zu mäßigen, die Verachtung oder Unachtsamkeit, womit sie Ratgebungen anhören, ihre hohe Einbildung von sich selbst, ihre Verachtung gegen andere Menschen. Unter ihnen bringt der Stolz der Unabhängigkeit fast eben die Wirkungen hervor als der Eigennutz in poliziertern Gesellschaften; er verursacht, daß der Mensch in allen Stücken nur auf sich allein bedacht ist und die Vergnügung seiner Wünsche zum einzigen Maßstabe und Endzwecke seines Betragens macht." [182])

Robertson spricht damit die Meinung fast aller Aufklärer aus. Eine Ausnahme machte allein der Holländer de Pauw mit der Auffassung, das ungerührte Ertragen von Martern sei kein Zeichen seelischer Kraft der Indianer, sondern wäre lediglich auf ihre abnorm geringe Sensibilität zurückzuführen. [183])

Exkurs I

Zur Tierseelentheorie im 18. Jahrhundert

Die Annäherung an die Seele der Tiere erfolgte im 18. Jahrhundert auf dreierlei Wegen: Von Äsop, Phädrus und Lafontaine her war der Zugang zur Fabel erschlossen, die im 18. Jahrhundert etliche eklektische Bearbeiter hatte.[184]) Die Grundhaltung der Fabel war, wie sich schon aus dem Titel der Sammlung Morfouace de Beaumonts – *Apologie des bêtes, ou leurs connaissances et raisonnements, prouvés contre le système des philosophes cartésiens* – ergibt, der Protest gegen Descartes' Behauptung des Automatismus der Tiere. Gerade diese These, der erste ernsthaft begründete Versuch der Entscheidung eines Problems, das bis dahin nicht über Aristoteles hinausgeführt hatte, war auch bestimmt, die philosophische Betrachtung der Frage im 18. Jahrhundert auszulösen.

Ein weiterer Versuch der Annäherung an die Tierwelt wurde durch die Lebenslehre und Biologie des 18. Jahrhunderts verwirklicht.[185]) Auch diese Wissenschaft fand ihren Ausgangspunkt in der Überwindung der cartesianischen Lehre vom Automatismus der Tiere. Der Streit bewegte sich zwischen den Polen des Präformationismus („emboîtement" der Keime) und der Epigenese, zwischen Spermatologen und Ovantisten. Die von Linné behauptete Fixität der Arten wird schließlich durch eine evolutive Betrachtung abgelöst, für die schon Maupertuis Voraussetzungen geschaffen hatte und die mit Lamarck das neue Jahrhundert eröffnete. Es ist klar, daß zwischen diesen verschiedenen Formen der Zuwendung zur Tierwelt Querverbindungen bestanden. Lafontaines Fabeln bildeten zusammen mit den Bekundungen des außerwissenschaftlichen „bon sens" eine Opposition gegen die cartesianische Automatismustheorie. Schließlich erschienen Fabeln mit einem gewissen wissenschaftlichen Anspruch in Morfouace de Beaumonts *Apologie des bêtes*.

Die Biologie behandelte zwar den Menschen als Tier, während die Tierseelentheorie umgekehrt das Tier am Befund der menschlichen Seele ermitteln wollte; aber Maupertuis und Buffon gehörten beiden

Richtungen an, die schließlich in den modernen Transformismus mündeten.

Die Diskussion um das Problem der Tierseele[186]) hatte schon im 17. Jahrhundert ihre entscheidenden Positionen befestigt. Die Seelen der Tiere sind der des Menschen gleich bzw. ähnlich – oder Tiere sind empfindungslose, unbeseelte Automaten. Hier Gassendi, dort Descartes. Die Debatte zog neue Nahrung aus den Berichten von Siedlern und Reisenden nach dem damals französischen Kanada, wo die Biber ihre Heimat hatten, wo sie Kanäle und Burgen bauten, scheinbar offensichtlich nach dem Plan eines Architekten verfahrend. Das Thema wurde hochgespielt von einem gewissen Nicolas Denys, der 1671 in einer *Description . . . de l'Amérique septentrionale* seine Beobachtungen mitteilte. Der Instinkt dieser Tiere sei nicht weit entfernt von menschlicher Vernunft und „bon sens". Manche Menschen seien unfähig, in solchen Situationen so umsichtig wie die Biber zu reagieren. Die Welle der Biberfreundschaft erreichte zwischen 1669 und 1674 einen Höhepunkt, aber das Thema gehörte auch späterhin zum eisernen Bestand der „theriophilen" Literatur. Die materielle Seele ist demnach wie eine unsichtbare Flamme überall verbreitet. Sie ergreift und verbindet zuerst die feinen und dann die gröberen Körper. Es war lediglich eine Schutzbehauptung, wenn die Autoren neben dieser materiellen Seele die Existenz einer zweiten, christlich spirituellen Seele konzedierten.

Das gilt besonders für Jean de Lafontaine (1621–1695), der im Vorwort zu seinem Fabelwerk betonte, daß der moralische Zweck nicht der einzig angestrebte wäre, sondern die Fabeln sollten auch zeigen, daß die Eigenarten und Charakterzüge der Tiere sich bei den Menschen wiederfinden. Diese programmatische Auffassung läßt sich schwer mit der von Lessing später vertretenen Meinung vereinbaren, daß man in den Fabelbüchern unmöglich Naturgeschichte studieren könne: „Wenn dergleichen Eigenschaften allgemein bekannt sind, so sind sie wert, gebraucht zu werden, der Naturalist mag sie bekräftigen oder nicht." [187]) Das Aufgehen der menschlichen in den tierischen Charakteren wird auch durch Lafontaines berühmten *Discours à Mme de La Sablière* (1684) nicht im christlichen Sinne widerrufen; der alternde Dichter ist gerade von der Unwiederbringlichkeit seiner Anlagen überzeugt und erwartet noch ein schönes Abendrot vor dem völligen Versinken in die Nacht des Todes.

Der Charakter der „Libertinage", der die Tierfreundschaft umwitterte, trug dazu bei, die Lehrmeinung Descartes' in den orthodoxen

Kreisen zu befestigen. Für die Lehre von den schroff und unverbunden sich gegenüberstehenden Substanzen, räumlicher Körperwelt und Selbstbewußtheit, war das Problem der Zuordnung der Tierseele unausweichlich gewesen. René Descartes (1596–1650) entschied die Frage, indem er den Tieren alle Vernunft und alle Seele absprach. Der Widerhall dieser Konzeption war ungeheuer. Die Liste der Autoren, die sich die cartesianische Anschauung zu eigen machten, umfaßte teils bekannte, teils unbekannte Namen: Géraud de Cordemoy (*Lettre à un jésuit*, 1688), Dilly d'Ambrun (*Traité de l'âme des bêtes*, Lyon 1676), Jean de La Bruyère, François Lamy (*De la connaissance de soi-même*, 1700 in zweiter Auflage erschienen); im selben Jahr 1700 wurde auch J.-F. Vallades *Discours philosophique sur la création et l'arrangement du monde, où l'on fait voir les rapports qu'il y a entre les créatures, et leur dépendance sous les lois de la Providence* veröffentlicht. Weitere Vertreter der Lehren Descartes' sind: Antoine Le Grand (*Dissertatio de carentia sensus et cognitionis in brutos*, London 1675) und Père Ignace-Gaston Pardies, der die cartesianische These ausführlich darstellt (*Discours de la connaissance des bêtes*, Lyon 1672); von ihm erschien außerdem 1709 postum: *Œuvres mathématiques avec le discours sur la connaissance des bêtes*. Darin bekennt sich der Autor bedingungslos zum Cartesianismus und zur Lehre des Tierautomatismus. Wenn Tiere Vernunft hätten, so argumentiert der Pater, würde der Unterschied zwischen Mensch und Tier aufgehoben. Der Beitrag von Pardies ist um so beachtlicher, als die Jesuiten ganz allgemein den Cartesianismus ablehnten und selbst dem Vorzug des Sensualismus nicht widersprachen. Dagegen wurde immer wieder betont, daß der Dualismus Descartes' mit dem Christenglauben in Einklang gebracht werden kann. Das erklärt auch, warum die christlichen, nichtjesuitischen Feinde der Aufklärung an dieser Lehre so lange festhielten.

Nicht alle Cartesianer respektierten diese Theorie des Tiermechanismus. Pierre-Sylvain Régis (1632–1707), einer der bekanntesten, verhielt sich neutral. Indessen wurde noch 1760 Descartes' Meinung in einem Dialog aus François Auberts *Traité de l'âme des bêtes* (Colmar) von einem der Gesprächspartner leidenschaftlich vertreten. Indirekt beweist die ungebrochene Kenntnis der Descartesschen Tierseelenlehre, daß sie für andere Konzeptionen häufig als polemischer Aufhänger diente.

Aber der unbedingteste Fürsprecher der cartesianischen Konzeptionen war Nicolas de Malebranche, dessen Einstellung zu diesem Problem durch eine bekannte Anekdote schlaglichtartig erhellt wird: Eines Tages besuchte Fontenelle den Père Malebranche und wurde dabei Zeuge eines ihn außerordentlich befremdenden Vorgangs. Eine tragende Hündin hatte sich Malebranche in spielerischer Absicht genähert. Nachdem alle Versuche mißlungen waren, diesen ihm im Augenblick unerwünschten Partner zu entfernen, versetzte er der Hündin einen brutalen Fußtritt, der ihr einen Schmerzensschrei entlockte. Fontenelle, der sofort die Partei der mißhandelten Kreatur ergriff, erhielt daraufhin von Malebranche nur die im Ton äußerster Kühle vorgebrachte Antwort, ob er denn nicht wisse, daß ein solches Wesen bar jeder Gefühle sei?

Das Beharren auf Descartes war vor allem der Entstehung einer Wissenschaft vom Leben abträglich. Auf ihrem Boden erwies sich dann die Unzulänglichkeit und Unhaltbarkeit der cartesianischen Naturerklärung. Die Prinzipien dieser Mechanik, die Bewegung der Attraktion und Repulsion, ließen die Frage nach der Entstehung der Organismen ins Leere greifen.

Dem allmählichen Abflauen des Cartesianismus in allen seinen Bereichen vom Anfang des Jahrhunderts an folgte in der Zeit der Spätaufklärung eine seltsame Erneuerung dieser Lehre, die sich auf dem Gebiet der Philosophie, besonders aber in der Tierseelentheorie bemerkbar machte. 1770 erschien *Les bêtes mieux connues, ou le pour et contre de l'âme des bêtes*, verfaßt von dem Abbé Claude Joannet. Das Werk war hauptsächlich gegen die Tierphilosophie Boulliers gerichtet, dessen Schrift zwar mehr als vier Jahrzehnte zurücklag, aber durch ihre Verbreitung in der *Enzyklopädie* nicht alle Aktualität verloren hatte. Joannet war immerhin der Vorreiter unter diesen Nachzüglern. Grimm glaubte seinen Augen nicht zu trauen angesichts dieser Reprise der längst verblichenen cartesianischen These. In der *Correspondance littéraire* schrieb er, er hätte es nicht mehr für möglich gehalten, daß nach Mairans Tode sich noch einmal das unhaltbare System hervorwagen würde.[188])

Auch die beiden Episteln von Louis Racine am Madame de Noailles über die Tierseele zeugen von einem bedingungslosen Cartesianismus, ebenso wie die Meinungen eines nach rückwärts gewandten Geistes wie des Kardinals Polignac. [189]) 1781 trat ein gewisser Aumeur mit einer ganz von Descartes inspirierten *Analyse sur l'âme des bêtes. Lettres philosophiques* hervor. Dasselbe gilt von Louis Guidis *L'âme des bêtes* (1782) und von André-Charles Cailleaus *Automatie des animaux* (1783), deren Verfasser sich auf der Titelseite „un partisan de Descartes" nannte.

Die Nachblüte des Cartesianismus ist wohl als eine eindeutige Reaktion auf Sensualismus und Materialismus aufzufassen. Ungeachtet der anticartesianischen Haltung der Jesuiten in der ersten Jahrhunderthälfte wurde der Rekurs auf Descartes immer mehr zur Regel bei den Apologeten des Christentums.[190]) Man konnte Descartes auch als einen frühen Gefolgsmann der Epigenese feiern, nachdem die Präformationstheorie (d. h. die Lehre, derzufolge in den Keimen das Ganze angelegt ist) von allen denkenden Geistern aufgegeben worden war.

Zunächst befinden wir uns aber noch weitab von dieser Rückkehrbewegung zu Descartes. François Gacon (1667–1725), eine Art von literarischem Gründling, der sich mit Recht „le poète sans fard" nannte, bringt in seinen *Discours satiriques* (1701) ein die cartesianische Lehre verlachendes Epigramm.[191])

Fontenelle vertrat zwar bis zum Ende seines fast hundertjährigen Lebens die cartesianische Kosmologie, verhielt sich im übrigen aber stark kritisch zu dem Kernstück der Descartesschen Metaphysik. Die Rolle des Instinktes wird außerdem in einem Fragment und dann auch in einem Abschnitt von *Sur la poésie en général* (gegen 1735 entstanden, aber erst 1749 erschienen) in Frage gestellt. Was man Instinkt nennt, ist das erste beste Mittel, um den allgemeinen Tatwillen eines Subjekts zu verwirklichen, wofür es sich auch als geeignet erweist.[192]) Jedenfalls ist der Instinkt keine unterscheidende Instanz zwischen Mensch und Tier. Menschen und Tiere gleichen einander. Was die Menschen nicht mechanisch tun, das tun auch die Tiere nicht so. Aber Fontenelle verkennt keineswegs den Unterschied zwischen Mensch und Tier. Vor allem können die Tiere keine Vermutungen anstellen, die auf der Mehrung des Ideenschatzes oder auf der Kombination zwischen den Ideen beruhen.[193]) Um diesen Unterschied genauer zu fassen, muß man auf Fontenelles Sprachtheorie zurückgreifen. Neben den Sachideen gibt es auch Wortideen. Die letzteren repräsentieren nur die Vorstellung, ohne sie zu realisieren. Gerade diese Wortideen sind aber etwas spezifisch Menschliches. Man gewöhnt sich daran, mit ihnen zu operieren und erspart sich die Mühe, jedesmal zu der Sache vorzudringen. Darauf beruht nun die Fähigkeit des Geistes, zu kombinieren und sich neue Ideen zu bilden. Die Tiere haben nur Sach- und keine Wortideen. Sie haben keinen Anteil an der Bewegung der Gedanken, die ihren Anstoß allein von den Wortideen erhalten können.

Zwar mußten die Gegner der cartesianischen Lehre bekennen, daß sie mit dem Glauben vollkommen vereinbart werden könnte, aber auf der anderen Seite konnte der mechanische Charakter der außermenschlichen Natur dazu verführen, den Menschen in diesen Nexus mit einzubeziehen.

Ein Hauptakzent für den Fortgang der Diskussion wurde von Pierre Bayle gesetzt. Er hatte in seinem *Dictionnaire historique et critique* (1695–1697) die Grundbefindlichkeit der ganzen Debatte herausgehoben, freilich ohne den schroffen Gegensatz der Positionen auszuräumen. Das Bestreben der Sekundärliteratur, die „wirkliche Meinung" Bayles zu ermitteln, wird seiner Stellungnahme in der Mitte zweier Gegensätze nicht gerecht. Die klerikalen und reaktionären Zeitgenossen sahen darin den Ausdruck bodenloser Skepsis, des „Pyrrhonismus". In Wahrheit hielt sich Bayle in manichäischer Offenheit gegenüber der Bipolarität des Denkens. Es bereitete ihm Vergnügen, einen Vorläufer von Descartes' Lehre des Tiermechanismus in dem portugiesischen Arzt Gomez Pereira ausfindig zu machen. Doch blieb diese Position unbefriedigend, und so versah sich Bayle mit einer zweiten Version, der tierfreundlichen Theorie von Hieronymus Rorarius, eines Autors des 16. Jahrhunderts, dessen Werk *Quod animalia bruta saepe ratione utantur melius homine* (1544–1547) heißt – ein Titel, der schon ein Programm ist. Das Buch wurde im descartesfeindlichen Anfang des 18. Jahrhunderts wieder aufgelegt. Bayle bestreitet nicht so sehr die cartesianische Negation, vielmehr entwickelte er die entgegengesetzten Ideen des Rorarius weiter. „Die Handlungen der Tiere sind vielleicht die tiefsten Abgründe, über die unsere Vernunft zu befinden hat." Die Scholastik erkannte zwar die Tierseele an, aber sie wollte in ihr eine substantiell von der menschlichen verschiedene Seelenart erblicken. Eine solche Unterscheidung ist aber für Bayle kein Ausweg. Wenn die Seele etwas fühlt, so weiß sie auch, daß sie fühlt. Das gilt für den Menschen wie für das Tier. Der Unterschied zwischen beiden liegt lediglich in der verschiedenen physischen Organisation. Verleiht man einer Tierseele den Organismus eines Aristoteles, so wird sie zu denselben Leistungen wie der Philosoph befähigt sein.

Wenige Jahre nach der Veröffentlichung des *Dictionnaire historique et critique* zog ein neues Ereignis weite Kreise: das Erscheinen der französischen Übersetzung (1700) von John Lockes *Essay concerning human understanding*. Bis zu einem gewissen Punkt wurde in diesem Werk der Sensualismus verfochten, allerdings nicht in bezug auf die universalen Ideen, die dann auch von Locke den Tieren abgesprochen wurden. Immerhin genügte die Lockesche Position, um den Wurzelboden des Cartesianismus zu erschüttern.

Die traditionelle Feindschaft der Jesuiten gegenüber Descartes erhielt neue Nahrung durch des Paters Gabriel Daniel (1649–1728) geistreiche Satire: *Voyage du monde de Descartes, touchant la connaissance des bêtes* (Paris 1690). Für diesen Autor ist die Tierseele weder Materie noch Geist, sondern ein Mittelding zwischen beiden. Bayle lehnt diese der Scholastik angehörende Mittelstellung schroff ab. Den äußersten Gegensatz zur cartesianischen Tierpsychologie erreicht der selbst auf Descartesschem Grund verwurzelte Houdar de La Motte, der in seinem *Discours de la fable* (1718) bemerkte, bei den Tieren handelte es sich um eine der menschlichen Spezies so nahestehende Art, daß man ihnen eigentlich nur noch die Sprache verleihen müßte, um sie zu unseresgleichen zu erheben. Nur ein radikaler Cartesianismus habe ihnen jede der menschlichen Intelligenz verwandte Fähigkeit absprechen können.[194])

Unter den Gegnern des Automatismus befand sich auch Gottfried Wilhelm Leibniz (1646–1716). Wie Fontenelle war er Anhänger der Präformationstheorie. Darauf gründet seine Konzeption der Tierseele. Gott hätte danach am Anfang der Welt die Formen aller Körper, auch der tierischen, geschaffen, und die Seelen bestünden seitdem untrennbar von ihrer körperlichen Grundform. Durch diese These wollte sich Leibniz den fragwürdigen Rekurs auf die Metempsychose ersparen. Der Transformationismus Jan Swammerdams, Marcello Malpighis, Anton Leeuwenhoeks wird dadurch als bloße Entwicklung eines schon Bestehenden verständlich. Das tierische Individuum, z. B. ein Insekt, stirbt nach Leibnizens Ansicht nicht; es erreiche durch die Zerstörung des Körpers nach dem Tode im Grunde wieder dieselbe Größe, die es vor der Geburt gehabt habe.

Sehr eingehend beschäftigte sich der Marquis d'Argens in dreien seiner Werke mit den Fragen der tierischen Psyche. D'Argens stammte in direkter Linie von Bayle ab; scheinbare Unklarheiten seiner Resultate liegen in dem die Gegensätze abwägenden Verfahren begründet. Er war ferner Sensualist auf der Lockeschen Position und Angehöriger der Antiken in der „Querelle des anciens et des modernes". Tatsächlich konnte ja Descartes noch immer als ein leichtfertiger Neuerer und Paradoxenmacher abgetan werden.

In den *Lettres cabalistiques* (1741) beginnt d'Argens dreierlei Lösungen der Tierseelenproblematik zusammenzustellen. Erstens: den Tieren ist ein menschlicher Verstand zuzuschreiben; zweitens:

die Tiere besitzen gar keinen Verstand, sondern sind Automaten; drittens: den Tieren kommt Denkfähigkeit zu, aber in geringerem Grade, als sie die Menschen besitzen. Man sollte meinen, daß der Verfasser auf diese letztere, der communis opinio gemäße Lehre zusteuerte. Aber der militante Marquis ließ sich nicht so leicht aus seiner Kampfbahn drängen. Seele sei Seele, und wenn man sie schon den Tieren zuspreche, so könne man ihr nicht eine minderere Qualität als der menschlichen nachsagen. Entweder also man setze die Essenz der Tier- und der Menschenseele gleich, was zu „monströsen" Folgerungen führe (d'Argens meint zweifellos die dann einzurichtenden Tierhöllen, Tierfegefeuer und Tierparadiese), oder aber man beraube die Tiere nicht nur der Vernunft, sondern auch der Seele und drücke sie zu uhrenähnlichen Mechanismen herab, was aller Erfahrung und aller Wirklichkeit widerspreche.

Die meisten menschlichen Kenntnisse und Eigenschaften beruhten auf tierischen Vorbildern und Lektionen. Selbst der verschrieene Esel führe sich verständiger und mäßiger auf als ein alkoholisierter „petit-maître". In Sklaverei geraten, benehme sich ein Mensch, sein Los fortwährend verfluchend, viel unvernünftiger als ein Elefant, dem dieses Unglück widerfährt. Ist er in eine Falle geraten, so würden sich die Artgenossen sofort bemühen, eine Art von Treppe aus zusammengetragenen Zweigen zu errichten. Ihre verletzten Artgenossen aber behandelten die Elefanten viel sachgemäßer und uneigennütziger als die menschlichen Ärzte ihre Patienten.

In den *Lettres juives* spinnt d'Argens diesen Faden weiter: Größer ist der Abstand zwischen einem Bauern und einem Philosophen als der zwischen dem Bauern und seinem Hund. Der Hund ist befähigt, die drei Operationen der Logik auszuführen: konzipieren, die Gedanken ordnen, Folgerungen ziehen. Bestehe man darauf, den Tieren eine nur materielle Seele zuzuschreiben, so sei damit die Denkfähigkeit der Materie bewiesen, die zu immer höheren Leistungen aufsteigen könne, vom Hund zum Bauern und von diesem zum Philosophen.

In d'Argens' *La philosophie du bon sens* wird die Spiritualität der Seele für unbeweisbar erklärt, der Kampf gegen Descartes und Malebranche weitergeführt und abschließend in der Tierseele der Beweis für die Denkfähigkeit der Materie gesehen.[195]) – Damit wären so ziemlich alle Elemente für einen Materialismus zusammengetragen worden. Aber d'Argens ist nicht La Mettrie. Er hätte dann sagen müssen, die Materie sei der einzige Weg, um zu den geistigen Eigenschaften zu gelangen. Aber er hütete sich, das auszusprechen. Auch steht seine sensualistische Theorie eben Locke näher als Condillac, der sein Zeitgenosse war.

Die Schrift, die der Père Guillaume-Hyacinthe Bougeant (1690–1743) 1739 über die Tierseele unter dem Titel *Amusement philosophique sur le langage des bêtes* veröffentlichte, beweist von neuem, daß die schwersten Geschütze gegen den Cartesianismus von Jesuiten bedient wurden. Der Pater argumentiert, Descartes wäre davon ausgegangen, die Schöpfung von Tiermechanismen für möglich zu erklären. Der Schritt vom Möglichen zur Wirklichkeit sei aber immer vermessen. Der Widerstand gegen diese Theorie beruhe nicht auf einem bloßen Vorurteil, sondern sei in der innersten Überzeugung der Menschen begründet. Das Ich, das sich zum Selbstbewußtsein des Geistes erhebt, könnte sehr leicht in allen anderen Personen, deren Inneres nicht ohne weiteres durchschaut werden kann, so etwas wie tierische Mechanismen erblicken. Zur Entschuldigung Descartes' wird in sardonischem Tonfall vorgebracht, es hätte sich vielleicht um ein bloßes Gedankenspiel oder eine bloße Reaktion auf die peripatetische Philosophie gehandelt.

Der gelehrte und schriftstellernde Pater Bougeant vermischte in seinem *Amusement philosophique* theologisch gestützte Glaubensüberzeugungen mit offensichtlich burlesken Zügen. Das gilt besonders für den ersten Abschnitt, der über das jenseitige Schicksal der Tiere handelt. In den Tieren stecken Dämonen oder Teufel, die in Erwartung des Jüngsten Gerichts sich dieser vorläufigen, für sie beschämenden Metamorphose unterziehen müssen. Der folgende, dem eigentlichen Thema gewidmete Abschnitt ist ernster gemeint. Die Tiere verstehen einander – sie besitzen die Gabe der Sprache, der Rede, d.h. sie haben zwar keine „langue", wohl aber „langage". Die meisten Tiere leben in Gesellschaft oder Familien. Welchen Zweck hätte dieses Zusammensein, wenn es verständigungslos wäre? In Anbetracht dieser Thesen gerät Pater Bougeant in dieselbe Lage wie Fontenelle und gleichzeitig d'Argens: Der Begriff „Instinkt" ist für sie nicht mehr haltbar. Das Wort wird als ein Überbleibsel der peripatetischen Philosophie verdächtigt. Unter den Anekdoten, die die Thesen Bougeants erläutern sollen, nennen wir nur eine. Ein Mann streift durch die Felder und entdeckt einen Wolf, offenbar im Anschlag auf eine in der Nähe weidende Herde. Er verständigt den Hirten über die seiner Herde drohende Gefahr. Der Hirte aber sagt, er werde sich hüten, die Aufmerksamkeit des Wolfes zu erregen.

Ein zweiter, im Hintergrund postierter Wolf würde nur darauf warten, die Schafe gefahrlos zu reißen, sobald der Hirte seine Hunde auf den ersten Wolf losläßt. Eine solche Übereinkunft zwischen den beiden Wölfen wäre, so meint Bougeant, ohne sprachliche Verständigung unmöglich gewesen. Die Tiere verstünden unsere Sprache – wie sollten sie sich nicht untereinander sprachlich verständigen können? Die Vögel singen nicht, sie sprechen; was uns als Gesang erscheine, seien nur Akzente. Die verschiedenen Sätze der Elster wären auf verschiedene Situationen bezogen. Die Vogelsprache artikuliere sich durch Tempo, Höhe und Tiefe, Länge und Kürze und andere, unseren stumpfen Sinnen nicht zugängliche Merkmale. Die Tiersprache wiederhole sich, schon weil sie keine Synonymik kenne. Bekanntlich stand die Sprachwissenschaft des 17. und auch des 18. Jahrhunderts im Kampf mit den Synonymen, die es im Grunde gar nicht geben konnte. Der Vorteil der Tiersprache ist nach Bougeant die Dauer, ihre Geltung in Raum und Zeit. Der Gedanke an ein Dictionnaire der Tiersprachen taucht auf. Die tierische Sprache oder Rede könnte selbstverständlich nur die vitalsten Belange der Sprachen erfassen. Das erscheint dem Autor als ein Nachteil, aber auch als ein Vorzug gegenüber dem Mißbrauch, den die Menschen mit ihrer Sprache treiben. Die tierische Rede ist zweckentsprechend nur auf die jeweilige Situation zugeschnitten. Ähnliches ließe sich über die Sprache der Bauern, der Neger oder der wilden Indianer ausmachen. Die Existenz der Tiersprache ist für Bougeant der Tierseele inhärent. Das Problem der Tiersprache rückt denn auch bei allen Autoren, die der Tierseele nachgehen, in den Vordergrund.[196]) Offenbar sah sich der Verfasser des *Amusement philosophique* gezwungen, eine Rezension von Aubert de la Chesnaye des Bois aufzunehmen. Alle wirklichen oder angeblichen Sünden und Inkongruenzen werden darin mit ihm verrechnet.

Halb ironisch pflichtet der junge Laurent Angliviel de La Beaumelle (1726–1773) der mythologischen Theorie Bougeants bei, daß es sich bei den Tierseelen um Teufel handeln könnte, die dazu verurteilt seien, die Geschöpfe zu beleben.[197]) Schließlich kann man noch einen Roman in diesem Zusammenhang anführen: *Le Barbet mignon, ou le Chien turc*. Eine Hundebesitzerin wird zu ihrem großen Schrecken von ihrem Pudel angesprochen. Er beruft sich ausdrücklich darauf, daß sie sich noch am gestrigen Abend mit der Lektüre der *Langage des bêtes* des Père Bougeant beschäftigt habe.[198])

Die Ablösung vom Cartesianismus führte zu einer sensualistischen Literatur der Tierfreundschaft, die in dem Katzenbuch François-Augustin Paradis de Moncrifs (1687–1770), *Les chats* (1727), gipfelt. Das Werk stellt allerdings alles andere als einen literarischen Gipfel dar. Es handelt sich um eine streng humanistische, mit Zitaten und Quellenhinweisen überfrachtete Prosa, der etliche Verse über das Katzenthema vom 16. Jahrhundert bis zur Gegenwart angefügt wurden.

Moncrif, der als Modernist und Gefolgsmann Fontenelles durch dessen Einfluß in die Akademie gelangte und dort mit einem allgemeinen Miauen empfangen wurde, erzählt aus Fontenelles Jugend, daß dieser, so wie alle Welt, davon überzeugt gewesen wäre, daß am Vorabend der Johannisnacht alle Katzen bei einem Hexensabbat vereinigt wären. Einer der ersten Schritte Fontenelles auf dem Wege zum aufgeklärten Philosophen habe jedoch darin bestanden, sich von solchen die Katzen diskriminierenden Vorurteilen freizumachen. Das müsse – so fährt Moncrif an ein zahlreiches Publikum tierliebender Damen gewendet fort – gerade sie mit Genugtuung erfüllen. Den Katzen hätten dereinst die Ägypter viele gute Dinge zugeschrieben; sie standen der Erfindung der Musik nahe. Gewiß gäbe es genug Leute, die das Miauen der Katzen als einen amusischen Vorgang betrachteten. In der Abwehr dieser Meinung macht Moncrif den Gedanken des Weltalterns geltend. Wenn wir die Katzen heute miauen hören, so sei damit noch nichts über den Katzengesang im Altertum ausgesagt. Vielleicht aber beruhe ein solches Urteil nur auf einem Mangel an Geschmack bei den heutigen Zuhörern.

Es war unvermeidlich, daß ein solches Buch mit all seinen humanistischen Prätentionen Gegenstand der Kritik und der Satire werden mußte. Noch im Erscheinungsjahr von *Les chats* veröffentlichte der Abbé Desfontaines zwei gegen Moncrif gerichtete Episteln. Als „ancien" und Neologienfeind war er der gefundene Gegner Moncrifs, obwohl er deutlich nach dem im Hintergrund stehenden Fontenelle zielte. Die beiden Briefe wurden im folgenden Jahre, 1728, in dem *Dictionnaire Néologique*, das die wichtigste Kampfhandlung Desfontaines' darstellte, wieder abgedruckt: *Lettre d'un rat calotin à Citron, barbet, au sujet de l'Histoire des chats par M. de Montgrif.* Der Briefschreiber wirft Moncrif vor, hunderte von niemals gelesenen Bänden zitiert, die Hunde zugunsten der Katzen zu Unrecht vernachlässigt zu haben. Natürlich machte sich Desfontaines lustig über die so naiv verfaßte Episode von Fontenelles Bekehrung zu den Katzen als Beginn seiner philosophischen Laufbahn. Eine Katze sei das letzte Wesen gewesen, das des jungen Fontenelles Vorlesung seiner Predigten scheinbar Gehör schenkte. Aber die Katze entfloh für immer. Im zweiten Brief werden Moncrif seine angeblichen Neologien wie „engouement", „maussade" angelastet.

Das Katze-Maus-Thema, das Desfontaines angeschnitten hatte, wurde zehn Jahre später in dem Rattenbuch Claude-Guillaume Bourdon de Sigrais' (1715–1791) *Histoire des rats, pour servir à l'histoire universelle* (Ratopolis 1737) wieder aufgegriffen. Der Autor war, als er diesen seinen Erstling erscheinen ließ, erst 23 Jahre alt. In späteren Jahren hat er kein Buch von dieser läßlichen Machart mehr hervorgebracht, sondern ein paar ernsthafte militärgeschichtliche Schriften, die seiner Offizierslaufbahn entsprachen. Das sehr subjektiv gehaltene Vorwort ist ein Dokument literarischer Pubertät. Der Verfasser verrät jedoch wirkliche Kenntnisse, z. B. über die szientistische Sonettliteratur, die das überalterte Genre durch grotesk gegenstandslose, natürlich mit grober Erotik aufgeplusterte Gegenstände (Die Rübe, Der Floh, Das Sputum, Das Nichts usw.) zu untergraben versuchte. Bourdon de Sigrais' *Histoire des rats* ist keine eigentliche Satire, wenn auch der Gegenstand humoristisch gemeint ist. Er bekennt sich zur Nachfolge von Moncrifs Katzenbuch. Er unterscheidet Ratten und Mäuse, was nicht immer geschehen war. Die ersteren haben mit ihren an die Vorfahren des verflossenen Jahrhunderts gemahnenden gezwirbelten Schnurrbärten ein martialisches Aussehen; die Mäuse wirken daneben wie eine Ausgabe in Kleinformat.

Eine wirkliche Förderung des Tierseelenproblems war von diesen und anderen Schriften nicht zu erwarten; schon die mythologische Erhöhung der tierischen Helden stand dem entgegen. Doch bekunden auch sie das wachsende Interesse, das durch das negative System Descartes' ausgelöst worden war.

Beim Fortgang unserer Untersuchungen wird ein Grundzug aller Theorien zur Tierseele immer deutlicher: ihre Historizität, ihr Versuch, eine neue Position im Zusammenhang aller früheren herauszuarbeiten. – Auch diejenigen Autoren, die wie Desfontaines das Problem nur von fern berührten, fanden sich bemüßigt, den Gesamtverlauf der Tierseelentheorie kurz zu umreißen.

Noch immer (1730!) melden sich die Cartesianer zu Wort. Der protestantische Emigrant David-Renaud Boullier, in Utrecht 1699 geboren, in London 1759 als Pastor verstorben, zog 1727 seinen *Essai philosophique sur l'âme des bêtes, où l'on réfute plusieurs objections de Bayle* ans Licht. Fontenelle, dem der Verfasser sein Werk in einer späteren Auflage dediziert hatte, bedankte sich höflich, doch ohne direkt zu den eigentlichen Thesen Boulliers Stellung zu nehmen. Auf die kürzeste Formel gebracht, lautet Boulliers Meinung folgendermaßen: Die Tiere stellen auf der Leiter der Intelligenzen einen niedrigeren und beschränkteren Typus dar als die menschliche Seele. Die Seele der Tiere ist aber doch ein intelligenter, denkender Geist. Indessen erleidet dieser Geist nur Sensationen und geht über Perzeptionen nicht hinaus.

Boullier leitet sein Werk mit einer methodologischen Betrachtung ein. Er stellt die Neigung des philosophischen Geistes fest, sich in der Entfernung von allen vulgären Vorurteilen auszulassen. Wie Boullier im *Discours préliminaire* seiner Schrift ausführt, wurde dieser mächtige Anstoß von dem trotz allem doch sehr geschätzten Descartes erteilt. Durch ihn seien die Phantome der aristotelischen Scholastik, wie z. B. der Begriff der „materiellen Seele", verjagt worden. Der Tierautomatismus der Cartesianer werde dann abgelöst durch die Gewißheit, daß nur ein immaterielles Prinzip die Vielfalt der tierischen Bewegungen erklärbar mache. Indessen würde der bloße Rekurs auf dieses immaterielle Prinzip den pyrrhonistisch-skeptischen Kreislauf der ganzen Denkbewegung nicht zu durchbrechen vermögen. Man müsse vielmehr auf dieses Prinzip mit allen ihm inhärenten Schwierigkeiten genauestens eingehen.

Boullier unternimmt nicht den Versuch so mancher Autoren, ihre zu überwindenden Vorgänger mit kurzen Floretthieben zu erledigen. Er stellt den Cartesianismus auf dessen eigener Grundlage dar: Der Gedanke ist an die Selbsterkenntnis verwiesen. Die Materie kann nicht fühlen noch denken. Warum sollte Gott nicht vollkommene Maschinen herstellen können? Durch die Seele freilich wird die mechanische Bewegung eingeschränkt und behindert. Ist die Herrschaft der Seele beschränkt, so gewinnt der Mechanismus und Instinkt wieder die Oberhand (wie bei Somnambulen, Kindern, Narren). Durch die Organisation eines Mechanismus würde die Existenz einer Tierseele überflüssig erscheinen. Die geringen, durch die Seele behinderten Wirkungsspuren des menschlichen Mechanismus machen die Überlegenheit des tierischen denkbar. Boullier versäumte auch nicht den Hinweis auf das

Insektenexperiment des heiligen Augustinus, das in keiner cartesianischen Schutzschrift fehlte. Der Heilige hatte sich damit vergnügt, kleine Insekten zu zerschneiden, um festzustellen, daß die abgeschnittenen Teile nicht einer einheitlichen seelischen Direktive folgten, sondern in regellose Bewegungen verfielen. Die Tiere werden zufolge Boullier von außen her durch die universale Vernunft gelenkt, die vernunftähnliche Wirkungen herbeiführt. Sie benötigen keine besondere Seele. Gott schafft nichts Nutzloses.

Die relativ ausführliche Darstellung der cartesianischen Theorie gehorcht nicht nur dem Bedürfnis nach Objektivität, sondern der Überzeugung des Autors, daß große Teile dieser Theorie gerettet werden müssen. Boullier schrieb in einer der 1759 erschienenen philosophischen Abhandlungen, *Pièces philosophiques et littéraires*, u. a.: Die Ausdehnung der von Descartes nur auf die mechanistisch erklärte Außenwelt (der sicherlich ebenfalls die Tiere zugerechnet werden) bezogenen Theorie auch auf das Denken sei eine Auslegung der Materialisten, die nicht im Grundcharakter des cartesianischen Werkes verankert sei. Während nämlich Descartes dahin tendierte, den Menschen über das Tier zu erheben, hätten die Materialisten nur das Bestreben, ihn als Naturwesen zu sehen.[199])

Bei der Widerlegung der cartesianischen Automationstheorie stößt Boullier zunächst auf das Diktum des Jesuiten Daniel: „Wenn alle Tiere Mechanismen sind, wer sagt Ihnen, Herr Descartes, daß nicht auch alle Menschen, bis auf Sie, Mechanismen sind?" Boullier lehnt allerdings sein solches argumentum ad hominem als fruchtlos ab. Seine Hauptthese besagt: Die Handlungen der Tiere wirken sinnvoll, wenn ihnen auch das abstrakte Denken und die Kenntnis der Universalien unzugänglich sind.[200]) Sie scheinen jedoch über die Objekte zu reflektieren, sich der Vergangenheit zu erinnern, die Zukunft vorauszuplanen und auf das noch Ungesehene zu zielen. Aus all dem kann man folgern: „Die bewundernswerte Struktur ihrer Organe ist eigentlich dafür bestimmt, einer immateriellen Seele als Heimstatt zu dienen."[201]) Es sei absurd, die Körperlichkeit als Eigenziel aufzufassen. Dieses einzige Ziel kann nicht die Bedienung des Menschen sein; der Mensch würde sehr viel mehr Nutzen aus den selbst konstruierten Maschinen wie Segelschiffen oder Windmühlen ziehen. Wenn man den flinken und gezielten Bewegungen der Affen die Seele absprechen wollte, so könnte man es füglich auch bei denjenigen eines Bauerntölpels tun. Es folgen die üblicherweise gegen den Automatismus eingewendeten Beobachtungen: des Bienenstaates, des Hundes, der das erlegte Wild nicht auffrißt, sondern apportiert, usw.

Boullier bekämpft aber auch die aus Rorarius geschöpfte, bedingungslos theriophile These Bayles. Dieser hatte auf die Vielfalt der noch gar nicht erkennbaren Formungen einer Materie wie Wachs oder Blei hingewiesen und daraus gefolgert, daß ebenso jeder einzelne Geist zur Ausbildung des gesamten geistigen Reichtums befähigt sei. Demgegenüber hatte Boullier es leicht, cartesianisch zu argumentieren: Die ausgedehnte Welt besteht aus einer unendlichen Folge zusammengesetzter Teile, ohne daß das Prinzip der Einheit zu erkennen wäre.

Alles kommt darauf an, eine Stufenfolge der Geister aufzustellen gegenüber der Bayleschen Behauptung: „Diese Seele denkt, also gibt es keinen Gedanken, den sie nicht haben kann."[202]) Die Artgrenzen können von keinem Individuum durchbrochen werden. Aus einem Tier wird kein Mensch und aus diesem kein Engel. Statt zu sagen, die geschaffenen Geister würden unterschiedlos an der Unendlichkeit des Ungeschaffenen (Gott) teilnehmen, müsse es heißen, daß alle Geister, in ihrer unterschiedlichen Wesensart zusammengenommen, sich in einem unendlichen Abstand vom unendlichen Prinzip befänden. – Was nun den Unterschied zwischen tierischem und menschlichem Geist betrifft, so könne jener nur kleine Objekte erfassen und nicht, wie dieser, alle erkennbaren und unerkannten Gegenstände. Der tierische Geist ist so sehr in seiner organischen Leiblichkeit verklammert, daß er sich nicht unabhängig von dieser entfalten könne. Der Instinkt mache es möglich, daß jedes Tier auch ohne Gewöhnung oder Kunstfertigkeit eine gewisse Tabulatur von gezielten Bewegungen ausführt; die seiner Wesensart entsprechen.[203]) Dieser Instinkt ist angeboren, er ist den einzelnen Tieren vom Schöpfer infundiert. Wäre der Instinkt etwas anderes, wie z. B. die Frucht der Einzelvernunft, so wären die Tiere als Wunder und Vorbilder der Vernunft den Menschen weit überlegen.[204]) Durch die Instinkttheorie führt aber Boullier wieder ein von außen her wirkendes Prinzip ein, durch das die Aktivität der Seele, die doch den Tieren zugeschrieben wird, illusorisch würde.

Eine eingehende Auseinandersetzung mit Boulliers Theorie bringt der Kanonikus François Aubert (1709–um 1770) in seinen *Entretiens sur la nature de l'âme des bêtes* (Colmar 1756). Einer positiven Darstellung der Thesen Boulliers folgt eine gnadenlose Widerlegung. Sie endet mit derselben Feststellung, die sich aus dem

Abschluß unserer Darlegung ergab: daß nämlich mit der Unterwerfung der Tiere unter einen außerhalb ihrer Seele liegenden Instinkt eine besondere Tierseele sich erübrigt habe.

Die Wirkung von Boulliers Essay über die Tierseele wurde durch die Darstellung seiner Lehre seitens des Abbé Claude Yvon in der *Enzyklopädie* verlängert. Dieser Erfolg konnte jedoch Boullier nicht davon abbringen, in seinen späteren philosophischen Abhandlungen gegen Voltaire und Diderot entschieden Stellung zu beziehen. Besonders die Abschaffung der Sache und des Begriffs der Metaphysik erregte seinen Widerspruch. Dem steht das offensichtlich tief aufrichtige Bekenntnis zu Fontenelle entgegen. Es bezeichnet das Maß der Frühaufklärung, an der Boullier beteiligt war und die eine deutliche Grenze gegenüber dem Fortgang der Bewegung erkennen ließ.

Das Thema der Tiersprache wird in Auberts keineswegs unbedeutendem Dialog der *Entretiens* nur kurz gestreift: „Wie kann es sein, daß die Bienen nach einem Plan arbeiten, wenn sie sich nicht verstehen würden? Der Mensch hat seine Sprache, die Tiere die ihrige." Aubert kommentiert dann eine Stelle aus Bougeants *Amusement*: „Die Bienen sprechen nur zur Sache, und das immer auf verständige Weise." Hier scheint der Autor sagen zu wollen, der Mensch könnte sich füglich an dieser Art Tiersprache ein Beispiel nehmen. Von den vier Teilnehmern des Dialogs vertritt einer den cartesianischen Automatismus, ein zweiter den neoaristotelischen, der dritte den Standpunkt Boulliers, während der vierte, als der Autor zu denken, die Meinungen seiner Gesprächspartner kritisiert und sich zu einem christlichen „ignoramus et ignoramibus" bekehrt. Am schärfsten, ja am leidenschaftlichsten ist die hier sich anschließende Widerlegung Boulliers.

Etienne Bonnot de Condillacs *Traité des animaux* führt 1754 erneut einen Schlag gegen die von Descartes ausgehende und von Malebranche übernommene Lehre vom Tierautomaten. Ob die Tiere denn nicht Augen hätten, um damit zu sehen, und Ohren, um damit zu hören? Der Schwerpunkt der Polemik betrifft nicht so sehr den schon längst entschwundenen Cartesianismus als vielmehr Buffon, dessen fatale Selbstwidersprüche von Condillac nachgewiesen werden. Die Reflexion ist beim Entstehen der tierischen Gepflogenheiten zugegen. Die Tiere stellen Vergleiche an, sie urteilen – das macht, daß sie Ideen haben und Gedächtnis. Die Fähigkeit, Vorstellungen zu bilden, verdanken sie der „liaison des idées", einem von Du Marsais aufgebrachten, für Condillacs System aber entscheidenden Begriff. Tiere erfinden auch: der Biber hat vorher die Hütte im Kopf, die er erbauen will.

Sobald die Tiere aber einen gewissen Punkt der Vollendung erreicht haben, gehen sie nicht weiter. Ihre Intelligenz ist beschränkter als die des Menschen. Sie ahmen einander nicht nach – im Gegensatz zu den Menschen, den nachahmungssüchtigsten aller Geschöpfe. Ihr gegenseitiger Ideenaustausch ist unbeträchtlich. So müssen sie immer wieder von vorn anfangen, im ganzen und als Individuum. Vor allem missen sie die Sprache, der die Menschheit soviel verdankt. Was sie aber doch an Sprechfähigkeit erlernen, gilt nur im engsten Rahmen der Spezies. Zwischen den verschiedenen Tierarten ist keine Verständigung möglich noch auch notwendig. Condillac findet, daß die Tiersprache auf der Stufe des von ihm beschriebenen „langage d'action" (Schrei und Gesten) stehen geblieben war, worin man im Sinne der allgemeinen Lehre Condillacs von der wechselseitigen Angewiesenheit von Sprache und Vernunft die mangelnde Entwicklungsfähigkeit der Tiere begründet sehen konnte. Die traditionelle Polarisierung von „instinct" und „raison" wird dann noch näher umschrieben durch den Gegensatz eines „moi d'habitude" und „moi de réflexion".

Schon 1732 war der Anticartesianismus auf die Spitze getrieben und der Philosoph in wegwerfendem Tonfall behandelt worden. Gilles Morfouace de Beaumont hatte in jenem Jahr seine *Apologie des bêtes, ou leurs connaissances et raisonnements, prouvés contre le système des philosophes cartésiens* herausgebracht. Diese Schutzschrift für die Tiere war in Versen geschrieben; der Verfasser rechtfertigt diese bei einem naturwissenschaftlichen Werk befremdliche Form mit dem Beispiel des Lukrezischen Epos. Descartes wird vorgeworfen, daß er die verrückte (folle) Idee ausgeheckt habe, die Tiere zu Maschinen zu machen, daß er als verwegener, ruhmgieriger Philosoph sich über die immer deutlicher zu begreifenden Rechte der Tiere hinwegsetzte, daß er ein bloßer Plagiator des Scharlatans Pereira gewesen wäre, daß er mondsüchtigen, falschen Gelehrten und verirrten Doktoren zu Gefallen seine neuen Theorien ausgespuckt hätte. Füchse, Affen, Hunde sollten nichts als Maschinen sein! Wie eine Puppe niemals eine zweite erzeugen könnte, ebensowenig wären Maschinen zur Fortpflanzung ihrer Art befähigt. Wenn der Mensch die hohen Leistungen der Tiere wecken und sein Dasein mit körperlichen Mitteln bestreiten könne, sollte es bei den Tieren anders sein? Diesem Argument wird freilich die Spitze abgebrochen, wenn man bedenkt, daß Menschen und Tiere nur wissen, daß der Geist auf den Körper einwirkt, ohne diese Wirkung in ihren letzten Ursachen zu durchschauen. Die wahre Meinung des Autors kommt aber erst in den Schlußversen zum Ausdruck. Er antwortet den übertriebenen apologetischen Anforderungen an die Tiere durch den Mund eines unparteiischen Philosophen mit dem Hinweis, daß auch die geistige Aktivität des Menschen beschränkt sei. Dieses Endurteil entspricht den meisten sensationalistischen Tiermodellen, wie sie vorher und nachher aufgestellt wurden.

Nicht so entscheidungsfroh waren die Spezialisten selbst; so fragt sich René-Antoine Ferchault de Réaumur, der berühmte Insektenforscher: „Wenn wir den Insekten jegliche Intelligenz absprechen, führen wir sie dann auf den Zustand einer Maschine zurück? Das berührt die umfassende Frage nach der Tierseele, die seit Herrn Descartes so oft die Gemüter bewegt hat und zu der im Verlauf der Diskussion alles gesagt worden ist.“[205])

1749 veröffentlichte der Advokat Jean-Antoine Guer eine zweibändige *Histoire critique de l'âme des bêtes, contenant les sentiments des philosophes anciens, et ceux des modernes sur cette matière* (Amsterdam), die nicht so sehr eklektisch war als vielmehr, wie der Titel es versprach, durch die historische Destruktion aller vorgängigen Theorien das Feld bereinigte. Guer wird in der Sekundärliteratur zu Unrecht abfällig behandelt. Von größter Wichtigkeit für die naturwissenschaftlich-erdgeschichtliche Theorienbildung war seine Ausgabe von Maillets *Telliamed* (Amsterdam 1748), derzufolge die Erde aus dem ursprünglich alles bedeckenden Ozean aufgestiegen war. Die Muschelfunde auf den höchsten Bergen finden damit ihre Erklärung. In späteren Schriften beschäftigt sich Guer mit Problemen der Elektrizität; er hinterläßt eine Enquête über die Meinungen der alten und neuen Völker zur Natur und Unsterblichkeit der Seele.

Schon aus diesem flüchtigen Überblick geht hervor, daß Guer durchaus befähigt sein mußte, sich ein Urteil über die Tierseelentheorien zu bilden. Er unterteilt die bisher ans Licht getretenen Auffassungen und führt eine jede bis zu ihrer Grenze: Tiere haben entweder eine menschengleiche Seele, oder sie werden vom Instinkt gelenkt, oder sie haben – wie die Scholastik es wollte – eine Seele, die weder Geist noch Materie darstellt, oder aber sie sind im Descartesschen Sinne Automaten. Seine persönliche, auf die Erfahrung mit seinem Hund gegründete Meinung spricht den Tieren die Fähigkeit der Kenntniserwerbung und der Gefühlsbildung zu.

In der letzten – wie wir sahen – Guer stark bewegenden Frage nach der Natur der Seele glaubt Sylvain Maréchal eine materialistische Auffassung zu finden. Er schreibt in seinem berühmten *Dictionnaire des athées anciens et modernes*, Guer beweise schlüssig, daß die Tierseele mit der menschlichen wesensgleich sei, nämlich materiell. Dennoch bleibt es eine Tatsache, daß Guer nicht über die Feststellung hinausgeht, Tiere hätten unzweifelhaft Erkenntnisse und Gefühle. So endet die mit großem geistigem Aufgebot unternommene Darstellung der verschiedenen Tierseelentheorien mit einem „non possumus", mit Skepsis und „Pyrrhonismus".

Es kann als ausgeschlossen gelten, daß die beiden größten französischen Materialisten vor der Jahrhundertmitte voneinander Kenntnis hatten. Der postum zu Nachruhm gelangte atheistische Pfarrer von Erépigny, Jean Meslier (1664–1729), war im Ruf größter Frömmigkeit verstorben. Erst allmählich wurde sein Testament bekannt, vor dessen atheistisch-materialistischem Gehalt selbst ein Voltaire zurückschauderte. Meslier sah die menschliche Seele wie die tierische für sterblich und zeitgebunden an. Nach dem Alten Testament sei das Blut der Sitz der Seele gewesen; daher auch das Verbot der blutigen Nahrung. Jean Meslier war aber kein mechanischer Materialist, so daß der Seele von Tier und Mensch Empfindungsfähigkeit zugeschrieben werden mußte. Die Grausamkeit der Menschen den Tieren gegenüber erhielt durch die Descartes-Malebranchesche Theorie vom Automatismus noch eine Rückversicherung: „Diese Meinung ist absolut verdammenswert, und das nicht nur, weil sie an sich falsch und lächerlich ist, sondern vor allem auch deshalb, weil sie ihrem Wesen nach hassens- und verachtenswert ist, denn sie zielt ganz offensichtlich darauf ab, im Herzen der Menschen alle Gefühle der Sanftmut und Güte zu ersticken, die sie gegenüber den Tieren haben könnten."[206]) Aber darüber hinaus „ist es weit schlimmer, daß diese Meinung der natürlichen Bosheit der Menschen noch schmeicheln könnte".[207]) Jean Meslier verabscheut das Vergnügen, das die Menschen sich durch die Qualen der gemarterten Tiere verschaffen wollen. Voller Empörung berichtet er über Scheußlichkeiten, wie sie insbesondere an Katzen verübt wurden, standen sie doch im Verdacht, sich am Hexensabbat zu beteiligen. An zwei Stellen, nämlich im Dritten Beweis[208]) und im Achten Beweis, führt Meslier die Worte aus Genesis und Exodus an, die den Menschen die Opferung von Tieren empfehlen, um die Gottheit geneigt zu machen. Wie soll man sich aber vorstellen, daß ein unendlicher, vollkommener, gütiger und weiser Gott an solchen Greueln Gefallen finde? Die Tiere leiden wie wir selbst, und Meslier segnet den Geist der Nationen, in denen die Tierwelt mit Güte behandelt wird. Wenn er nicht die Religion an sich bekämpfen müßte, so wäre er fraglos derjenigen beigetreten, die die Fleischnahrung verbietet, wie die der Pythagoräer. Der Anblick eines Metzgerladens ist für ihn so abscheulich wie die Existenz des Metzgers. Was solle man gar über Salomon denken, der den Tempel des Herrn mit 22000 geschlachteten Rindern und 120000 Schafen und Lämmern weihen ließ?

Die Cartesianer hatten behauptet, alle Menschen besäßen Sprache als Ausdruck der Gedanken, im Gegensatz zu den nicht sprachbegabten Tieren. Hier hakte Meslier ein; für ihn stand fest, daß die Tiere Sprache haben: „Es ist eine Art natürlicher Sprache, durch die sie kundtun, daß sie Erkenntnisvermögen und Gefühl besitzen. Diese Sprache ist weder suspekt noch zweideutig; sie ist klar und deutlich und weniger suspekt als die gewöhnliche Sprache der Menschen, die oft von Verstellung, Doppeldeutigkeit und betrügerischer Absicht strotzt."[209]) Die Automatismustheorie könne man überhaupt nicht ernst nehmen. Meslier, der die Psyche seiner Bauern zur Genüge kennt, sieht ihre Reaktion auf diese Theorie voraus, wenn sie jemals zu ihren Ohren gelangte. Meslier stellt sich auf den Standpunkt der Bauern, die seine Gemeinde bilden: Man könne mit Sicherheit behaupten, daß das Volk und selbst die Kinder so weit davon entfernt seien zu glauben, die Tiere hätten kein echtes, beseeltes Leben und wären des Erkenntnisvermögens und der Gefühle bar, so daß sie ein Gelächter nicht unterdrücken könnten, wenn jemand die Tiere als Automaten bezeichnen würde. Die Verbundenheit der Bauern mit ihren Tieren war so stark, daß Meslier es unterließ, wie es selbst Fontenelle getan hatte, die Überlegenheit der Menschen über die Tiere zu betonen. Mesliers Verhältnis zur Tierwelt ist aber nicht nur ein affektiv-sentimentales. Er will den Beweis erbringen, daß die Tiere, ganz wie die Menschen, „denken, fühlen, sich einander mitteilen, einander lieben oder bekämpfen". Er verfocht damit einen monistischen Pantheismus ohne Vergöttlichung.

Der andere große Materialist, dessen Werk bis zur Jahrhundertmitte reicht, Julien-Offray de La Mettrie (1709–1751), war wie Meslier bemüht, den Abstand zwischen Mensch und Tier zu verringern. Freilich weist er in seinem *Traité de l'âme* (1745) dem tierischen Instinkt eine Rolle zu, die Überlegung und Erfahrung erübrigt. Aber im *Système d'Epicure* (1750) wird eindeutig festgestellt, daß selbst die schädlichsten, giftigsten und wildesten Tiere, denen man keinerlei Existenzberechtigung zubilligen kann, über einen Funken Intelligenz verfügen. *L'homme machine* (1747), das Werk, das – wie schon der Titel besagt – den cartesianischen Mechanismus auf die gesamte Lebenserfahrung übertragen wollte, betrachtet in seinem biologischen Teil die Natur als Einheit in einer unendlich differenzierten Gradation. Hat der Mensch eine Seele – worüber man streiten könnte –, so habe sie der Polyp auch. Form und Konstitution des Gehirns ist beim Menschen und den Vierfüßlern ähnlich. In der Stufenfolge der Wesen gehen, bedingt durch das Gewicht des Gehirns, dem Menschen voraus die Primaten, Affen, Biber, Elefanten, Hunde, Füchse und Katzen. Es schließen sich an die Vögel; am wenigsten Gehirn benötigen die Fische. Je weniger Gehirn die Tiere haben, desto irritabler sind sie. Die Zähmung der höheren Tiere, ihre Spracherlernung, stellen ein im Prinzip lösbares Problem dar. Nicht nur das Gewicht des Gehirns entscheidet, sondern auch seine innere Gestalt: „Ein Nichts, eine kleine Fiber, ein von der subtilsten Anatomie unerkennbares Ding entscheidet darüber, ob statt zweier Narren Fontenelle und Erasmus entstehen." Auf der anderen Seite scheint es Bedingung, daß mit der Zunahme des Denkens die Abnahme des Instinkts verknüpft ist. Der Gedanke einer Zuchtwahl klingt von fern an, wenn La Mettrie schreibt: „... eine solche Vielfalt kann kein bloßes Spiel der Natur sein. Sie beweist zumindest die Notwendigkeit einer effektiven und weit gefächerten Organisation der Natur, weil im gesamten Tierreich die Seele durch ihre Verbindung mit dem Körper an Scharfsinn gewinnt, wenigstens aber an Kraft."[210]) Auch in seinen kleinen, späteren Schriften statuiert La Mettrie die Einheit der Natur bei aller Gradation der Geschöpfe. Tiere und Menschen sind wie Pflanzen, die sich ihr Klima selber suchen. Zwischen der Pflanze und dem Tier bestehen nicht zu verkennende Wesenszusammenhänge.

Man hat in La Mettrie und wenig später in Diderot Vorläufer des Lamarckschen Transformismus zu erkennen geglaubt. Dies muß, wie andere Fragen, offen bleiben, solange wir über keine systematische Darstellung von La Mettries Gedanken verfügen. Jedenfalls betont La Mettrie, auf Grund der gegenwärtig lebenden

Tiere und Menschen könne man sich noch keine Vorstellung von dem machen, was sie ehedem waren. Sie stammten aus dem Wasser. La Mettrie macht sich die Theorie von Maillets *Telliamed* zu eigen, derzufolge die ganze Welt ursprünglich von Wasser bedeckt war. Bei seinem Rückgang genügte die Sonne, damit der Mensch und jedes andere Tier sich zum Leben entwickelte, so wie das noch heutzutage bei vielen Tierarten in den heißen Ländern geschieht und wie man das auch bei Hühnereiern beobachten kann, die künstlicher Bruthitze ausgesetzt werden. La Mettrie erweist sich als Anhänger der Präformationstheorie, deren oft behaupteten Zusammenhang mit der Bibel er selbstverständlich ausschließt. Wie die meisten Autoren sieht er sich aber bemüßigt, den letztlichen Vorrang der Menschen vor den Tieren schließlich doch zuzugeben: Weil der Mensch mehr Zeit braucht als die Tiere – er entwickelt sich langsamer, würde man heute sagen –, bringt er es auch weiter.

Nach der Jahrhundertmitte, 1752, erschienen die schon erwähnten *Lettres iroquoises* von Jean-Henri Maubert de Gouvest, der zu den literarischen Abenteurern und Gründlingen, den „insectes littéraires venimeux" (Voltaire), gehörte; er war vier Jahre lang Kapuzinermönch und wurde später Sekretär des Königs von Polen. In den *Lettres* läßt er einen Kleriker und einen Freidenker miteinander über unser Problem diskutieren. Für den Geistlichen ist die Seele der Tiere rein materiell. Der andere meint, dann könne die Seele des Menschen auch materiell erscheinen, oder aber man könne annehmen, daß auch die Seele der Tiere unsterblich sei. Der Glaube an die Superiorität des Menschen sei die Ausgeburt einer krankhaften Eitelkeit. Die Menschen könnten nichts über die Seele wissen. Das Beste, was aus der Darlegung herausspringe, wäre, daß die Seele der Menschen wie die der Tiere sterblich sei. Der Nihilismus dieser ganzen Diskussion ist offenkundig. Indessen ist die Frage erlaubt, ob der Dialog in Diderots *Supplément aux voyages de Bougainville* sich nicht dieser Anregung bemächtigt, die freilich schon in den *Dialogues* von La Hontan vorgebildet war.

Nun zu Voltaire: Er spricht gegen die Maschinentheorie der Cartesianer. Vor dem Aufkommen dieser absurden Lehre („chimère") hätten die Menschen sich auch nicht eingebildet, die Tiere würden eine materielle Seele haben, „und niemand hatte die Kühnheit so weit getrieben zu behaupten, daß eine Auster eine immaterielle Seele besäße."[211]) Alle Welt sei sich darüber einig gewesen, daß die Tiere von Gott Gefühl, Gedächtnis und Ideen bekommen hätten, aber nicht den reinen Geist. Keiner wäre so verdreht gewesen, auf die Behauptung zu verfallen, die Tiere verfügten über Organe des Gefühls, um keine Gefühle hervorzubringen: „Niemand hatte gesagt: sie schreien zwar, wenn man sie verwundet, sie fliehen wohl, wenn man sie verfolgt – aber sie empfinden weder Schmerz noch Furcht."[212]) Indessen sei gegen die Chimären Descartes' die entgegengesetzte Theorie aufgeboten und großmütig den Tieren ein reiner Geist zugestanden worden. Zwischen diesen beiden einander entgegengesetzten Thesen habe man eine Mitte finden wollen, und man ersann den Instinkt. Voltaire setzt die von Fontenelle begonnene Kritik am Instinkt fort. Was ist eigentlich der Instinkt? „Oh! Oh! Das ist eine substantielle Form, eine plastische Form, das ist etwas, von dem man nichts weiß." Schon am Anfang des Jahrhunderts hätte Matthew Prior in einer Verskomposition gesagt, daß Vernunft und Instinkt nur durch eine dünne Wand voneinander getrennt seien.[213]) Voltaire führt dann den entsprechenden Artikel in der *Enzyklopädie* an, wo u. a. gesagt wird: „Ich stelle mir die Tierseele als eine immaterielle Substanz vor." Indessen „liefert uns die Tierseele aus sich heraus nichts, was uns glauben machen könnte, daß ihre Immaterialität sie vor der Vernichtung retten würde."[214]) Es war leicht für Voltaire, den Finger auf diesen Widerspruch zu legen. Seine eigene Ansicht? Mit einer positivistischen Wendung vermeidet er es, Farbe zu bekennen: „Ich war niemals beim Entschluß Gottes zugegen und weiß nichts von dem Anfang der Dinge."[215])

Ein obskurer Schriftsteller, der seinen utopischen Roman *Le voyageur philosophe dans un pays inconnu aux habitants de la terre* (Amsterdam 1761) unter dem Pseudonym De Listonai herausbrachte, geht auf das Tierseelenproblem ein mit Wendungen, die wir schon in früheren Traktaten vernommen haben. Gleich der erste, sarkastisch zugespitzte Satz – die Tiere hätten keine Sprache, weil wir sie nicht verstünden[216]) – ist eine Entgegnung an die Cartesianer. Die gewiß nicht originellen Darlegungen De Listonais werden von uns herangezogen, um die Streuweite dieser Probleme zu zeigen. Er sagt, es sei sicher, daß die Tiere sich untereinander verständigten, da sogar die Menschen ihre Zeichen verstehen würden. Ein Hund bringt durch wahrnehmbare Zeichen den Schmerz, die Freude, die Eifersucht und seine verschiedenen Bedürfnisse zum lebhaften Ausdruck. Macht es einen Unterschied, daß diejenigen, die sich nicht mit artikulierten Lauten auszudrücken vermögen, sich durch Zeichen verständlich machen? Der Vergleich mit den Kindern in der Wiege widerstreitet freilich der unterschiedslosen Behandlung der beiden Ausdrucksformen. Auch dieser Vergleich ist immerwährendes Traditionsgut. Indessen führt De Listonai weiterhin an, es gebe ein ausdrucksvolles, das Wort selbst gelegentlich überbietendes Schweigen. Die Gesten bekundeten stärker als die Akzente der Stimme die Bewunderung, die Überraschung, und die Augen lebhafter als sie die Leidenschaften. Mit der Behauptung, daß die Pantomime nichts anderes als eine im Fluß befindliche Rede sei[217]), hat De Listonai einen Griff in Condillacs Gedankenschatz getan – nur daß Condillac diese Stufe nicht mit der höheren der wirklichen Sprache gleichsetzt.

Claude-Rigobert Lefebvre de Beauvray (1724–Ende des 18. Jahrhunderts) erklärt sich in seinem *Dictionnaire social et patriotique* (Amsterdam 1770) vorbehaltlos für die Intelligenz der Hunde. Er nimmt Bezug auf Rorarius, dem von Bayle behandelten Tierpsychologen des 16. Jahrhunderts, auf Buffon, den Pater Pardies, auf Boullier, Guer und den Pater Bougeant. Beispiele von Hunden als Lebensretter, von solchen, die auf dem Grab ihrer Herren starben, und solchen, die die Mörder ihrer Herren ausfpürten, führt diese Apologie der Hunde gleichermaßen an wie ihre den Menschen überlegene Geschicklichkeit beim Schmuggeln. Auf Befehl ihrer Herren ließen sie sich in fast militärische Formationen einreihen, als sie im 16. Jahrhundert auf die Eingeborenen in Florida losgelassen wurden. Man könne auch heutzutage beobachten, wie sie in ihren Gunsterweisungen verschiedene Nuancen zum Ausdruck bringen, um ihre Herren von Fremden und unter diesen die mehr oder weniger häufigen Besucher zu unterscheiden. Es gebe in ihrem Gebell wichtige Varianten, die wir nicht recht verstünden. Jedenfalls hätten sie ganz verschiedene Laute, um „bessere" Leute von den schlechter gekleideten zu unterscheiden. Allem Anschein nach verstehen uns diese angeblichen Maschinen weit besser als wir sie.[218])

Am Anfang von Claude-Adrien Helvétius' *De l'esprit* (1758) wird gesagt, Menschen und Tieren seien die Sensibilität und das Gedächtnis gemeinsam. Diese beiden Eigenschaften würden den Menschen nur eine geringe Zahl von Ideen vermitteln, wenn ihre Weiterentwicklung nicht durch eine differentielle äußere Organisation ihres Körpers gesichert wäre. Es ist die artikulierte Hand, die der Mensch vor den Tieren voraus hat und die ihn befähigt, Werkzeuge hervorzubringen. Die Extremitäten der Tiere enden in Horngebilden, in Nägeln oder Krallen. Ohne seine Hand würde der Mensch auf einer tierischen Stufe verharren. Das ganze Tierseelenproblem wird somit unter dem Gesichtspunkt der materiellen Organisation lösbar.

Das Zurückbleiben der Tiere könne außerdem durch ihre kürzere Lebensdauer, ihre bessere Zurüstung und Bekleidung durch die Natur, wodurch sie weniger Bedürfnisse haben und weniger auf Erfindungen angewiesen sind, durch ihre nur flüchtige Gesellschaftsbildung erklärt werden. Diese Motive gelten auch für die Affen, deren menschenähnliche Hände sonst gegen seine, Helvétius' Theorie zeugen würden. Die Gepflogenheit pflanzlicher Ernährung setzt ihre Bedürfnisse herab. Ihre organische Verfassung läßt sie in beständiger Bewegung bleiben, so daß sie keine Langeweile kennen, welch letztere Helvétius für einen Antrieb zur Perfektibilität des Menschengeistes hält.

Das Verhältnis zwischen Mensch und Tier ist eines der Hauptinteressen Jean-Baptiste-René Robinets. In *De la nature* bemüht er sich um eine Gradation, um eine Hierarchie der Wesen. Zwischen der Unendlichkeit und dem Nichts bewegt sich die Vielheit der Geschöpfe. Wo steht der Mensch? Diesseits oder jenseits der Mitte? Vergleiche er sich mit den Insekten zu seinen Füßen, so glaube er sich dem Gipfel sehr nahe, betrachte er aber den Adler, in der Nähe des Donners kreisend, so finde er seine Position ganz unten.[219]) Dies wird im folgenden des Näheren ausgeführt: Die Gefühle eines Affen, eines Hundes, eines Vogels würden durch Schreie und Gesten bekundet. Je tiefer man aber in der Reihe der Wesen hinabsteige, desto geringer der Gefühlsausdruck. Er verschwinde völlig bei den Pflanzen. Noch deutlicher wird das in der von Robinet herausgegebenen *Parallèle de la condition et des facultés de l'homme avec la condition et les facultés des autres animaux* (1769) sichtbar gemacht. In der Kette der Wesen ist die Entartung der Spezies zugleich die erste Nuance der noch tiefer stehenden.[220]) Tiere haben keine Sprache. Wenn man auch Papageien lehrt, unsere Sprache nachzusprechen, so verbinden sie doch mit den Wörtern keine Ideen.[221]) Die Handlungen der Tiere sind höchst uniform. Alle Individuen einer Spezies tun dasselbe und tun es auf dieselbe Weise. Umgekehrt hat jedes menschliche Individuum seine eigene Art zu denken und zu handeln. Wenn man bei Hunden und Pferden eine ähnliche Verhaltensweise feststellen kann, dann nur, weil sie als unsere Sklaven unter unserem Einfluß stehen.

Durch Schreie und Körperbewegungen können die Tiere ihren Gemütszustand zum Ausdruck bringen, sie können aber weder weinen noch lachen. Es sieht so aus, als hätten die Tiere dem Menschen gegenüber gewisse Vorzüge. Sie haben feinere Sinne, andere haben auch mehr Kraft und sind schneller im Lauf. Sie kennen keine Arbeit noch Verdruß noch Krankheit. Im Gegensatz zu den meisten Menschen sterben sie eines natürlichen Todes. Dem Autor zufolge ist das allgemeine Prinzip der Tiere ihr Instinkt. Er treibt sie an, das ihrer Natur Zuträgliche zu unternehmen. Auch der Mensch hat Instinkte, denen gegenüber die Vernunft kein zuverlässiger Führer ist. Sie müssen sich aber dennoch der Führung durch die Vernunft anbequemen, sonst könnte es kein höheres Leben geben.[222])

Robinets Stufenleiter der Wesen, deren Entwicklung im einzelnen aufgezeigt wird, klingt wie eine Vorwegnahme des Buffonschen und Lamarckschen Transformismus. Tatsächlich ist aber sein Weltbild anthropomorph. Der Mensch ist das Ziel der gesamten Entwicklung, die schon im Bereich der Mineralien einsetzt.

Die Arbeiten des Preußischen Akademiepräsidenten Maupertuis, der das uneingeschränkte Vertrauen Friedrichs II. genoß und verdiente, wurden natürlich in den Kreisen der Wissenschaftler aufs stärkste beachtet, aber das Echo in der französischen und deutschen Öffentlichkeit war eher unfreundlich. Die Franzosen fanden bei ihm nicht, was sie sich vor allem selbst zuschrieben: einen brillanten Stil und eine bewegliche Geistesart; statt dessen dominierte die konsequente Entwicklung eines Hauptgedankens. In Deutschland mißfiel er allen denen, die die französische „Überfremdung" der Preußischen Akademie verabscheuten.

Maupertuis wußte, daß er sich auch weltanschaulich zwischen zwei Stühle gesetzt hatte. Er sieht sich – wie schon an anderer Stelle vermerkt – zwischen die materialistische Richtung, die bei ihrer Weltbetrachtung alle Intelligenz ausschaltet, und die spiritualistische gestellt, die überall die Schöpfungsgedanken Gottes aufspürt.

Als Philosoph war Maupertuis radikaler Sensualist, der auch die mathematische Begriffsbildung auf die sinnliche Wahrnehmung zurückführen wollte. Die Widersprüche in seinen Gedanken sind mehr perspektivisch als dialektisch zu erklären. Wie sein Freund Condillac verachtete er das Denken in Systemen: „Die Systeme sind ein wahres Unglück für den Fortschritt der Wissenschaften. Ein den Systemen verpflichteter Autor sieht die Natur nicht mehr."[223]) Die Widersprüche liegen in der Natur selbst begründet. Sie wird auf der einen Seite bestimmt durch die Wirksamkeit des jeweils kleinsten Mittels, also durch äußerste Sparsamkeit, andererseits aber durch die verschwenderische Fülle im Hervorbringen nicht nutzbarer Keime und Samen. Zwar verwirft Maupertuis, durch Newton geschult, die dualistische Weltbetrachtung Descartes'. Aber er glaubt, daß in der Materie nicht nur Gefühl, sondern auch schon der Gedanke steckt: „In jedem Organismus, in jedem lebenden Molekül gibt es Wünsche, Abneigungen, Erinnerungsvermögen. Man muß also anerkennen, daß die Materie fühlt und bis zu einem gewissen Grad denkt."[224])

Maupertuis ist der Begründer der vergleichenden Anatomie. Genetische Probleme beschäftigen ihn lebenslänglich. Er versuchte sich in der Kreuzung und Paarung von Tieren, in Experimenten, aus denen dann seine geniale Vererbungstheorie hervorwuchs. Er erkannte, daß auch erworbene Eigenschaften vererbt werden können. Er hatte beobachtet, daß nicht jedes Individuum die Erbteile seiner Eltern in sich vereinigt, sondern daß es zuweilen aus der Reihe ausschert und den Typus eines einfacheren Vorfahren widerspiegelt. Das moderne Prinzip der Mutation wurde also in der Vererbungstheorie Maupertuis' bereits gesichtet. – Die unendliche Vielfalt der uns heute begegnenden Tierarten erklärte er schon transformistisch, indem er auf die Existenz von Tierarten hinwies, die ursprünglich in der Natur nicht vorkamen. Diese Arten wären aus zufällig existierenden einzelnen Vertretern hervorgegangen; durch planvolle Kreuzung und Weiterentwicklung wäre daraus eine neue Spezies entstanden.

Georges-Louis Leclerc, Comte de Buffon, befremdete zuerst mit einer den biblischen Schöpfungsbericht nicht berücksichtigenden Erdtheorie, die er widerrufen mußte, ein Widerruf, den er im Kreis seiner Freunde abermals zurücknahm. Auch nachher fühlte er sich bewogen, Sicherungsbremsen in sein System einzubauen, die aber eher wie Persiflagen wirkten. Späterhin entwickelte er seine Lehre ohne Rücksicht auf die klerikale Umwelt.

Wie Maupertuis suchte auch Buffon eine Erklärung der unendlichen Vielfalt der Tierarten. Er findet sie darin, daß sich ursprünglich Familien desintegrierten (z. B. Pferd, Esel, Zebra). Bei aller Verschiedenheit gibt es in der ganzen Natur verblüffende Gleichheiten. Der Pferdefuß hat z. B. dieselben Knochen wie die Menschenhand. Einheit und Varietät sind die Prinzipien, die dem Schöpfungsplan zugrunde lagen. Aus all dem läßt sich folgern, daß der Mensch mit dem Affen eine Familie bildet, wie etwa Pferd, Esel und Zebra eine andere. Man kann annehmen, daß „alle Tiere aus einem einzigen Tier hervorgegangen sind, das im Laufe der Zeit durch Höherentwicklung und Degeneration alle anderen Tierarten entstehen ließ".[225]) Waren noch Linnés Klassifikationen mit dem biblischen Schöpfungsbericht vereinbar, so fiel Buffons Theorie eines Urtiers ganz aus diesem Rahmen. Die Natur ist, wie er sagt, in unendlichem Fluß. Für die Evolution legt er das auch von Maupertuis erkannte Prinzip der Vererbung erworbener Eigenschaften zugrunde. Buffon wird mit all diesen Gedankengängen zum Vorläufer Lamarcks und Darwins.

Der Abbé François-André-Adrien Pluquet, Verfasser eines *Dictionnaire des hérésies, des erreurs et des schismes* (1762), unternahm es, in *De la sociabilité* (1767) den einzelnen Phasen der urzeitlichen Auseinandersetzungen zwischen Menschen und Tieren nachzugehen.

Untätig und im Schlamm versunken liegen Mensch und Tier nebeneinander. Dann nehmen die Tiere ihre Nahrung auf. Die einen gehen auf die Weide, andere erheben sich auf ihren Füßen, um das zarte Laub von den Bäumen zu rupfen, wieder andere ziehen die mit Früchten behangenen Zweige zu sich herab. Der Mensch aber reißt einen Zweig los, um die unerreichbaren Früchte herunterzuschlagen. Löwen, Wölfe, Hyänen können mit pflanzlicher Nahrung nicht auskommen und verzehren das Fleisch der schwächeren Tiere. Sie haben Geschicklichkeit, Kraft und Mut. Die schwächeren Tiere suchen sich ihnen durch die Flucht zu entziehen, sie klettern auf Bäume oder verbergen sich in Höhlen. Das ist auch das Schicksal der frühen Menschen. Aber mit ihren geschickten Händen (wie vorher bei Helvétius) und geleitet von ihren Beobachtungen, machen sie sich Waffen zurecht: Stöcke, Keulen, zugespitzte Lanzen, schließlich Pfeil und Bogen. Gemeinsam wehren sie die Angriffe der wilden Tiere ab. Diese enge Verbindung zwischen den Menschen bedingt die Gemeinsamkeit des Besitzes. Schwächer von der Natur als die wilden Tiere ausgestattet, fühlen sich die Menschen in der Gesellschaft sicher und mächtig. Damit erledigt sich die Theorie von Hobbes (und Rousseau), derzufolge die Menschen in der Vereinzelung zerstreut leben. Wieder auf Helvétius zurückgreifend, sieht Pluquet die Menschen vor den Tieren bevorzugt, indem sie unter jedem Himmel und in jedem Klima leben können. Für ihre weitere Entwicklung ist die menschliche Natur, im Gegensatz zu den tierischen Brünsten, jederzeit zur Liebe befähigt. Das ist das Fundament einer dauernden Verbindung der beiden Geschlechter und der Fürsorge für die Kinder. Doch im Gegensatz zu den Tieren entwickelt sich der Mensch nur langsam und bedarf längere Zeit des Schutzes der Eltern. Während die Tiere nur eine schwache Erinnerung an die Vergangenheit und eine geringe Kenntnis der Zukunft besitzen, sieht der Mensch überall Ursachen und Folgen.[226])

Ungefähr gleichzeitig mit Pluquets *De la sociabilité* erschien *De la philosophie de la nature* von Izouard Delisle de Sales, der sich selbst überheblich den „Philosophen der Natur“ nannte. Er sagt zu unserem Thema: Seit die Menschen disputieren, sind sie sich uneins über die Seele der Tiere. Naturforscher, die sie mit Intelligenz handeln sahen, gaben ihnen eine menschenähnliche Seele; aber Descartes, der die Inquisition fürchtete, machte aus ihnen Automaten. Die anderen Philosophen lassen sie an dem Prinzip der menschlichen Sensibilität teilnehmen. Aber auch dieses System besteht nicht vor den Augen der Vernunft. Die Tiere besitzen nicht nur Sensibilität, sondern auch einen Teil unserer Intelligenz.[227])

Das antivoltairianische und antimaterialistische *Dictionnaire antiphilosophique* von Dom Louis-Mayeul Chaudon (1737–1817), der auch in anderen Schriften Voltaire als seinen speziellen Gegner anvisierte, brachte es von 1767 bis 1780 zu fünf Auflagen, ein Beweis dafür, daß die klerikale Reaktion im Frankreich des 18. Jahrhunderts sich noch auf eine breite Gefolgschaft stützen konnte. Auch der uns hier beschäftigende Artikel „Bêtes“ verleugnet das apologetische Grundanliegen Chaudons nicht. An Voltaire bewahrheite sich die biblische Prophezeiung: „Ihr werdet wie die Tiere werden“. Menschen und Tiere würden von ihm einander angeglichen. Der Mensch möchte wie die Tiere leben, da er auch wie sie den Tod erleidet. Der Sensualismus, als Lebenspraxis verstanden, weise nicht über die Tiere hinaus; er führe nicht nur zum Laster, sondern auch zum Verbrechen.[228])

Diesem klerikalen *Dictionnaire* kann man ein aufklärerisches von Augustin Rouillé d'Orfeuil entgegengsetzen. Dieses Ideenregister war 1773 unter dem Titel *L'Alambic moral, ou Analyse raisonnée de tout ce qui a rapport à l'homme* erschienen. Der Artikel „Bêtes“ geht aus von der Behauptung der Cartesianer, daß die Tiere weder Empfindung noch Empfindlichkeit besitzen. Man spreche den Tieren die Sprache ab, weil man sie nämlich nicht verstehen könne. Aber wenn sie sich untereinander verständigen können, so sprechen sie eben doch! Wenn man ein verletztes Tier sehe und an seiner Blässe, seinen traurigen Augen, seinen Klagen und oft auch seinen Tränen seinen Schmerz erkenne, wenn es den verletzten Körperteil vorweise, so lasse es sich mit Geduld behandeln, wieviel Schmerzen man ihm auch bereite: sein Vertrauen versichert es, daß alles zu seinem Besten geschieht. Der Autor ist überzeugt, daß die Tiere weit mehr Instinkt besitzen als man annimmt, und häufig hätten sie mehr Geist als wir. Die Menschen fürchten offenbar, daß sprechende Tiere auch Bücher schreiben und uns den Beweis erbringen könnten, daß wir noch weit bestialischer sind als die Bestien. Rouillé d'Orfeuil versäumt es, eine Grenze zwischen Menschen und Tieren zu ziehen, was durch den apologetischen Tonfall seiner Tierfreundlichkeit, der allerdings der Ironie nicht entbehrt, noch unterstrichen wird.

B. E. Manuel (geb. 1760) schrieb 1805 eine *Histoire particulière de l'abeille commune, considérée dans tous ses rapports avec l'histoire générale de l'homme*. Im folgenden Jahr erschien noch das *Nouveau muséum d'histoire naturelle*, Teil 1: *Règne animal*. Manuel geht mit dem Cartesianismus ins Gericht. Er schildert die orthodoxe Reue des Paters Bougeant ob der Verteufelung der Tiere. Auch der hervorragende Tierkenner Aumeur hätte unter dem Druck der Furcht vor dem theologischen Urteil der Sorbonne gestanden. Er hätte den Tieren moralische Eigenschaften abgesprochen, so daß der Löwe des Androclus keineswegs aus Dankbarkeit handelte, nachdem ihm sein Lebensretter einen Dorn aus dem Fuß gezogen hatte. Auch aus dieser Kritik kann man den schroff anticartesianischen Charakter von Manuels Tierseelentheorie erschließen.

Der Jesuit Pierre-Louis-Claude Gin (1726–1807), ein Verteidiger Ludwigs XVI. vor dem Konvent, hatte 1785 in den *Nouveaux mélanges de philosophie et de littérature* einen Abschnitt über die Sprachursprünge veröffentlicht. Die Ausdruckslaute und Bewegungen der Tiere seien sehr differenziert, je nachdem sie Furcht, Schmerz oder Freude empfinden. Indessen „ist die Stimme bei allen Tieren zwar der Ausdruck der Sinneswahrnehmungen, beim Menschen jedoch ist sie darüber hinaus Ausdruck des Denkens und des Willens." [229])

Der Genfer Naturwissenschaftler Charles Bonnet zeigt ein Janusgesicht. Auf der einen Seite ist er der Begründer der Fibernpsychologie, die alle psychischen Vorgänge auf physiologische Nervenprozesse zurückführt. Diesem Beitrag zu einer materialistischen Konzeption steht andererseits Bonnets Überzeugung entgegen, daß die

Seele, auch die Seele der Tiere, etwas Unsterbliches wäre. Dieser spiritualistische Materialismus hatte seinen größten Erfolg in Deutschland, wo Johann Georg Feder, Michael Hißmann, Lessing und Johann Kaspar Lavater auf Bonnet schworen. Seine wichtigsten Werke sind: *Essai de psychologie* (1754), *Considérations sur les corps organisés* (1762) und *La palingénésie philosophique ou idée sur l'état passé et l'état futur des êtres vivants* (1769/70).

Die Überlegenheit des Menschen gründet nach Bonnet schon darin, daß die Tiere keine Sprache besitzen, die eine Verallgemeinerung der Ideen ermöglicht. Die Variation der verschiedenen Seelen ist durch die unterschiedlichen Organe bedingt. Aber Seele ist Seele, und als solche ist sie immateriell und unsterblich. Das gilt auch für die Tierseelen. An ihrer Möglichkeit, ein künftiges Leben zu führen, zweifelt Bonnet nicht. Die Tierseele ist der Rezeption, des Gefühls, des Willens, des Gedächtnisses, der Aktivität, der Integration fähig, aber sie reflektiert nicht über sich selbst und ihre Handlungen, sie erzeugt keine allgemeinen Ideen und keine Moralbegriffe. An anderer Stelle werden diese Schranken noch enger gezogen, was fast auf einen Widerruf der den Tieren bis dahin verliehenen Auszeichnung hinausläuft. Bonnet widerlegt die übertriebene Bewertung der Bienen und Ameisen. Man habe gesagt, daß die Ameisen Wintervorräte in eigens eingerichtete Vorratshäuser einbringen. Die Wahrheit sei jedoch, daß diese Tiere in Winterschlaf verfallen und dazu natürlich keine Vorräte benötigten. Kein anderes Tier komme dem Menschen so nahe wie der Biber mit seinen Kanal- und Hüttenbauten. Aber es sei ebenso unsinnig, von Armeegenerälen der Ameisen wie von Architekten der Biber zu sprechen. Unbestreitbar sei der bei den Tieren wahrzunehmende Mangel an Perfektibilität, ihre Unfähigkeit, die Dimension der Geschichte zu eröffnen.[230])

Weniger zwielichtig als die aus verschiedenen Schichten stammenden Gedanken Bonnets sind die Bemerkungen eines anderen Spätaufklärers zur Tierpsychologie: Charles-Georges Leroy (1723–1789) war Schüler Condillacs, über den er aber in wesentlichen Punkten hinausging, und zwar im Sinne eines an Helvétius orientierten Materialismus, der gelegentliche deistische Anwandlungen nicht ausschloß. Eine Schutzschrift zugunsten von Helvétius war das *Examen des critiques du livre intitulé De l'esprit* (1760). Seine *Lettres sur les ani naux* von 1768 erschienen mit den *Lettres philosophiques sur l'intelligence et la perfectibilité des animaux* 1802 in einer postumen Ausgabe. Am Ende des 19. Jahrhunderts wurden diese Briefe als Ansatz zu einer vergleichenden Psychologie gewertet. Die Tiere haben – Leroy zufolge – nicht nur Instinkt, sondern auch Intelligenz, die aber durch den Rahmen ihrer Bedürfnisse und des sinnlich Wahrnehmbaren beschränkt sei.[231]) Als Individuum kann das Tier sich vervollkommnen, z. B. ein Hund oder ein alter Wolf, der mehr Erfahrungen und Kenntnisse besitzt als ein junger. Aber diese Perfektibilität kommt der Gattung als Ganzem nicht zugute. Das macht, daß die Tiere am Fortschritt nicht interessiert sind. Dieser Mangel sei nicht durch die fehlende Sprache zu erklären; Tiere verständigen sich untereinander, sie haben also Sprache und können gegebenenfalls auch die menschliche Sprache verstehen. Ihr sprachlicher Zustand geht aber über das Stadium nicht hinaus, das Condillac „langage d'action" nannte – das Überwiegen von Schreien und Gesten.

Das Stichwort der Perfektibilität wurde auch in einem Brief von Madame d'Epinay, der berühmten Freundin Grimms, aufgegriffen. Sie schreibt, die Tiere seien bisher unsere demütigen Freunde gewesen. Jetzt falle es ihnen ein, „bereits in der ihnen eigenen Vollkommenheit geboren zu werden, während das Menschengeschlecht von der Geburt bis zum Tod nur danach strebt, das ihm zukommende Niveau zu erreichen; da habe ich mich gefragt, ob der Vorteil auf ihrer oder auf unserer Seite ist." Der Vorteil liege auf Seiten der Tiere, entscheidet Madame d'Epinay, weil diese weder den Tod noch die Liebe fürchten und keinen Reichtum benötigen. Dagegen hielt Grimm am Vorzug der Menschen fest, allerdings nicht im Sinne einer qualitativen, sondern einer mehr oder weniger ausgeprägten graduellen Verschiedenheit.

Der Jesuit Augustin Barruel (1741–1820), der Verfasser der *Mémoires pour servir à l'histoire du jacobinisme* (1797–1799), in denen die Schuld an der Revolution vor allem der philosophischen Aufklärung angelastet wurde, hatte schon vor der Revolution mit *Les Helviennes, ou Lettres provinciales philosophiques* (Amsterdam 1781) seine gegenaufklärerische Haltung bekundet. Das Tierseelenproblem schien ihm besonders geeignet, um die Paradoxien und Widersprüche der Philosophen aufzuzeigen. Er unterscheidet drei Gruppen von Theorien: diejenigen, die das Tier über den Menschen stellen; jene, die beide einander gleichsetzen; schließlich solche, die die Überlegenheit des Menschen gegenüber dem Tier zugestehen.

Zu der ersten Gruppe hätte Barruel vor allem Rorarius rechnen müssen. Er beruft sich aber lediglich auf Rouillé d'Orfeuils *L'Alambic moral*, wobei ironische Züge des Werkes übersehen werden. Der zweiten Gruppe wird vor allem Holbach zugeordnet, der in *Le bon sens, ou idées naturelles opposées aux idées surnaturelles* (London 1772) geschrieben hatte: „Da die Menschen niemals auf ihre törichte Anmaßung verzichten wollen, vermögen sie auch nicht zu erkennen, daß die Natur nicht um ihretwillen gemacht ist, daß diese Natur Gleichheit für alle Lebewesen gesetzt hat und daß die Lebewesen gleich geschaffen worden sind, um zu leben und zu sterben, sich zu freuen und zu leiden." Im *Système de la nature* (London 1770) werde die Gleichsetzung von Mensch und Tier auf den Organismus bezogen.[232]) Allerdings zieht Barruel auch eine andere Stelle aus dem berühmten Werk des „modernen Lukrez" heran: „. . . wenn der Mensch mehr Geist als ein Ochse hat, dann deshalb, weil das menschliche Hirn doppelt so schwer ist wie das des Ochsen." Mit dieser Ansicht würde Holbach tatsächlich in der dritten Gruppe rangieren. Nur daß Barruel, in Unkenntnis der modernen naturwissenschaftlichen Erkenntnisse, dem angeführten Kriterium alle Relevanz abspricht. Er meint, das Gehirn eines Kalbes hätte viermal mehr Gewicht als das eines Ochsen und doppelt soviel wie das des Menschen. Barruel zitiert noch einen Satz aus Jean Astrucs (1684–1766) *Dissertation sur l'immatérialité et l'immortalité de l'âme* (1755): „Die Fähigkeiten des Menschen übersteigen die aktuellen Bedürfnisse im gegenwärtigen Leben nicht weiter als die der Füchse und Hasen." Als letzter Kronzeuge für die Gleichstellung von Mensch und Tier figuriert La Mettrie, der in *Les animaux plus que machines* erklärt hatte: „Wir wissen theoretisch und praktisch, daß die Tiere eine Seele haben, die ähnliche Denkoperationen vollzieht wie die unsere."[233])

Es folgt die Darstellung der zunächst von Barruel als normal empfundenen These von der Überlegenheit des Menschen. Er konnte einverstanden sein mit der Meinung des berühmten Illuministen und Aufklärungsfeindes Louis-Claude de Saint-Martin, des Verfassers von *Des erreurs et de la vérité* (1784), daß die Tiere „sich niemals über die Sensibilität des Menschen erheben würden", und mit der Bemerkung Rousseaus, das Tier handle, wie es muß, der Mensch aber, der Freiheit besitzt, wie er will. Dagegen beweist er – übrigens mit Recht – an Hand von Zitaten, daß Buffon sich in Widersprüche verwickle. Zunächst äußere der berühmte Naturforscher, zwischen dem Menschen und dem Tier gebe es einen unendlichen Abstand. An anderer Stelle aber heiße es, daß die Natur des Papageien erstaunlicher sei als die unsere. Zwar habe der Papagei keine Ideen, wohl aber außer seinen Gefühlen ein Bewußtsein seiner eigenen Existenz. Barruel wendet ein, dieses Bewußtsein würde ohne Ideen und ohne Denkfähigkeit nicht bestehen können.

Diderot hätte einige der hochfliegenden Ideen Buffons übernommen, um aber nachher in seinem *Enzyklopädie*-Artikel „Bête" in die cartesianische Theorie des Tierautomatismus zurückzufallen. An einer anderen Stelle sage wiederum derselbe Diderot, man dürfe so wenig die Tiere mit Maschinen vergleichen wie einen Menschen, dessen Sprache man nicht versteht.

Raynal hatte in seiner bekannten Kolonialgeschichte *Histoire philosophique et politique des établissements et du commerce des Européens dans les deux Indes* behauptet, daß zwischen einem Philosophen und einem Tier nur eine Handbreite liege. Demnach ist – wie Barruel glossiert – der Mensch der König mit einem Zepter in der Hand. Er spielt damit auf die später von Helvétius übernommene Theorie an, derzufolge die artikulierte Hand die Entwicklung des Menschen möglich gemacht hätte. Um Barruels Polemik gegen Helvétius zu erfassen, muß man die am Anfang von *De l'esprit* aufgestellten Thesen vor Augen haben (vgl. S. 159f.). Dem Einwand, daß ja auch der Affe menschenähnliche Hände hätte, ohne daß ihm eine entsprechende Entwicklung vorbehalten gewesen wäre, war Helvétius mit der Erklärung begegnet, die Affen verfügten über eine wesentlich kürzere Lebenszeit als die Menschen, ferner könnte der Mensch im Gegensatz zu den Tieren in jedem Klima leben, und er wäre das verbreitetste aller Geschöpfe. Barruel macht demgegenüber ganz allgemein geltend, daß der Mensch nicht mit Händen und Füßen räsonniere, daß der Elefant so langlebig wie der Mensch sei, daß der Hund, ebenso wie der Mensch, unter jedem Klima leben könne.

Weitere Angriffe Barruels betreffen Robinets *De la nature*. Dieser verfiele in die Theorie der Gleichsetzung zwischen Mensch und Tier, wenn er behaupte, daß der Mensch hundertmal vollkommener sei als eine Fliege, aber auch hundertmal mehr Fehler habe, daß er tausendmal mehr Freuden erlebe und tausendmal mehr Leiden. Das eine kompensiere das andere, und der Mensch „ist doch in Wahrheit weder vollkommener noch glücklicher als die Fliege". Diese kompensatorische Naturphilosophie sei Wahnsinn. Sie hätte z. B. Robinet zu der Aussage veranlaßt, daß die Prediger ihre ganze Güte bei der Predigt erschöpfen würden, so daß sie nachher für ihr praktisches Leben nicht mehr viel davon übrig behielten. Während Hobbes, Bayle, Spinoza sich ganz in der Verteidigung ihrer Praxis verausgabt hätten und daher in ihren Schriften kaum noch etwas Neues hätten mitteilen können, müßte man sagen, daß umgekehrt Robinet, Voltaire und d'Alembert, die in ihren Werken so Vorzügliches gegeben haben, als Menschen in ihrem praktischen Verhalten nur Negatives vorweisen könnten. Diese „compensation philosophique" mit ihrer allgemeinen Gleichmacherei ist für Barruel ein Ärgernis, das seinen Haß gegen die Aufklärung beständig nährt.

Nur ein dünner Strang des Cartesianismus gelangt in das von Leibniz und Christian Wolff (1679–1754) philosophisch geführte Deutschland. Die Automatismuslehre hinterließ hier nur wenige nennenswerte Spuren.

Der leibnizianische Philosoph und Ästhetiker Gottlieb Baumgarten (1714–1762) streift das Problem der Tiersprache. Für ihn ist klar, daß „viele Tiere bessere äußere Sinne haben als wir Menschen. Wenn wir also im Klang, den sie von sich geben, wenig oder nichts unterscheiden können, so mag die Schuld nicht an dem zwitschernden Sperling dem wiehernden Pferd, der singenden Nachtigall liegen." Die Menschen würden nämlich zumeist nach dem Wort verfahren: „Was ich nicht merke, weiß ich nicht". Dabei könnten all diese animalischen Klänge, so meint Baumgarten des weiteren, vielleicht das Redetalent eines Demosthenes verbergen.

Der Philosoph Georg Friedrich Meier (1718–1777) ließ 1749 seinen *Versuch eines neuen Lehrgebäudes von den Seelen der Tiere* erscheinen. Er widerlegt zunächst die Ideen Descartes' und seiner Gefolgsleute. Meier argumentiert dann folgendermaßen: Der Mensch ist nicht befähigt, die ganze Schönheit der Welt zu genießen. Die Tiere sind für den Mitgenuß geschaffen: „Gibt man den Tieren Seelen, so wird alles gedacht und empfunden. Keine Schönheit und Lieblichkeit geht ungenossen verloren." Die Tiere können sich außerdem durch Sprache untereinander verständigen. Sie teilen jedoch mit dem Menschen lediglich die untere Erkenntnisstufe. Da nur die Seelen der Tiere, wenn auch auf primitive Weise, denken können, „sind sie einfache, unkörperliche, unsterbliche Wesen". Die Unsterblichkeit expliziert sich bei Meier durch die Seelenwanderung, die Metempsychose, die in den dreißiger und vierziger Jahren (man denke an Bougeant) des 18. Jahrhunderts in Frankreich eine Modeströmung gewesen war. Es ist möglich, sagt Meier, „daß die Tiere der untersten Klasse durch den Tod in die zweite versetzt werden und andere durch eine abermalige Verwandlung vernünftige Wesen und Geister werden".

Im Gegensatz zu der behutsamen Art, mit der man sonst in Deutschland vorgeht, steht die resolute Untersuchung Abraham Gotthelf Kästners (1719–1800), ob die Tiere um des Menschen willen geschaffen sind. Kästner bejaht dies ganz entschieden. Die Mannigfaltigkeit und ungeheure Verbreitung der tierischen Spezies wird dem Leser vor Augen geführt. Auf halbem Wege kommt Kästner Descartes entgegen, indem er die Tiere definiert als zwar beseelte, doch mit keiner vernünftigen Seele begabte Wesen. Die Welt ist nicht für sie, sondern für die vernünftigen Wesen geschaffen worden. Daraus ergibt sich schon, daß die tierische Existenz der menschlichen botmäßig ist. Der Mensch kann sich die Tiere zum Vergnügen halten oder auch für medizinische Experimente. Ausschlaggebend ist aber für die Menschen die tierische Nahrung, wobei die allzu empfindlichen Gemüter über den Vorgang der Schlachtung beruhigt werden. Schlimm sei der Tod nur durch unser Vorwissen. Die eigentliche Tötung der Tiere dauere jedoch nur einen kurzen Augenblick.[234])

Johann Peter Süßmilch (1707–1767), ein Berliner, wurde als Wegweiser für die Sozialwissenschaften und die statistischen Wissenschaften angesehen. Seine enge Bindung an das protestantische Dogma zwang ihn aber, der Tierseelenfrage eine rein negative Wendung zu geben. In der *Kurzen Betrachtung von der Sprache der Tiere* (1766) ereifert er sich über eine Modeerscheinung: „Man findet heutigen Tages in Schriften, zumal unserer Viertelsphilosophen, sehr vieles von der Sprache der Tiere. Man will behaupten, daß die Tiere ebenso wie die Menschen sprechen." Man wolle den Unterschied zwischen Mensch und Tier beiseite rücken und „dadurch weiter die Unsterblichkeit des Menschen, wegen der vollkommenen Gleichheit mit dem Vieh, aufheben".[235]) Süßmilch leugnet nicht, daß die Tiere „mit den Tönen auch gewisse andere Zeichen durch ihre Gebärden und Bewegungen ihrer Gliedmaßen" verbinden. Sie gebrauchen bestimmte Töne, um einander Zeichen zu geben zur Warnung, zum Reiz, als Ausdruck der Empfindung ihrer Bedürfnisse. Aber sie bleiben auf dem Standpunkt der schreienden und sich verrenkenden Kleinkinder stehen, auf dem Niveau, das auch die taubstumm Geborenen noch nicht überschreiten. Man könne ihnen darum noch keine Vernunft zuerkennen.[236])

Diese Auffassung von der Sprache entspricht dem, was Condillac „langage d'action" nannte. Sie ist im Gegensatz zur Menschensprache nicht arbiträr und erlernbar, sondern notwendig und naturgegeben. Da abgezogene Begriffe, wie z. B. Zahlen, auf dieser Stufe nicht gebildet werden, entfällt das Wesensmerkmal einer wirklichen Sprache.

Der Hamburger Philosoph und deistische Theologe Hermann Samuel Reimarus hat das Problem der Bestimmung der Tiere umfassender und systematischer behandelt als irgendein anderer deutscher Schriftsteller des 18. Jahrhunderts. Sein Hauptwerk, *Die vornehmsten Wahrheiten der natürlichen Religion*, erschien 1755. Die Probleme der tierischen Existenz sind darin eingehend erörtert. Ein weiteres, ebenfalls weit verbreitetes Werk von Reimarus kam 1760 heraus: *Allgemeine Betrachtungen über die Triebe der Tiere.*

Man würde die Weltanschauung von Reimarus als einen deistischen Vitalismus bezeichnen können, wenn dieser letztere Begriff nicht durch moderne Theorien (so die von Henri Bergson) in Anspruch genommen wäre. Reimarus stellt zunächst fest, daß die physische, anorganische Welt nicht um ihrer selbst willen geschaffen sein konnte, sondern in der Absicht, das Lebendige zu hegen.[237]) Die Verschiedenheit der Witterung, des Klimas, „hat alle Geschlechter der Tiere, die jeweils auf der Erde gewesen sind, erhalten".[238]) Für jeden Geschmack der Tiere ist gesorgt. Schon Georg Friedrich Meier hatte gesagt, die Tiere seien für den Mitgenuß der Schönheit der Schöpfung geschaffen. Die Fürsorge für Mensch und Tier ist also nach Reimarus das Hauptanliegen des göttlichen „Werkmeisters". Er spricht dabei die kühne Erwartung aus, daß auch die anderen Planeten nach diesem Prinzip geschaffen wären und folglich organischen Wesen ein Leben ermöglichten. Zusammenfassend heißt es: „Das Leblose hat keine innere Vollkommenheit und ist so wenig von selbst als um seiner selbst willen, sondern alles muß um des Lebendigen willen und also in Absicht auf dieselben geschaffen sein." [239])

Es braucht nicht betont zu werden, wie weit sich dieser deistisch untermalte „Vitalismus" vom Christenglauben entfernt, der von vornherein die Tiere als Genossen und Helfer der Menschen ansieht und das Leben nicht um seiner selbst willen, sondern nur als Bewährungsprobe gelten läßt. „Das Lebendige" sind für Reimarus Menschen und Tiere – mit den Pflanzen beschäftigt er sich nicht weiter, sie zählen zur physischen Welt. Die Ordnung und der Zusammenhang des Lebendigen müssen als Gottesbeweis dienen. Reimarus bekämpft hier Maupertuis, der den Gottesbeweis in dem Gesetz der Natur sieht, die immer zweckmäßig verfahre und dabei den kürzesten Weg und die sparsamsten Mittel in Anspruch nehme. Reimarus hält dieses Gesetz für indifferent gegenüber positiven und negativen

Zielen, es könne nur im Dienst des Guten gelten, und dieses „summum bonum" ist für ihn eben die Erhaltung des Lebendigen. Da Menschen und Tiere Gegenstand seiner Apotheose sind, wird das anthropomorphe Weltbild (das im Christentum gipfelt) von Reimarus angefochten: „Wir pflegen uns zum Teil in den Mittelpunkt und alle Absichten der ganzen Schöpfung auf uns allein zu ziehen. Diese vornehme Einbildung schränkt die Vollkommenheit Gottes und seiner Werke ein." Auch die Tiere leben um ihrer selbst willen, ja sie sind der schlagendste Beweis der göttlichen Fürsorge. Trotz ihrer Unvernunft vollbringen sie vollendete, exemplarische Leistungen. Für die menschlichen Ziele werden oft „zu ihrem Zweck untüchtige Mittel" gewählt. „Bei den Tieren aber gibt es nichts Ungeschicktes oder Verkehrtes, sondern es ist alles zu ihres Geschlechtes Wohl und Notdurft unentbehrlich, alles ist in seiner Art vollkommen." Und weiter: „Kein einziges Tier aller Arten ist in seinem Geschäft unwissend und unvollkommen; alle und jede sind geborene Künstler und Meister."[240]) In dieser Hinsicht übertreffen sie den Menschen. Ihre Fähigkeiten und Künste sind ihnen angeboren, während die Menschen sie erst mühsam durch Erfahrung lernen müssen.[241]) Daher haben die Tiere manche Vorteile den Menschen voraus: „Sie bringen Kleidung, Waffen und andere Notwendigkeiten mit auf die Welt . . . sie verrichten gleich alles ohne Fehl, was zu ihrem bestimmten Zweck erforderlich ist."[242]) Bei der Paarung "braucht man ihnen nicht die Ehestandspflichten zu erklären". Ihre „Glückseligkeit, die aus sinnlicher Lust entsteht", hat „manche Vorzüge vor dem Menschen".[243]) Die Tiere sind nicht um ihre Zukunft besorgt, sie brauchen sich nicht mit dem Bewußtsein ihrer Sterblichkeit zu belasten. Hätten die Tiere ihre Fähigkeiten und Künste aus eigenem Vermögen erdacht, so wären sie weit vollkommener als die Menschen.[244]) Da ihre Handlungen schon seit frühester Jugend vollkommen sind, bleibt dem Menschen das Privileg, sich zu vervollkommnen. Tiere sind keine Maschinen. „Auch hält alsdann, wenn die Tiere eine Seele haben, der bloße Körper nicht zureichenden mechanischen Grund in sich, daß ihre Handlungen so aufeinander folgen, wenn nicht eine Vorstellung der Seele vorangegangen und dazwischen gekommen ist, welche die Handlungen bestimmt."

Zum Schluß erhebt sich noch ein Einwand: Wurden alle Tiere, bis zum kleinsten herab, von Gott gelenkt, so ist es unerfindlich, wieso diese Gottesschützlinge einander verzehren: „Warum ist ihre Nahrung nicht so beschaffen, daß sie ihre Nahrung von leblosen

Dingen suchen? Warum muß ein beständiger Krieg, lauter Mord und Blutvergießen unter ihnen sein?" [245]) Darauf gibt Reimarus folgende Antwort: „Wenn man sich eine solche Ordnung vorstellt, daß alle Tiere auf dem ganzen Erdboden ihre Nahrung haben sollten, ist offenbar, daß nicht der zehnte Teil von Lebendigem bei uns sein könnte und daß sie doch alle, ebensowohl wie jetzt, endlich sterben müßten." [246])

Reimarus' Werk steht auf der Höhe seiner Zeit, und vielleicht in seiner imposanten Geschlossenheit noch darüber. Er kennt die modernsten naturwissenschaftlichen Gelehrten und ihre Theorien: Bonamy, Buffon, Cassini, Euler, Haller, Hartsoeker, Herschel, Leeuwenhoek, Linné, Maupertuis, Needham, Newton, Réaumur, Spallanzani, Swammerdam, Frain du Trembley u. a. Mit einigen kreuzt er die Klinge, so mit Buffon und Maupertuis. Sein militanter Deismus reagiert auf Spinoza und auf La Mettrie feindselig.

Justus Christian Hennings fand in seiner 1774 in Halle erschienenen *Geschichte von den Seelen der Menschen und Tiere* noch immer im Cartesianismus einen wichtigen Gegner. Allerdings wird auch der Unterschied zwischen Mensch und Tier kräftig herausgearbeitet. Hennings' Schrift erweist die Kenntnis aller diesbezüglichen französischen und deutschen Werke. Der Autor behauptet, Descartes hätte die Tiere „aus Furcht vor der Inquisition" zu Automaten gemacht. Hennings findet dagegen ähnliche Verrichtungen bei Mensch und Tier, „mit einem Wort, wir haben den größten Grund, willkürliche Unternehmungen dem Vieh beizulegen, und folglich eine Seele, die von ihrem Leib verschieden ist". [247]) Freilich fehle es den Tieren an Überlegung. Wahnwitz sei die Erzählung von einem Pferde, daß die Blutschande entdeckt und deshalb Selbstmord begangen haben soll. Indessen ist das „Gehirn des Viehs ebenso wunderbar gebaut wie bei den Menschen". [248]) Die anatomische Vergleichung von Mensch und Tier läßt keinen erheblichen Unterschied erkennen: „Man kann aus dem Mangel der Sprache nicht einmal auf den Mangel der Vernunft schließen". [249]) Allerdings kann man nicht folgern, daß die Tiere, die nach allen Regeln der Baukunst und der Mathematik bauen, „auch eine Kenntnis aller Bauregeln und Gesetze der Mechanik besitzen", weswegen es nicht angehe, „ihren Seelen einen Vorzug vor vielen Menschenseelen beizulegen". [250]) Was die Tiere verrichten, wird ein für allemal auf die gleiche Weise von ihnen verrichtet. Der menschliche Antrieb zur Perfektion geht ihnen völlig ab. Ihre Seelen sind nicht unsterblich: „Aber wird Gott wohl den Tierseelen einen neuen

Leib nach dem Tode geben? Bei den menschlichen Seelen erfordert solches die Absicht der Schöpfung. Da aber die Tiere bloß Mittel zu der Absicht der Schöpfung oder Wohlfahrt der Menschen sind und der Zweck derselben bereits auf dieser Welt erreicht werden kann, so finden wir keinen nötigenden Grund, solchen eine Unsterblichkeit beizulegen." [251]) – Für die deutsche Aufklärung ist dieser Rückfall in die religiöse Sphäre äußerst bezeichnend.

Am Rande dieser mehr oder weniger philosophischen Naturbetrachtung befanden sich unter den Deutschen nur zwei, genau genommen nur ein einziger Physiologe und Biologe.

Albrecht von Haller (1708–1777), einer Berner Patrizierfamilie entstammend, erhielt auf der Höhe seiner Erfolge eine Berufung nach Göttingen. Haller hat an der ovaristischen Präformationstheorie lebenslänglich festgehalten. Er machte wichtige Entdeckungen, so vor allem die Irratibilität der Muskeln (ein Kronbeweis für La Mettries Materialismus); er erkannte, daß das Kleinhirn keinerlei Anteil an der Ausbildung des geistigen Lebens hat. La Mettrie folgerte daraus, daß dem Großhirn die Funktion einer überlegenen Steuerung zukomme. Er war sich der Tragweite der Entdeckungen weit mehr bewußt als der Originalautor, der im übrigen extrem konservativ und reaktionär eingestellt war und darüber in Entsetzen geraten mußte, daß ein erklärter Materialist und Atheist nicht nur seine Forschungsergebnisse verwertet hatte, sondern in einer halb burlesken Widmung ihn auch noch als seinen Lehrer und Freund ansprach.

Zum neuerlichen Ärgernis wurde ihm das Erscheinen der *Enzyklopädie.* Selbst Linné war für seinen Geschmack zu progressiv. In späterer Zeit fand er sich von neuem angegriffen, und zwar durch den Berliner Naturwissenschaftler Kaspar Friedrich Wolff (1733–1794), den Katharina II. nach Petersburg berief. Seine *Theoria generationis* (1759 in Halle erschienen, deutsch 1764) ist eine streitbare Widerlegung des Hallerschen Weltbilds. An die Stelle der Präformationstheorie tritt die Epigenese, die eine stufenweise Entwicklung des Körpers und seiner Organe aus einer formlosen Grundsubstanz annimmt. Was man den Bildungstrieb nennt, gilt dem Verfasser als eine Form der Ernährungsfähigkeit, die von der Stoffaneignung und Stofforganisierung des Organismus herrührt.

Das materialistische Ende bzw. die materialistische Überwindung des Tierseelenproblems hatte auf dem Höhepunkt der Debatte schon La Mettrie herbeigeführt, indem er die Unangemessenheit des Seelenbegriffs für im Gehirn sich abspielende Vorgänge einsah.

Exkurs II

Die Türken im Urteil der Franzosen des 18. Jahrhunderts

Das Interesse für die Türken und die türkischen Angelegenheiten war den Franzosen aus dem 16. und 17. Jahrhundert überkommen. Zufolge des Spruchs, daß die Feinde unserer Feinde unsere Freunde sind, wurden die Türken als eine Nation gesehen, die das Interesse und die Sympathie der Franzosen verdiente. In dem Gesandtschaftsbericht Mehemet Effendis von 1751 (veröffentlicht 1757) finden sich Sätze wie diese: „Diese Gesandtschaft dürfte nicht verfehlen, die alte Freundschaft und das gute Einvernehmen zwischen den beiden Reichen zu befestigen." Unter diesem Gesichtspunkt war man begierig auf Nachrichten über die türkischen Herrscher, über ihre Machtmittel und selbst über Einzelheiten ihres Privatlebens gewesen. Aber im 18. Jahrhundert gehorchte das Türkenthema tieferen Ursachen. Wie China gab die Türkei das Beispiel einer Nation, frei von jenen unheilvollen Traditionen, die das Leben unter dem Ancien régime so schwer belasteten.

Die vollständigste Unterrichtung verdankte man einer Historiographie, die von François Mézerays (1610–1683) *Histoire générale des Turcs* (1650) bis Vincent Mignots (1730–1790) *Histoire de l'Empire Ottomane, depuis son origine jusqu'à la paix de Belgrade en 1740* (1771) ungefähr zehn Werke hervorbrachte.[252]) Die Autoren konnten die Rolle von Experten spielen und so tun, als hätten sie ihre Informationen an Ort und Stelle bezogen. Das wichtigste dieser Werke ist zweifellos Graf Boullainvilliers' *L'Histoire des Arabes, avec la vie de Mahomed* (1731); darin wird der Begründer des Islam als ein Vorläufer des Deismus dargestellt. Die Türkenmode und die Mode des Exotismus war schon abgelaufen, als Mignot seine *Geschichte des Ottomanischen Reiches* schrieb. Er wollte damit beweisen, daß der Mensch in all seinen Verwandlungen immer derselbe bleibt.[253])

Auch die schöne Literatur hatte sich der Türkenstoffe bemächtigt. In Jean Racines (1639–1699) Tragödie *Bajazet*, 1672 ohne großen Erfolg gespielt, war es indessen gelungen, ein wirklichkeitsnahes Bild des türkischen Ambientes sowohl in den Sitten wie in den Personen zu geben. Das hatte schon Antoine Le Maître (1853–1914) festgestellt, ebenso Descotes, ein Kenner der orientalischen und türkischen Verhältnisse. Ab 1670 konnte Racine die französische Übersetzung von Paul Ricauts (gest. 1700) *The present state of the Ottoman Empire* verwerten, aber daneben verdankte er viele Einzelheiten seiner Bekanntschaft mit Jean de la Haye, dem ehemaligen französischen Botschafter bei der Hohen Pforte. Die Umstände bei der Sultanswahl, die fortwährenden Eingriffe der Religiösen und der Janitscharen – gewohnt, nach ihrer Laune die Sultane ein- und abzusetzen – und viele andere Züge beweisen, daß Racine die später von Montesquieu aufgegriffene Idee eines türkischen Despotismus nicht teilte.

Seit dem Beginn des 18. Jahrhunderts vervielfältigten sich die Stükke mit türkischen Stoffen auf den Pariser Bühnen. So wurde 1714 in der Comédie française ein *Mahomet II* von Jean-Baptiste Vivien de Châteaubrun (1686–1775) aufgeführt, der es zu elf Vorstellungen brachte. Mahomet II., der Eroberer Konstantinopels, verfiel einer außergewöhnlichen Schönen, die er dann opferte, indem er ihr selbst den Kopf abschnitt, um die mißtrauischen Janitscharen zu beschwichtigen. Denn diese fürchteten, die galante Episode möchte ihren Herrn von seiner Sendung, den Krieg fortzusetzen, abbringen. Pierre Carlet de Marivaux (1688–1763) behandelte denselben Stoff.[254]) Schließlich gestaltete 1811 Baour-Lormian (1770–1854) das Thema mit schon romantisch klingenden Varianten.

Voltaire betrat 1732 mit *Zaïre* die Welt der Türken; er war überzeugt, „daß es dabei nichts besonders Türkisches gebe". Zu seinem 1742 aufgeführten *Mahomet* schrieb er: „Ich habe nicht beansprucht, eine wirklichkeitstreue Handlung über die Bretter gehen zu lassen, nur solche Sitten und Charaktere." Voltaire besaß in seiner Bibliothek das lateinisch geschriebene Werk des Engländers Adrianus Reeland, *De religione mohammedica* (1717), das „de nonnullis quae falso Mohammedanis tribuuntur" handelt. Natürlich kannte er auch die *Histoire des Arabes, avec la vie de Mahomed.* Aber Voltaire folgte Boulainvilliers' Deismuskonzeption erst später. Für ihn war der Prophet vor allem ein Eroberer und arabischer Patriot, der zur Durchsetzung seiner Ziele auch Zynismus und Betrug nicht scheute. Etwas später gestand er, daß er seinen Mohammed schlimmer gezeichnet hätte, als er in Wirklichkeit war. Voltaire kam jetzt den Gedanken Boulainvilliers' nahe, die dem Propheten einen geläuterten Deismus zugeschrieben hatten, viel vernünftiger und verständlicher als die Idee der christlichen Dreieinigkeit. Das war 1745, in der *Histoire de l'esprit humain*, Vorform des *Essai sur les moeurs*. In diesem letzteren Werk entwickelte Voltaire ausführlich seine Vorstellungen von den Türken und der Türkei, worauf wir noch zurückgreifen werden.

Neben dem Theater bemächtigten sich der Roman und die Novelle im 17. und 18. Jahrhundert der Türkenstoffe.[255]) Madeleine de Scudéry (1607–1701) verfaßte nach der 1641 erfolgten Veröffentlichung ihres *Ibrahim, ou l'illustre Bassa* in Zusammenarbeit mit ihrem Bruder Georges (1601–1667) *L'Almahide, ou L'esclave reine* (1660–1663). Von 1670 bis zum Ende des Jahrhunderts erschienen jährlich mindestens zwei Romane oder Novellen mit türkischem Sujet.

Indessen hatten neue Strömungen in die Romangattung Eingang gefunden, Strömungen, die den türkischen Stoffen nicht günstig waren. Die Übersetzung von *Tausend und eine Nacht* und die Neuheit der Feenerzählungen führten die Schriftsteller zu einer Bevorzugung phantastischer und fabelmäßiger Stoffe. Man könnte dieses Phänomen erklären aus der Teilnahme von niedrigeren Schichten am literarischen Leben als denjenigen, die das Publikum im 17. Jahrhundert gebildet hatten. Natürlich konnten die Feenmärchen nicht in der Türkei lokalisiert werden, einem zu gut gekannten Land, um der Phantasie freien Lauf zu lassen. Die Erzähler der Feenmärchen bevorzugten Indien, Afrika und andere, weit entfernte Bereiche, um ihren Lesern Desillusionen zu ersparen. Diese ganze Literatur verhüllte unter durchsichtigem Schleier die gegenwärtige Wirklichkeit in Frankreich und in Versailles.

Simon Tyssot de Patot (1655– um 1727) erzählt in seinen *Voyages et aventures de Jacques Massé* (1710), wie der Held des Romans auf dem Sklavenmarkt verkauft wurde: „Ich hatte einen vollkommen guten Herrn. Da ich tat, was ich konnte, sparte er an nichts von dem, was ich brauchte. Das Quartier war gut, das Essen noch besser, und niemals sagte er mir ein hartes Wort. Das hat mich hundertmal an die Idee erinnert, die man bei uns den Kindern über Barbaren und Türken beibringt. Man spricht von ihnen, als wären sie die reinen Teufel. Indessen kann ich zu ihrem Lob sagen, daß ich bei ihnen soviel Nächstenliebe, Menschlichkeit und Gutgläubigkeit gefunden habe wie unter den Europäern, und ich kann weiter sagen, daß ich nicht bedauern würde, meine Tage unter ihnen zu beenden."[256]) Er stellt die Barmherzigkeit der Türken in Gegensatz zu der Hypokrisie der Kreuzesgläubigen.

Pierre Lambert de Saumery, Verfasser der *Mémoires et aventures secrètes et curieuses d'un voyage du Levant* (La Haye 1731/32), wurde um 1690 in Utrecht geboren; 1767 ist er gestorben. 1730 ging er vom Calvinismus zum Katholizismus über. Später verwertete er in mehreren Büchern die Erfahrungen eines Aufenthaltes in der Türkei. In seinen Memoiren rechtfertigt er die Polygamie, die er den Gepflogenheiten des Westens für überlegen hält: „... ist es tatsächlich nicht weniger verbrecherisch, mehrere Frauen zu eigen zu besitzen ... als sich des Gutes eines anderen zu bemächtigen, ihm seine Ehre wegzunehmen und sich selbst hundert Gefahren auszusetzen?" [257]) In fast allen Bereichen des Lebens sind die Türken korrekt und höflich: „Man findet unter ihnen keinen Streit und Zank. Jeder gibt seine Gründe an, ohne sich aufzuregen und aus dem Häuschen zu geraten. Ein großes Beispiel der Mäßigung für uns." [258]) Lambert de Saumery entschuldigt den Gebrauch des Opiums bei den Türken; sie seien so sehr daran gewöhnt, daß es keine üble Wirkung mehr hervorrufe. Er bewundert die Rechtlichkeit und Gewissenhaftigkeit der Türken. Die Kaufleute betrügen einen niemals: „Man kann gewiß sein, daß, wenn ein Türke etwas versprochen hat, er sein Wort hält, auch wenn er seine Güter, sein Vermögen oder sein Leben in Gefahr bringt." [259])

Das wärmste Lob aber findet die türkische Justiz: „... sie arbeitet schnell, unverzüglich und äußerst genau. In diesem Land gibt es weder Advokaten noch Staatsanwälte ... im Divan wird nicht von Finten und Verzögerungen gesprochen; man läßt die Leute nicht zappeln und ruiniert sie nicht durch Kosten; ein Fall wird auf der Stelle erledigt, von welcher Natur er auch sein mag." [260]) Man kann leicht verstehen, daß Angehörige der Noblesse de robe wie Montesquieu oder im Châtelet wirkende Anwälte wie Jean-Antoine Guer diesen Enthusiasmus für eine wirksame und direkte Justiz nicht teilen.

Kritisch vermerkt Lambert de Saumery, daß die Türken nicht nur durch ihre frenetische Liebe zu Frauen sündigen, sondern auch durch die bei ihnen im Schwange befindliche Sodomie, durch ihre Trunksucht und Habgier. „Das sind die Fehler der Türken, die ohne diese die anständigsten Menschen der Welt wären." [261]) Die Türken spielen niemals um Geld; sie kennen keine Glücksspiele und verbringen ihre Zeit mit harmloseren Vergnügungen wie dem Gesang, dem Tanz und der Musik: „Ihre Tanzweise ist sehr schön und majestätisch, doch zu lasziv, und ihre Lieder sind schrecklich obszön." [262]) Obwohl ein Türkenfreund, bemüht sich Lambert de Saumery, wie alle ordentlichen Reporter, die Objektivität seines Urteils festzuhalten.

1737 veröffentlicht er die *Nouveaux mémoires du comte de Bonneval*. Der allgemeine Ton ist hier kritischer als in den vorausgegangenen Memoiren. Für den Grafen ist das Fehlen des Adels „die Quelle aller möglichen Unordnungen".[263]) Bonneval, ein Berufssoldat, unterbreitet dem Sultan einen zusammenhängenden Plan zur Unterwerfung der Truppe unter die in den westlichen Ländern übliche Disziplin. Der Sultan habe zwar die Gedanken des Grafen gebilligt, aber es bleibe ungewiß, welchen Gebrauch er davon gemacht habe, und es wäre auch nicht verwunderlich, daß er wohl die entsprechenden Anordnungen getroffen hätte, die dann jedoch nicht befolgt worden wären.[264]) Bonneval vertritt die Meinung, daß die Türkei nicht am Despotismus leidet, sondern an der allgemeinen, eine geordnete Staatsführung verhindernden Insubordination und Anarchie.

Einer der besten Türkenromane ist fraglos Nicolas Fromagets (gest. 1759) *Le Cousin de Mahomet* (1742).[265]) Die Erzählung beginnt nach Art der Schelmenromane. Der Held entspringt dem Vaterhaus und stößt nach allerhand Abenteuern in Marseille zur Besatzung eines nach Konstantinopel fahrenden Schiffes. Der junge Mensch ist sehr empfänglich für die malerische Umgebung und die Vororte der türkischen Hauptstadt. Dort tritt er für einige Tage in den Dienst des französischen Botschafters. Indessen wird er infolge des Verrats eines Juden als Sklave verkauft und gerät in die Hände eines türkischen Offiziers, der ihn unverzüglich zum Eunuchen machen will. Aber sein Glück will es, daß wenige Augenblicke vor der Operation sein Herr auf eine Verfügung des Sultans hin erdrosselt wurde. Sein nächster Herr ist ein Jurist, dessen Gattin seine Gelüste erregt. Das Idyll zwischen dem jugendlichen Franzosen und Fatme wird durch den plötzlichen Tod des Hausherrn jäh unterbrochen. Sein neuer Herr, General der Janitscharen, ist der Gatte der Mirzala, einer Schwester des Sultans. Die Gefühlskälte des Gatten begünstigt das Unternehmen des Franzosen, durch das er „der Vetter Mohammeds" werden sollte. Mirzala muß die Gattenliebe teilen mit einem jungen Georgier, dem Lustknaben des Generals. Sie hält diesen Wettbewerb für unergötzlich und sucht Trost in den Armen des jungen Franzosen. Sein letzter Herr ist ein gutgesinnter und edelmütiger junger Mann, der ihn, mit Geschenken und Geld ausgestattet und von anderen befreiten Sklaven begleitet, darunter einem zu lebenslänglicher Sklaverei verurteilten Franzosen, nach Frankreich zurückkehren läßt. So übte ein Feind des Christentums mehr Barmherzigkeit als ein ganzes Kloster von Ordensbrüdern. Nach Paris zurückgekehrt, erwartet der

Erzähler die Zeit, „in der er die Bekanntschaft mit so vielen ehrenwerten Menschen erneuern kann".

In den *Nouveaux contes orientaux* (1745) des Grafen Anne-Claude-Philippe Caylus (1692–1765) findet sich ein kleines Meisterwerk, das gewisse Aspekte des türkischen Lebens widerspiegelt: die *Histoire de Jabia et de Maimonné*. Das ungewöhnliche Geschehen dieser Novelle spielt sich im nächtlichen Skutari ab. Es handelt sich um die Umgehung der „Prohibition". In privaten Zirkeln widmen sich die jungen Leute dem Genusse des verbotenen Weines. Jahia, der Erzähler, will einige Weinkrüge aus der Schenke holen, obwohl er dabei riskiert, unterwegs von einem Polizisten überrascht zu werden. Daraufhin gibt Caylus ein Musterbeispiel der von ihm gemeisterten impressionistischen Technik, indem er zuerst ein sehr entferntes und fast unmerkliches Objekt festhält, das sich vergrößert, bis es die Konturen von etwas Überraschendem aufzeigt. So beobachtet der seine Weinkrüge schleppende Jahia von weitem ein Licht; in dem Lichtträger entdeckt er schließlich den Begleiter eines alten Derwischs, der, über die Verwirrung des Erzählers hinwegsehend, ihn einlädt, bei ihm das Abendessen einzunehmen. Nach einem exquisiten Mahl wird ihm ein Schlaftrunk gereicht. Er erwacht in einer Art von Gefängnis mit anderen Genossen seines Unglücks, die dazu bestimmt sind, ihr Herz durch den Derwisch ausreißen zu lassen. Dieser Verspeiser von Herzen ist offenbar ein neuropathisches Subjekt, das sein Gleichgewicht durch diese besondere tägliche Nahrungsaufnahme wiedergewinnt. Der Fall ist natürlich nicht typisch türkisch; nachdem er aufgedeckt ist, greifen die türkischen Behörden durch. Dagegen fügt sich die Episode in den Rahmen des damals modisch werdenden „gräßlichen Romans" (roman féroce).[266] Die Schilderung des türkischen Milieus behält jedoch ihren Wert. – Caylus verdankt man auch den geistreichen Traktat: *Réflexions turques sur la manière dont les chrétiens traitent l'amour*, der eine Apologie der Polygamie ist.[267]

Der Chevalier d'Arcq (1721–1795) macht es in seinem 1753 erschienenen *Lettres d'Osman* den Türken keineswegs zum Vorwurf, daß sie keinen Adelsstand kennen. Ganz im Gegenteil: „Die Franzosen halten es für sehr lächerlich, daß die Laune des Sultans einen erbärmlichen, mit den niedrigsten Angelegenheiten des Serails beschäftigten Sklaven auf der Stelle zum Großwesir erheben kann. Bei ihnen sind solche Ehrungen nur dem Adel vorbehalten, wie wenn die Laune der Natur nicht kleine Köpfe in den großen Familien hervorbringen könnte."[268]) Indessen zerlegt er den Mechanismus des türkischen Despotismus: „... er bannt die Sicherheit. Eine Serailintrige, die Aufsässigkeit eines Eunuchen, die Laune einer Sultanin bringen den Großherrn außer sich, machen einen jeden verdächtig."[269])

Will man dagegen noch einen türkenfreundlichen Roman heranziehen, so braucht man nur auf die *Mémoires turcs* (1743) von Godard d'Aucour (1716–1795) zurückzugreifen.[270]) Das erotische System der Franzosen führt zu kläglichen Ergebnissen: Paris sei voll von alten Kokotten, die in Ermangelung von allem anderen von der traurigen Erinnerung zehren, einmal glücklich gewesen zu sein, und von der Vorstellung eines Mannes, der sie verachtet, nachdem er sie angebetet hat. In der Türkei gebe es dagegen nichts dergleichen: Dort genieße man zwar die Liebe mehrerer Sklavinnen, die unter Verschluß leben; aber man gehe von der einen zur andern, ohne diejenige, von der man komme, im Stich zu lassen. Die Einrichtung der Polygamie erscheint bei Godard d'Aucour als das Geschenk der Weisheit des Propheten: Mohammed habe das Herz des Menschen genau gekannt, als er ihn nicht in seinen Vergnügungen beschränken wollte. Dieser große Gesetzgeber konnte sich nicht vorstellen, daß der Herr des Universums so viele gebieterische Wünsche in unser Herz gelegt hätte, nur um des Vergnügens willen, sie uns bekämpfen zu lassen. Warum sollte man einen eifersüchtigen Gott annehmen, der sich über unser Glück ereifert, nachdem er uns geschaffen habe, um glücklich zu sein?

Wenn die dramatische, die Roman- und Novellenliteratur mit türkischer Thematik ein breites ideologisches Spektrum zeigte[271]), so kann es an Umrißschärfe und Farbigkeit durch die Befragung der zeitgenössischen Dictionnaires, Essays sowie philosophischen und historischen Bücher noch gewinnen.

Voltaire täuschte sich, als er die Dictionnaires anklagte, ein verfälschtes und zu ungünstiges Bild von den Türken zu geben. Zum mindesten ist es dem bekanntesten dieser Dictionnaires, dem Moréris, in der Ausgabe von 1740 gelungen, eine viel objektivere und positivere Anschauung als die mancher zeitgenössischer Autoren zu vermitteln. So ist es den Türken nicht abträglich, wenn dargestellt wird, daß sie die Folter nicht kennen, sondern sich mit dem Verhör von Zeugen begnügen. Das Dictionnaire Moréris verteidigt die Türken gegen den Vorwurf, der Literatur und der Wissenschaft unkundige Barbaren zu sein: „Es gibt in Konstantinopel und in Kairo Professoren der Astrologie, Astronomie, Geometrie, Mathematik, Poesie,

Persisch- und Arabischlehrer ... Zwar mögen sie keine gedruckten Bücher, doch haben sie dafür viele Handschriften ... Man sieht in Konstantinopel einen Basar zum Verkauf von Handschriften, die über verschiedene Wissenschaften in türkisch, arabisch und persisch handeln ... Es gibt Geschichtsschreiber für die Annalen des Reiches, die bisher fünf oder sechs dicke Bände einnehmen und von denen die Abschrift 200 Taler kostet."[272])

Demgegenüber kommt der Marquis d'Argens (1704–1771) auf das alte Schlagwort von einer barbarischen Nation zurück. In den *Lettres juives* (1738) schreibt der Jude folgendes: „Obwohl ich es mit Gleichmut anzusehen habe, von den Nazarenern oder den Türken abzuhängen, kann ich doch nicht umhin, die ersteren zu begünstigen wegen ihrer Wissenschaften und Künste. Jeder von den Kaiserlichen gewonnene Platz, jede gewonnene Schlacht ist ein Sieg über die Ignoranz. Ich halte die Deutschen für die Missionare der Vernunft und der Philosophie. Welch ein Triumph für die schönen Künste, wenn in einigen Jahren die Buchhändler im Hippodrom die Werke von Leibniz, Newton, Descartes, Gassendi ausstellten, wo bisher nur ein paar erbärmliche türkische Theologen zu haben sind."[273])

Der Kampfgeist des Voltairianers d'Argens war keineswegs auf die Verteidigung des Christentums bedacht, sondern auf diejenige – um das moderne und schon veraltete Schlagwort zu gebrauchen – der „abendländischen Zivilisation". Die türkenfeindliche Einstellung d'Argens' wird durch verschiedene Stellen der *Lettres juives* bestätigt, obwohl er manchmal überraschende Ähnlichkeiten zwischen Türken und Franzosen aufspürt. In beiden Ländern ist der Gatte immer der Betrogene. Der Mißbrauch der Religion ist derselbe: „Selbst die Mönche, deren Verhalten Dein Erstaunen hervorruft, sind hier wie dort habgierig, schurkisch, heuchlerisch, faul und unnütz für das Wohl des Staates. Zwischen einem nazarenischen Mönch und einem mohammedanischen Derwisch gibt es keine Unterschiede".[274]) Auf der anderen Seite geben die *Lettres juives* ausführlich Kunde über die Verhältnisse des türkisch gewordenen Ägypten und über die Länder des Maghreb.[275])

1747 trat eine beachtliche Bemühung ans Licht, auf die Türkenfrage eine erschöpfende Antwort zu finden – das zweibändige Werk des Advokaten Guer: *Les moeurs et usages des Turcs, leur religion, leur gouvernement civil, militaire et politique. Avec un abrégé de l'histoire ottomane.* Unter den zahlreichen einschlägigen Büchern des 17. und 18. Jahrhunderts ist es zweifellos das beste, obwohl es dem Autor versagt war, Land und Leute durch Augenschein kennenzulernen.

Jean-Antoine Guer, aus Savoyen gebürtig, lebte zwischen 1713 und 1764. Er publizierte die verschiedenartigsten Bücher, unter ihnen die verdienstvolle Ausgabe des berühmten *Telliamed* des Konsuls Maillet und 1749 eine interessante Studie über die Tierseele (vgl. S. 153). Im Vorwort zu seinem Türkenbuch stellt er fest, daß wir für die Gegenstände der modernen Geschichte aufgeschlossener sind als für die der Antike: „Wenn die Kenntnis der Griechen und der Römer angenehm und auch nützlich ist, so ist es notwendig und selbst unumgänglich für uns, über alle die Türken angehenden Einzelheiten Bescheid zu wissen." [276]) Er zitiert ehrlich all die Bücher und Reiseberichte seiner Vorgänger. Um sein Unternehmen zu rechtfertigen, bezieht er sich auf die Wandlung in der Geschichtswissenschaft, die, statt über Kämpfe, fürstliche Unternehmungen, schaustückartige Umwälzungen zu berichten, sich der Natur der Regierungen, den Maximen des öffentlichen Rechtes, den Grundgesetzen des Staates, der Religion und den Sitten des geschilderten Volkes zuzuwenden hat. Es ist die Wendung, die Voltaire der Geschichtswissenschaft gegeben hatte, indem er die Perspektive für das eröffnete, was man in Deutschland später „Kulturgeschichte" nennt.

Nach einem geschichtlichen Abriß befaßt sich Guer mit allen Einzelheiten der Religion. Er sagt, der Islam wäre verachtet geblieben und einer ernsthaften Überlegung für unwürdig gehalten worden, wenn er „nicht verteidigt, gefördert, geheiligt und irgendwie kanonisiert worden wäre durch die im Protestantismus so genannten Toleranzler". Das sind „Leute, die denken, man könne sein Heil in allen Religionen der Welt finden. Sie sind glühende Verteidiger der Lehre Mohammeds, so daß man zu dem Schluß kommt, daß ihre einzigen Apologeten die Deisten sind".[277]) Der Autor meint ferner, daß die Türken von Natur aus gute Neigungen besitzen, daß aber der falsche Eifer der Religion ihren Charakter verdorben hätte. Daraus erklärt er ihre Unzuverlässigkeit und ihre Undankbarkeit. Sie folgen dem Sprichwort: „Man muß die Hand zerbrechen, die man nicht abhauen kann." Doch „in dieser letzten Zeit hat das Verhalten der Hohen Pforte eine größere Sicherheit in ihren Versprechungen, mehr Zuverlässigkeit und selbst Großmut bekundet".[278]) Der Charakter der Türken wäre unvereinbar mit Frieden und Ruhe. Aber sie legten ein gravitätisches Verhalten an den Tag, das ihre Neigung zu

Ausschweifungen und zu den infamsten Lastern verberge. Sie hätten Geschmack an Instrumenten, am Tanz, an der Innengestaltung ihrer Wohnungen. Ihre Gerichte, vor allem ihre Saucen wären deliziös. Bei Tisch und auch sonst seien sie sehr sauber. Andererseits zeigten sie eine zügellose Begierde nach Kaffee, Tabak und dem von ihrer Religion verbotenen Opium. Ihre Toiletten seien viel hygienischer als die der Europäer. Ein sinnreiches Verfahren lasse das Wasser automatisch abströmen. Aber trotz alles dessen, trotz des Glanzes der jedermann zugänglichen öffentlichen Bäder fällt die Waagschale zugunsten des Westens: „Bezüglich ihres Hauses und auch der Paläste ihrer Großen . . . haben sie nichts, was der Größe und Pracht der unsrigen nahekommt." [279])

Die Türken beobachten in ihren Unterhaltungen und bei ihren Besuchen alle durch die Ämterhierarchie bedingten Regeln der Höflichkeit. „Alle Bewohner entfalten vor ihren Türen ihre Kostbarkeiten, seien es Teppiche, seien es andere Objekte. Die Straßen sind voller Blumen, und die Türen der öffentlichen Gebäude haben stockwerkweise angeordnete Lampen, die die Lüfte mit Weihrauch erfüllen durch aromatisch wohlriechenden Gummi, den man hier verbrennen läßt." [280])

Im *Esprit des lois* beschäftigt sich auch Montesquieu mit den Türken und mit den Angelegenheiten der Türkei, als er ein dem Despotismus unterworfenes Reich beschreiben wollte. Der Despotismus ist die Frucht der Verbindung der drei Gewalten, die getrennt bleiben sollten. Montesquieu verabscheut diese Lösung der politischen Probleme, obwohl sie durch das Klima und die allgemeinen Verhältnisse des Landes nahegelegt sei.

Das Interesse des Präsidenten Montesquieu gilt vor allem der Justizverwaltung und der Gerichtsbarkeit. Er ärgert sich über seine Vorgänger, die die gerichtliche Praxis der Türken herausgestrichen hatten: „Man hört ohne Unterlaß sagen, daß überall so Recht gesprochen werden sollte wie bei den Türken. Das unwissendste Volk würde also am klarsten in der Sache sehen, die für die wissendsten Menschen die wichtigste ist?" [281]) „Die Formalitäten der Justiz, durch die ein geschädigter Bürger wieder zu seinem Gut gelangen soll . . . kann man gewißlich für übertrieben halten. Sieht man aber ein, wieviel sie mit der Freiheit und Sicherheit der Bürger zu tun haben, hält man sie für zu geringfügig. Die Strafen, die Ausgaben, die Verzögerungen, die Gefahren selbst der Justiz sind der Preis, den jeder Bürger für seine Freiheit bezahlt. In der Türkei, wo das Vermögen, das

Leben, die Ehre der Untertanen nur wenig gelten, werden alle Diskussionen so oder so zu Ende gebracht. Wie man sie ausräumt, ist einerlei, wenn sie nur ausgeräumt werden. Der Pascha, der das übersehen sollte, läßt nach seinem Gutdünken Stockschläge auf die Sohlen der Kläger verteilen und schickt sie damit nach Hause." [282])

Bemerkenswert ist nicht zuletzt, wie Montesquieu das Verhalten der modernen Türken mit dem der alten Germanen vergleicht. Den Vergleich unterentwickelter Völker mit der Prähistorie der zivilisierten Nationen hatte Fontenelle angeregt. „Wie heute die Türken in ihren Bürgerkriegen in dem ersten Sieg ein Gottesgericht sehen, so hatten auch die germanischen Völker das Kampfergebnis für einen Beschluß der Vorsehung gehalten". [283])

Der junge, für liberale Gedanken äußerst aufgeschlossene Turgot machte sich gleichfalls die Theorie eines türkischen Despotismus völlig zu eigen. Es handelt sich nicht, „wie bei den tyrannischen römischen Kaisern um einen gewöhnlichen Mißbrauch des Despotismus. Der türkische steckt in der Konstitution ihrer Regierung, er ergreift alle Teile des Staates, er verkettet sich mit allen Ämtern. Jeder Pascha übt über die ihm unterworfene Bevölkerung dieselbe Autorität aus, die der Großherr über ihn hat." [284])

Seine endgültige Meinung über die Türken hat Voltaire im *Essai sur les moeurs* gegeben. Das Verhalten der christlichen Nationen wird dem der Türken gegenübergestellt, aber immer zum Vorteil der letzteren. So berichtet Voltaire, daß der Sultan Amurat II., ein philosophischer Kaiser, „den Eid nicht verletzte, der den Frieden zwischen den Türken und Ladislas von Ungarn sichern sollte, während er von den Christen gebrochen wurde. Die Maxime war damals durchgedrungen, daß man den Häretikern nicht Treu noch Glauben schulde." [285]) Mohammed II., der Eroberer Konstantinopels und würdige Sohn Amurats II., ein hochgebildeter Monarch – „die Mönche haben ihn dafür als einen verrückten Barbaren hingestellt" –, erwies dem Patriarchen Ehrungen, so daß dieser sagte, er sei beschämt durch eine Ehrung, die die christlichen Kaiser niemals seinen Vorgängern erwiesen hätten. Und weiter: „Keine christliche Nation duldet es, daß die Türken bei ihnen eine Moschee erbauen; die Türken aber erlauben es, daß alle Griechen ihre Kirche haben." [286])

Zwischen dem Türkenbild Voltaires und dem Montesquieus bestand ein vollständiger Gegensatz. Voltaire widerspricht der Theorie eines türkischen Despotismus und betrachtet den Türkenstaat als eine Demokratie. Er beruft sich auf den Grafen Marsigli (1658–1730):

Die Janitscharen „können einen Sultan ins Gefängnis werfen, ihn töten lassen, ihm einen Nachfolger geben ... Marsigli zog daraus den Schluß, daß man der türkischen Bewegung den Namen einer Demokratie geben müsse. In der Tat ist es eine."[287])

Voltaire nimmt gelegentlich den Vergleich Montesquieus zwischen den Türken und den mittelalterlichen Völkern an. Die Grausamkeit der Türken komme der „des christlichen Europas" im Mittelalter nahe. Doch widerstreitet diesem Gedanken die Feststellung Voltaires, daß die Türken stolz seien und weder einen Adel noch den Brauch des Duells kennen würden. Diese Besonderheiten sind von Voltaire mit Sympathie festgehalten worden: Die Türken würden nur Waffen tragen, wenn sie ins Feld ausrücken. So hätten es auch Griechen und Römer gehalten, und der entgegengesetzte Brauch sei erst in der Zeit der Barbarei und des Rittertums bei den Christen eingeführt worden. Voltaire kommt immer wieder darauf zu sprechen: „Die Türken sind nicht nur alle frei; sie kennen auch keine Auszeichnung des Adels. Sie erkennen nur die Überlegenheit der Ämter an. Ihre Sitten sind zugleich stolz, hochsinnig und effeminiert. Sie haben die Härte der Skythen, ihrer Vorfahren, und überlassen sich zugleich den verweichlichenden Ausschweifungen Griechenlands und Asiens... Sie sind Eroberer und Ignoranten und mißtrauen daher allen Nationen."[288])

In den letzten Dekaden des 18. Jahrhunderts werden die Hinweise auf die Türken seltener. Eine Kuriosität stellt das 1766 erschienene Büchlein eines gewissen Sébastien-Marie-Mathurin Gazon d'Ourxigné (gest. 1784) dar: *Essai historique et philosophique sur les principaux ridicules des différentes nations*. Der Baron Grimm (1723–1807) erklärte dieses kleine Buch für weit lächerlicher als die Nationen, die der Autor verhöhnen wollte. Gazon d'Ourxigné zufolge wären die Türken leidenschaftliche Anhänger des Tierschutzes: „Dieses Volk, das wir für grausam halten, überträgt seine Menschenliebe auch auf den Hund. Man entgegnet mir vielleicht: nur auf den Hund. Wie dem auch sei, es gibt in Konstantinopel Hospize für herrenlose Tiere. Mehrere Personen vermachten große Summen zu ihrem Unterhalt."[289]) Und noch besser: „Man treibt die Nächstenliebe so weit, daß man arme Leute dafür bezahlt, sich von Tausenden kleiner Insekten stechen zu lassen und sie mit ihrem Blut zu ernähren. Die Vorstellung ... die Seelen ihrer Verwandten oder Freunde könnten in diesen kleinen Tieren wiederverkörpert werden, ist der Grund dieses Brauchs."[290]) Dieser Autor läßt den Eindruck entstehen, als seien die Türken den

Tieren gegenüber sanftmütiger als der heilige Franziskus von Assisi.

Einen ganz anderen Ton schlägt Contant d'Orville im sechsten Band seiner *Histoire des différents peuples du monde* an. Erstmals unterscheidet er zwischen den europäischen und den asiatischen Türken. Die letzteren sind prunksüchtig, hart, geizig, heuchlerisch und nicht so sehr wollüstig als zügellos. Die Türken in Europa sind fleißig, arbeitsam, tapfer, und sie beginnen, Kunst und Wissenschaft zu pflegen. In Asien sind sie dagegen feige, faul, weibisch und leben ihren Ausschweifungen und ihrer Ignoranz. Man wundert sich nach diesen Kostproben nicht mehr darüber, daß Contant d'Orville alle türkenfeindlichen Äußerungen in den Büchern seiner Vorgänger aufgriff.[291])

Dagegen ist bedingungslos türkenfreundlich Claude de Peyssonnel (1727–1790) in seiner *Lettre contenant quelques observations relatives aux mémoires qui ont paru sous le nom de M. le baron de Tott* (1785). Dieser Verfasser behandelt einige Probleme der türkischen Sprache, hebt dann den Reichtum der Literatur und Wissenschaften hervor, die die Türken pflegen ebenso wie die Poesie. Peyssonnel zufolge ist die vom Baron François de Tott (1753–1793) angeschwärzte türkische Justiz vorbildlich: „Es gibt vielleicht keinen anderen Monarchen auf der Erde, der für Beschwerden so zugänglich ist wie der türkische Kaiser. All seine Untertanen, ob Mohammedaner, Christen oder Juden, können ihm jeden Freitag, wenn er zur Andacht in die Moschee geht, ihre Klageschriften unterbreiten. Das dabei verfolgte Verfahren ist denkwürdig und verdient hinterbracht zu werden. Die Kläger, die eine ernste Beschwerde direkt an den Souverän richten wollen, bilden auf dem Platz vor der großen Tür des Serails bei seinem Vorbeigehen Spalier, und jeder hat ein angezündetes und rauchendes Stück Werg auf dem Kopf, als Zeichen für das seine Seele verzehrende Feuer; wenn der Kaiser diesen Rauch sieht, bleibt er stehen und gibt seiner Umgebung den Befehl, die Klageschriften einzusammeln und ihm dann zu überlassen. Sultan Mustapha IV., der ein großer Arbeiter war, las stets alle Klageschriften selbst und vollzog oft nach dieser Lesung Akte einer in die Augen springenden Gerechtigkeit, die noch heute seinem Andenken zur Ehre gereichen würde."[292]) Peyssonnel verteidigt außerdem die Türken gegen den Vorwurf, keine eigenen Architekten und Experten beim Bau ihrer Moscheen zu besitzen; die Feststellung, daß ein armenischer Architekt die beiden großartigen Basiliken in Konstantinopel und Adrianopel erbaut hat, könne den türkischen Konstrukteuren nicht abträglich sein.

Die französische Türkenliteratur war im 18. Jahrhundert schier unerschöpflich. Es wurde hier ein Aspekt der Anthropologie aufgezeigt. Die bloß historische Frage, inwieweit diese Literatur die wirklichen Verhältnisse der damaligen Türkei widerspiegelt, konnte füglich außer Acht gelassen werden. In ihr spiegeln sich vielmehr, dank der anthropologischen Konfrontation, die Ideen der französischen Schriftsteller selbst und ihre Vorstellungen über die eigene Nation.

Anmerkungen

1 Vgl. hierzu die vortreffliche Darstellung von Wilhelm E. Mühlmann: Geschichte der Anthropologie. 2. Aufl. Frankfurt (Main) – Bonn 1968.
2 Zit. nach: Strukturalismus und Literaturwissenschaft. Hg. v. Heinz Blumensaath. Köln 1972, S. 45.
3 Vgl. Raoul Makarius: Dialectique de la parenté. In: La Pensée 4 (1973) 168.
4 Herbert Kühn: Die Kunst Alteuropas. Stuttgart 1954; ders.: Der Aufstieg der Menschheit. Frankfurt-Hamburg 1955; ders.: Die Entfaltung der Menschheit. Frankfurt (Main) 1958.
5 Vgl. Jacques Soustelle: L'Indien aujourd'hui comme hier. In: Le Monde v. 13. 4. 1973.
6 L. S. Klejn: Die Konzeption des „Neolithikums", „Äneolithikums" und der „Bronzezeit" in der archäologischen Forschung der Gegenwart. In: Neolithische Studien. Wissenschaftliche Beiträge der Martin-Luther-Universität Halle (Saale). Berlin (1972) 1, S. 7ff.
7 Ebenda, S. 15.
8 Vgl. ebenda, S. 16f.
9 Albert-Marie Schmidt: Poésie scientifique en France au XVIe siècle. Paris 1938, S. 124.
10 „Nom qu'on donne aux expressions figurées que l'Écriture emploie pour s'accommoder à l'esprit des hommes, et qui font quelquefois à Dieu, un langage fort humain." (Manuel lexique, ou Dictionnaire portatif des mots français ... pas familiers à tout le monde. Paris 1755).
11 „Expression figurée, qui attribue à Dieu des mains, des yeux, des sentiments, de douleur et de joie." (Pierre Richelet: Dictionnaire portatif de la langue française, extrait du grand dictionnaire de Pierre Richelet. Nouvelle édition, entièrement refondue et considérablement augmenté par M. de Wailly. 2 Bde. Basel 1798).
12 Johann Gottfried Herder: Sämtliche Werke. Hg. v. Bernhard Suphan. 33 Bde. Berlin 1877–1919. Bd. 13: Ideen zur Philosophie der Geschichte der Menschheit. Berlin 1887, S. 251.
13 Odo Marquard: Zur Geschichte des philosophischen Begriffs „Anthropologie" seit dem Ende des XVIII. Jahrhunderts. In: Collegium philosophicum. Studien für Joachim Ritter zum 60. Geburtstag. Basel-Stuttgart 1965.

14 Zu den folgenden Ausführungen vgl. Reimar Müller: Die epikureische Gesellschaftstheorie. Berlin 1972.

15 Reimar Müller: Die epikureische Gesellschaftstheorie. Berlin 1972, S. 41.

16 Zum Vergleich nur ein paar unverbindliche Daten von heute: Der älteste Fund von Urmenschen in Afrika wird auf 2,6 Millionen Jahre datiert. Damit ist die früher bestehende Ansicht preisgegeben, daß erst zwischen einer Million und 600000 Jahren der Mensch seine jetzige Form erhielt. Vor 600000 Jahren beginnt das Paläolithikum. Die Funde in China werden in der Tat auf 600000 Jahre beziffert, neuere Fossile in Ungarn auf 500000 Jahre. Dabei ist entscheidend, daß der homo paläohungarius schon den Gebrauch des Feuers kannte und Steinsplitter als Werkzeuge benutzte.

17 Vgl. François-Marie de Marsy: Histoire moderne des Chinois, des Japonais, des Indiens, des Persans, des Turcs, des Russiens. Paris 1754, Bd. 1, S. 6, S. 16f.

18 Vgl. Louis Moréri: Grand Dictionnaire Historique. Amsterdam 1740, Bd. 6, S. 376.

19 Vgl. Gilbert-Charles Legendre, Marquis de Saint-Auban: Traité historique et critique sur l'opinion, ou Mémoires pour servir à l'histoire de l'esprit humain. 5 Bde. 2. Aufl. Paris 1755, Bd. 1, S. 255f.

20 „. . . il semblerait que les connaissances qu'ils avaient acquises ne pourraient être considérées que comme le fruit assidu et réitéré d'une expérience de plusieurs siècles.“ (Jean-Baptiste de Mirabaud: Dissertation qui traite de l'origine du monde. In: Dissertations mêlées sur diverses sujets importants et curieux. Hg. v. Jean Fréderic Bernard. 2 Bde. Amsterdam 1740, Bd. 1, S. 7).

21 Ebenda, S. 56.

22 Ebenda, S. 146ff.

23 Erik Pontoppidan: Traité sur la nouveauté du monde, où l'on prouve par la nature et l'histoire, que le monde n'est pas éternel, pour servir à confirmer la foi des Chrétiens au sujet de la vérité de l'histoire de la Bible. Kopenhagen 1758.

24 Zur Chronologie vgl. auch Constantin-François de Chasseboeuf, Comte de Volney: Recherches nouvelles sur l'histoire ancienne, divisées en trois parties. 3 Bde. Paris 1808–1814.

25 Eduard Norden: Beiträge zur Geschichte der griechischen Philosophie. In: Jahrbuch für klassische Philologie. Supplementbd. 19. 1893, S. 414.

26 Vgl. Karl Reinhardt: Poseidonios. München 1921, S. 392ff., S. 402ff.

27 Vgl. Dmitri Scheludko: Zur Komposition der Karlsreise. In: Zeitschrift für Romanische Philologie (1933) 53, S. 317ff.

28 Zit. nach: Wilhelm E. Mühlmann: Geschichte der Anthropologie. 2. Aufl. Frankfurt (Main) 1968, S. 41.

29 Vgl. Louis-Armand de Lom d'Acre, Baron de La Hontan: Dialogues curieux entre l'auteur et un sauvage de bon sens qui a voyagé, et Mémoires de l'Amérique septentrionale. Hg. v. Gilbert Chinard. Baltimore 1931.

30 Zit. nach: André Monglond: L'histoire intérieure du préromantisme français, de l'abbé Prévost à Joubert. Bd. 1: Le héros préromantisme. Bd. 2: Le maître des âmes sensibles. Grenoble 1929, Bd. 2, S. 133.

31 Jean-Baptiste-Claude Izouard Delisle de Sales: De la philosophie de la nature. 3 Bde. 3. Aufl. Londres 1777, Bd. 1, S. 165.

32 „On dit que dans ce temps un seul soupir, un mot, un geste, qui maintenant n'est qu'un signe imparfait, vague ou équivoque de nos intimes sensations, était l'empreinte vive, pure et parfaitement complète et arrondie de l'état de l'âme nageante dans une mer de volupté, dont chaque onde, quelque faible ou délicate qu'elle pût être, faisait sentir sa bénigne impulsion." (Frans Hemsterhuis: Alexis, ou De l'âge d'or. In: Œuvres philosophiques de M. F. Hemsterhuis, Paris 1792, Bd. 2, S. 143).

33 „Pendant des siècles, l'homme déplora son sort, et parvint à peine à maintenir sa précaire existence. Les contradictions apparentes qu'il avait vues dans la nature en travail, le firent errer longtemps dans une lueur douteuse entre le vrai et le faux, entre le bien et le mal. Stupide et étourdi, ayant perdu les signes du vrai, il n'embrassa que le merveilleux, ombre vaine de sa grandeur passée." (Ebenda, Bd. 2, S. 147).

34 „Je sais bien que vous vous éloignerez avec dégoût d'un homme enmailloté, pour ainsi dire, dans les entrailles des animaux. Croyez-vous donc que la corruption dans laquelle vous êtes plongés, vos haines, vos perfidies, votre duplicité, ne révoltent pas plus ma raison, que la malpropreté de l'Hottentot ne révolte mes sens? ... Vous êtes fiers de vos lumières: mais à quoi vous servent-elles? De quelle utilité seraient-elles à l'Hottentot! ... Quelle obligation vous aura le sauvage, lorsque vous lui aurez porté des arts sans lesquels il est satisfait, des industries, qui ne feraient que multiplier ses besoins et ses travaux, des lois, dont il ne peut se promettre plus de sécurité que vous n'en avez?" (Guillaume-Thomas-François Raynal: Histoire philosophique et politique des établissements et du commerce des Européens dans les deux Indes. 10 Bde. Genève 1780, Bd. 1, S. 398).

35 „Point d'être plus libre que le petit sauvage. Il naît émancipé. Il va, il vient, il sort, il rentre, il découche sans qu'on lui demande ce qu'il a fait, ce qu'il est devenu ... Le dirai-je? La sévérité de notre éducation, sa variété, sa durée, ses fatigues aliènent la tendresse de nos enfants ... Dans nos foyers, les pères âgés radotent souvent au jugement de leurs enfants. Il n'en est pas ainsi dans la cabane du sauvage. On y parle peu, et l'on a une haute opinion de la prudence des pères ... Le vieillard ... s'élève-t-il à l'explication des phénomènes les plus simples de la nature? Le soir, dans une nuit étoilée, à l'entrée de la cabane, leur trace-t-il du doigt le cours des astres qui brillent au-dessus de leur tête, d'après les connaissances bornées qu'il en a? Il est admiré ... Les larmes coulent à sa mort et un long silence règne autour de sa couche ... Hélas! les enfants sont livrés à tant de distractions parmi nous, que les pères sont promptement oubliés." (Ebenda, Bd. 3, S. 520–523).

36 „Ce n'est pas toutefois que je préférasse l'état sauvage à l'état civilisé, tout se compense à peu près, vices et vertus, biens et maux physiques". (Ebenda, S. 523).

37 Johann Gottfried Herder: Sämtliche Werke. Hg. v. Bernhard Suphan. 33 Bde.

Berlin 1877–1919. Bd. 13: Ideen zur Philosophie der Geschichte der Menschheit. Berlin 1887, S. 371f.

38 Ebenda, Bd. 13, S. 393.

39 „On remarque, au contraire, que ceux qui habitent l'intérieur des terres, joignent à beaucoup de droiture et de franchise, un désintéressement qu'on pourrait appeler excessif. Ils pratiquent à la lettre le conseil de l'Evangile, de ne point s'inquiéter pour le lendemain. Ils ne pensent pas même que la nourriture et le vêtement puissent jamais leur manquer. Toujours ils sont prêts à partager le peu qu'ils ont avec ceux qu'ils savent être dans le besoin. S'ils ont été heureux à la chasse ou à la pêche, et qu'ils se soient procurés quelque pièce rare, ils courent aussitôt en donner avis à leurs amis et à leurs voisins, en leur portant leur part. Ils aimeraient mieux s'en priver eux-mêmes, que de ne pas leur donner cette marque d'amitié. Le reproche d'avarice est un des plus sensibles qu'on puisse faire à quelqu'un: comme on ne saurait le flatter plus agréablement qu'en faisant l'éloge de la facilité à donner, et en disant de lui que c'est une main ouverte. Ils appellent les Européens ‚des mains fermées', parce qu'ils ne donnent rien pour rien." (Liévain-Bonaventure Proyart: Histoire de Loango, Kakongo et autres royaumes de l'Afrique. Rédigée d'après les mémoires des préfets apostoliques de la mission française. Paris 1776, S. 71f.).

40 Vgl. La Créquinière: Conformité des coutumes des Indiens orientaux, avec celles des Juifs et des autres peuples de l'antiquité. Bruxelles 1704.

41 „Ils n'ont point pas nos arts funestes et le détestable raffinement de nos passions. Il est vrai que, soit dans leurs vertus, soit dans leur vie, ils sont plus près de la nature que nous." (Louis-Sébastien Mercier: L'homme sauvage. Paris 1767, S. 239).

42 Gilbert Chinard: L'Amérique et le rêve exotique dans la littérature française au XVIIe et au XVIIIe siècle. Paris 1913, S. 71.

43 Vgl. Sergio Moravia: La scienza dell'uomo nel settecento. Bari 1970, S. 247.

44 Vgl. Hermann Baumann: Schöpfung und Urzeit der Menschen im Mythus der afrikanischen Völker. Berlin 1936, S. 67ff.

45 Vgl. Joseph-François Lafitau: Mœurs des sauvages Américains comparées aux mœrs des premiers temps. Dt. Übers. in: Siegmund Jacob Baumgarten: Allgemeine Geschichte der Länder und Völker von Amerika. 2 Bde. Halle 1752, Bd. 1, S. 19.

46 Ebenda, S. 50.

47 Ebenda, S. 51.

48 Ebenda, S. 223.

49 Der Schlußsatz dieses Werkes lautet: „Tous les hommes se ressemblent si fort qu'il n'y a point de peuples dont les sottises nous doivent faire trembler." (Bernard Le Bovier de Fontenelle: De l'origine des fables. In: Œuvres. Nouvelle édition. 11 Bde. Paris 1761, Bd. 3, S. 294).

50 Ebenda.

51 Vgl. Bernhard Le Bovier de Fontenelle: Digression sur les anciens et les modernes. In: Œuvres. Nouvelle édition. 11 Bde. Paris 1761, Bd. 4, S. 193f.).

52 „L'origine des grandes sociétés nous prouve que l'homme ne fut d'abord soumis qu'aux seules lois de la nature. Quelqu'en soit l'époque, dans cet état il était au-dessus des bienséances et de l'opinion. Suivant les vues du grand mécanisme, il se concertait sur le jeu varié de ses organes. Ses désirs naissaient de l'impression faite sur ses sens. D'abord ils furent simples, et se bornaient à des besoins indispensables. Apaiser sa faim, étancher sa soif, se garantir des ardeurs ou des frimas, mériter ses premiers vœux. Ses jours se fussent écoulés dans cet enchaînement de soins, s'il n'eût suivi les secrètes inspirations de la nature pour les douceurs du commerce. Soit par l'effet du penchant, ou d'une mutuelle crainte, les hommes à peine se fûrent vus qu'ils se crurent propres à leurs plaisirs, ou aux intérêts de leur sûreté. Quelques-uns s'aimaient, d'autres s'inspiraient de l'effroi; et tous remués par des ressorts contraires, concoururent à former les nœuds d'une société politique." (François Cartaud de la Villate: Essai historique et philosophique sur le goût. In: Werner Krauss: Cartaud de la Villate. Ein Beitrag zur Entstehung des geschichtlichen Weltbildes in der französischen Frühaufklärung. 2 Bde. Berlin 1960, Bd. 1, S. 205).

53 „Je le vois bien; c'est ici le progrès indiscret d'un système un peu plus mystérieux sur l'*Origine des fables*, qu'un auteur d'ailleurs respectable aux gens de lettres, a glissé depuis quelques années peut-être sans en connaître lui-même le venin, dans toutes les éditions de ses ingénieux ouvrages. Je ne rends point cet auteur garant de toutes les mauvaises conséquences qu'on en tire, et qu'on en peut tirer: et je veux croire qu'il ne l'a pas tiré lui-même par voie de conséquence de l'impie système de Diodore de Sicile sur les hommes autochthones, moitié hommes, moitié serpents ou moitié bêtes, et tout à fait mécaniques et corporels dans leur origine, engendrés des limons de l'Égypte, non par le souffle de Dieu, qui tout d'un coup en fait des âmes vivantes, pleines d'intelligence, et ses images sur la terre, mais éclos par l'ardeur du soleil et par le jeu du grand mécanisme, à la façon des grenouilles et des têtards ... C'est faire des fables à plaisir, pour nous en découvrir l'origine, que de nous donner les premiers hommes, et les Américains de nos jours comme un peuple nouveau, sorti de terre sans doute, et développé peu à peu comme une plante, par les lois de ce grand mécanisme, selon le hardi commentateur." (Louis-Bertrand Castel: Lettre de M*** à Madame la Princesse de*** au sujet des Essais historiques et critiques sur le goût. In: Ebenda, Bd. 2, S. 6f.).

54 Über Terrasson vgl. meinen Aufsatz: Terrasson und die geometrische Fortschrittsbewegung. In: Werner Krauss: Werk und Wort. Aufsätze zur Literaturwissenschaft und Wortgeschichte. Berlin 1972.

55 Jean Terrasson: Sethos, histoire, ou Vie tirée des monuments anecdotes de l'ancienne Égypte, traduit d'un manuscrit grec. 3 Bde. Paris 1731, Bd. 1, S. 132f.

56 „... que les Dieux lui fournissaient une occasion d'exercer cette amitié dont les initiés se faisaient un devoir capital ... à rendre dans l'antiquité fameux les couples d'amants dont la fable et l'histoire nous ont consacrés des noms." (Ebenda, S. 144).

57 „Les signes arbitraires du langage et de l'écriture, en donannt aux hommes le moyen de s'assurer la possession de leurs idées et de les communiquer aux autres, ont formé de toutes les connaissances particulières un trésor commun qu'une génération transmet à l'autre, ainsi qu'un héritage toujours augmenté des découvertes de chaque siècle; et le genre humain, considéré depuis son origine, paraît aux yeux d'un philosophe un tout immense qui, lu-imême, a, comme chaque individu, son enfance et ses sprogrès." (Anne-Robert-Jacques Turgot, Baron de l'Aulne: Tableau philosophique des progrès successifs de l'esprit humain. Discours prononcé en latin, dans les écoles de Sorbonne, le 11 décembre 1750. In: Œuvres de Turgot et documents le concernant, avec biographie et notes par Georges Schelle. 5 Bde. Paris 1913—1923, Bd. 1, S. 215).

58 Vgl. Georges Gusdorf: Introduction aux sciences humaines. Essai critique sur les origines et leurs développements. Paris 1960, S. 282.

59 Zit. nach: Michèle Duchet: L'anthropologie de l'histoire dans le siècle des Lumières. Paris 1972, S. 235.

60 Vgl. ebenda, S. 265.

61 Ebenda, S. 236.

62 Ebenda, S. 269f.

63 Ebenda.

64 Vgl. Victor Riqueti, Marquis de Mirabeau: L'Ami des hommes, ou Traité de la population. La Haye 1757, Bd. 1, S. 12ff.

65 Antoine Court de Gébelin: Le monde primitif analysé et comparé avec le monde moderne, considéré dans son génie allégorique et dans les allégories auxquelles conduisit ce génie. 9 Bde. Paris 1771—1783, Bd. 1, S. IVff.

66 „Le premier âge de la philosophie se compte depuis le déluge, jusqu'à temps que les Grecs passèrent en Égypte et à Babylone, pour y puiser le goût des sciences, et les talents supérieurs qui leur manquaient. Dans tout cet âge, ceux qui voulaient s'instruire, étaient abandonné à eux-mêmes, et n'avaient point de guide surnaturel qui les conduisât, ni de flambeau divin qui les éclairât. Ils marchaient, comme dit l'Écriture, après leurs pensées, et faisaient la volonté, toujours incertaine, de leurs pensées. Dieu ... ne s'était fait connaître expressément qu'aux seuls Hébreux, et avait condamné tous les autres peuples à des ombres fugitives, et souvent humiliantes. Leurs yeux suffisaient pour connaître tant d'ouvrages admirables, dont l'univers est rempli, dont il brille, mais ces yeux ne suffisaient point pour en connaître le but, l'harmonie, le tout ensemble. ‚Philosophia veritatem quaerit, Theologia invenit, sola Religio possidet'." (André-François Boureau-Deslandes: Histoire critique de la philosophie. 3 Bde. Amsterdam 1737, Bd. 1, Préface, S. XXVII f.).

67 „On ne me verra point porter un coup d'œil incertain sur l'obscurité des premiers siècles, pour y discerner quelle sorte d'idolâtrie a été la mère des autres superstitions." (André-Guillaume Contant d'Orville: Histoire des différents peuples du monde, contenant les cérémonies religieuses et civiles, l'origine des religions, leurs sectes et superstitions, et les mœurs et usages de chaque nation. 6 Bde. Paris 1770/71, Bd. 1, Préface, S. XI f.).

68 Edna Lemay: Naissance de l'anthropologie sociale en France. Jean-Nicolas Démeunier et l'étude des usages et coutumes au XVIIIe siècle. In: Dix-Huitième siècle (1970) 2, S. 147–160.

69 „Le climat, la stérilité du pays, l'âpreté du ciel, l'organisation physique, les besoins et la position des peuplades établissent d'abord des coutumes très différentes: la politique, la loi et la morale, les idées fausses et les préjugés, la liberté, l'esclavage et cent autres circonstances achèvent de les varier." (Jean-Nicolas Démeunier: L'Esprit des usages et des coutumes des différents peuples, ou Observations tirées des voyageurs et des historiens. 3 Bde. Londres -Paris 1776–1780, Bd. 1, S. Vf.).

70 Vgl. Friedrich Meinecke: Die Entstehung des Historismus. 2 Bde. München-Berlin 1936, Bd. 1, S. 198f.

71 Johann Gottfried Herder: Sämtliche Werke. Hg. v. Bernhard Suphan. 33 Bde. Berlin 1877–1919. Bd. 13: Ideen zur Philosophie der Geschichte der Menschheit, Berlin 1913, S. 137.

72 Jean-Baptiste-René Robinet: De la nature. 2 Bde. Amsterdam 1761–1763, Bd. 1, S. 30f.

73 Vgl. Jean-Baptiste-Claude Izouard Delisle de Sales: De la philosophie de la nature. 3 Bde. 3. Aufl. Londres 1777, Bd. 3, S. 393–402; vgl. Johann Gottfried Herder: Sämtliche Werke. Hg. v. Bernhard Suphan. 33 Bde. Berlin 1877–1919. Bd. 7: Älteste Urkunde des Menschengeschlechts. Berlin 1884, S. 75.

74 Franco Venturi: L'antichità svelata, e l'idea di progresse in N. A. Boulanger. Bari 1947; John Hampton: Nicolas-Antoine Boulanger et la science de son temps (1722–1759). Genf 1955; Frank E. Manuel: The XVIIIth Century confronts the Gods. Cambridge (Mass.) 1959.

75 Johann Gottfried Herder: Sämtliche Werke. Hg. v. Bernhard Suphan. 33 Bde. Berlin 1877–1919. Bd. 13, S. 13f.

76 Vgl. ebenda, Bd. 11, S. 249.

77 Jan Cornelis de Pauw: Philosophische Untersuchungen über die Amerikaner, oder wichtige Beyträge zur Geschichte des menschlichen Geschlechts. Aus dem Französischen des Herrn von P***. [Übers. v. Karl Gotthelf Lessing] 2 Bde. Berlin 1769, Bd. 2, S. 183f.

78 „Les sauvages, placés immédiatement au-dessus des brutes, et guidés presqu'entièrement par l'instinct, partagent dans leurs bois, les avantages qu'elles semblent avoir sur nous. Mais les sauvages ne jouissent point des biens supérieurs dont leur nature est capable: ils ne ressentent point aussi les misères qui sont l'apanage des nations policées. — Il serait important de rechercher quels sont les instincts naturels à l'homme, de les distinguer des passions factices, fruit illégitime des habitudes vicieuses qu'il a contractées; et après les avoir reconnus, les comparer aux instincts analogues des autres animaux. Le sauvage nous aiderait dans cette recherche. Cependant il resterait encore de grandes difficultés. — Où trouver une classe d'hommes qui se gouvernent uniquement par l'instinct, par la nature ou le sens commun? Les peuples les plus barbares diffèrent étrangement les uns des autres dans leurs mœurs; et

dans certains usages particuliers, ils s'éloignent autant de la nature que les peuples les plus civilisés. Ils ont une certaine portion de raison qui les guide: ils ont des préjugés, des coutumes, des superstitions qu'ils suivent aveuglément. Un œil pénétrant saura reconnaître le caractère de la nature où ses desseins semblent se combattre, et il sera agréablement surpris de trouver chez des sauvages, des traits d'esprit, et une finesse de sentiment qui feraient honneur aux hommes les plus éclairés. Sous ce point de vue l'histoire civile et naturelle du genre humain ne devient pas seulement un amusement propre à satisfaire la curiosité, mais une étude sublime et utile qui peut fournir des moyens de perfectionner l'espèce humaine." (Parallèle de la condition et des facultés de l'homme avec la condition et les facultés des autres animaux. Ouvrage traduit de l'Anglais sur la quatrième édition [par Jean-Baptiste-René Robinet]. Bouillon-Paris 1769, S. 17ff.).

79 „On ne voit point de corps difformes chez les sauvages. Leur force, leur agilité, et leurs belles proportions sont l'effet de leur manière de vivre en plein air, et presque nus ... Les Siamois, les Japonais, les Indiens, les nègres, les sauvages du Canada, de la Virginie, du Brésil, et la plupart des habitants de l'Amérique méridionale n'enmaillottent point leurs enfants: ils les couchent dans une espèce de grand berceau fourré et couvert de peaux, où ils ont de libre usage de tous leurs membres. Cette pratique leur réussit si bien qu'au bout de deux ou trois mois ces enfants ont assez de force pour sortir du berceau en se traînant sur leurs mains et leurs genoux. Avant un an ils marchent seuls. Les enfants enmaillottés et serrés dans leurs langes, ne peuvent absolument se remuer." (Ebenda, S. 42f.).

80 „Les femmes qui habitent l'Isthme d'Amérique, se plongent, sans danger, elles et leur enfant, dans l'eau froide, dès qu'elles sont accouchées." (Ebenda, S. 60).

81 Vgl. Wolf Lepenies: Soziologische Anthropologie. Materialien. München 1971, S. 103.

82 William R. Womack: Eighteenth Century Themes in the Histoire philosophique et politique des deux Indes. In: Studies on Voltaire and the Eighteenth Century (1972) 96.

83 „... ils devaient la paix dont ils jouissaient à cette pitié innée qui précède toute réflexion et d'où découlent les vertus sociales. Cette douce compassion prend sa source dans l'organisation de l'homme, auquel il suffit de s'aimer lui-même pour haïr le mal de ses semblables." (Guillaume-Thomas-François Raynal: Histoire philosophique et politique des établissements et du commerce des Européens dans les deux Indes. 10 Bde. Genève 1780, Bd. 5, S. 251).

84 Ebenda, S. 256.

85 „Sur ce que nous connaissons de l'état des sauvages, il est à présumer que l'avantage de n'être pas assujettie par les entraves de nos ridicules vêtements, la clôture insalubre de nos superbes édifices, et la tyrannie compliquée de nos usages ... n'est point la compensation d'une vie précaire, et des meurtrissures des combats journaliers pour un coin de forêt, une caverne ... la peau d'une bête ou la possession d'une femme. Que la misanthropie exagère tant qu'il

lui plaira les vices de nos cités, elle ne réussira pas à nous dégoûter de ces conventions expresses ou tacites, et de ces vertus artificielles qui font la sécurité et le charme de nos sociétés." (Ebenda, Bd. 10, S. 341).

86 Vgl. Anne-Robert-Jacques Turgot, Baron de l'Aulne: Tableau philosophique des progrès successifs de l'esprit humain. Discours prononcé en latin, dans les écoles de Sorbonne, le 11 décembre 1750. In: Œuvres de Turgot et documents le concernant, avec biographie et notes par Georges Schelle. 5 Bde. Paris 1913–1923, Bd. 1, S. 214f.

87 Vgl. Jan Cornelis de Pauw: Philosophische Untersuchungen über die Amerikaner, oder wichtige Beyträge zur Geschichte des menschlichen Geschlechts. Aus dem Französischen des Herrn von P***. [Übers. von Karl Gotthelf Lessing] 2 Bde. Berlin 1769, Bd. 1, S. 139.

88 Ebenda, Bd. 2, S. 164.

89 Ebenda, Bd. 1, S. 88.

90 Dom Antoine-Joseph Pernety: Dissertation sur l'Amérique et les naturels de cette partie du monde. In: Jan Cornelis de Pauw: Recherches philosophiques sur les Américains. Nouvelle édition, augmentée d'une dissertation critique par Dom Pernetty, et la défense de l'auteur des Recherches contre cette dissertation. 3 Bde. Berlin 1770, Bd. 3.

91 Vgl. ebenda, Bd. 3, S. 85.

92 Jan Cornelis de Pauw: Philosophische Untersuchungen über die Amerikaner, oder wichtige Beyträge zur Geschichte des menschlichen Geschlechts. 2 Bde. Berlin 1769, Bd. 1, S. 82f.

93 Ebenda, Bd. 1, S. 88.

94 Ebenda, Bd. 1, S. 77.

95 „On peut remarquer, en passant, que ces arts ne dépendent que d'un seul, celui d'employer une matière très dure tantôt pour sillonner la terre, tantôt pour diviser et marquer les métaux ... Ainsi tout vient de la métallurgie, et peut-être il est trop vrai que les hommes ont tout conquis, jusqu'à l'intelligence, avec le fer." (Zit. nach: Werner Krauss/Hans Kortum: Antike und Moderne in der Literaturdiskussion des 18. Jahrhunderts. Berlin 1966, S. 2f.).

96 „La marche de ces peuples serait plus prompte et plus sure que la nôtre, parce qu'ils recevraient de nous ce que nous avons été obligés de découvrir, et que pour connaître ces vérités simples, ces méthodes certaines auxquelles nous ne sommes parvenus qu'après de longues erreurs, il leur suffirait d'en avoir pu saisir les développements et les preuves dans nos discours et dans nos livres." (Antoine-Nicolas de Caritat, Marquis de Condorcet: Esquisse d'un tableau historique des progrès de l'esprit humain. Ouvrage posthume. o. O. 1795, S. 319).

97 Vgl. Wolf Lepenies: Soziologische Anthropologie. München 1971, S. 84ff.

98 Emile Guyénot: Les sciences de la vie aux XVIIe et XVIIIe siècles. L'idée d'évolution. Paris 1941, S. 385.

99 Johann Gottfried Herder: Sämtliche Werke. Hg. v. Bernhard Suphan. 33 Bde. Berlin 1877–1919. Bd. 13: Ideen zur Philosophie der Geschichte der Menschheit. Berlin 1887, S. 165.

100 Vgl. Pierre Chaunu: L'Amérique et les Américains. Paris 1964.

101 Vgl. Wilhelm Robertson: Geschichte von Amerika. Aus dem Engl. übers. v. Johann Friedrich Schiller. 2 Bde. Leipzig 1777, Bd. 2, S. 304.

102 „Dans l'origine, l'homme formé nu de corps et d'esprit, se trouva jeté au hasard sur la terre confuse et sauvage, orphelin délaissé de la puissance inconnue qui l'avait produit; il ne vit point à ses côtés des êtres descendus des cieux pour l'avertir de besoins qu'il ne doit qu'à ses sens, pour l'instruire de devoirs qui naissent uniquement de ses besoins." (Constantin-François de Chassebœuf, Comte de Volney: Les ruines, ou Méditations sur les révolutions des empires. [Mit einem Anhang: La loi naturelle] 7. Aufl. Bruxelles 1820, S. 29).

103 „Errant dans les bois, obsédés de besoins, dénoués de ressources, les hommes sauvages n'avaient pas le loisir de combiner des rapports et des raisonnements: affectés de plus de maux qu'ils n'éprouvaient des jouissances, leur sentiment le plus habituel est la crainte, leur théologie la terreur; leur culte se bornait à quelques pratiques de salut, et offrandes à des êtres qui se peignaient féroces et avides comme eux. Dans leur état d'égalité et d'indépendance nul ne s'établissait médiateur auprès des dieux insubordonnés et pauvres comme lui-même. Nul n'ayant de superflu à donner, il n'existait ni parasite sous le nom de prêtre, ni tribut sous le nom de victime, ni empire sous le nom d'autel; le dogme et la morale confondus n'étaient que la conservation de soi-même; et la religion, idée arbitraire sans influence sur les rapports des hommes entre eux, n'était qu'un vain hommage rendu aux puissances visibles de la nature." (Ebenda, S. 158).

104 „Or, comme l'état social avait déjà introduit une hiérarchie méthodique des rangs, des emplois, des conditions, les hommes continuant de raisonner par comparaison transportèrent leurs nouvelles notions dans leur théologie; il en résulta un système compliqué de divinités graduelles." (Ebenda, S. 160).

105 Du Marsais: Œuvres. Hg. v. Duchosal u. Millon. 7 Bde. Paris 1797, Bd. 6, S. 322f.

106 Ebenda, S. 120.

107 „Nos pères l'ont cru; prétendrions-nous être plus sages qu'eux?" (Bernard Le Bovier de Fontenelle: De l'origine des fables. In: Œuvres. Nouvelle édition. 11 Bde. Paris 1761, Bd. 3, S. 283).

108 Du Marsais: Œuvres. Hg. v. Duchosal u. Millon. 7 Bde. Paris 1797, Bd. 6, S. 120.

109 Ebenda, S. 128f.

110 Ebenda, S. 188f.

111 „Les nations, de même que tous les individus de l'espèce humaine, passent par des âges et des états divers; leur premier état est une sorte d'enfance; partagées en familles, en hordes, en petites sociétés éparses, vous les voyez errantes, sans demeure fixe, destituées d'arts et d'industrie, chercher péniblement par la chasse et la pêche de quoi subsister, et presque aussi peu raisonnables que les bêtes, leur faire une guerre continuelle. Voilà l'état

sauvage dont nous avons suffisamment décrit les misères." (Paul Thiry d'Holbach: Système social, ou Principes naturels de la morale et de la politique. 3 Bde. Londres 1773, Bd. 2, S. 21).

112 „Les terreurs religieuses sont en effet très propres à rendre souples et dociles des hommes simples et crédules, dépourvus encore de raison, de prudence et de réflexion. En donnant des religions à des sauvages, les législateurs ont pris la même méthode que suivent encore les mères et les nourrices, quand elles menacent de quelque phantôme les enfants mutins dont elles ne peuvent faire cesser les caprices et les cris." (Ebenda, S. 22).

113 „Les voyageurs nous disent que dans presque toutes les nations sauvages un malade fait appeler à son secours des jongleurs, des sorciers ou des prêtres, à qui l'on suppose du crédit sur les esprits malins, qu'on croit les auteurs des accidents les plus naturels qui arrivent aux hommes . . . Sous prétexte de chasser la maladie, ces fourbes prononcent des conjurations, en langage inconnu, invoquent les esprits, feignent de converser avec eux, poussent des hurlements affreux, étourdissent le pauvre infirme par des bruits effrayants, font mille contorsions et singeries, enfin forment des danses, auxquelles, non obstant sa faiblesse, ils forcent le malade d'en prendre part, jusqu'à ce qu'épuisé de fatigue, il tombe à terre, d'où souvent il ne se relève jamais . . . Cette méthode ne ressemble-t-elle pas à celle que suivent les prêtres des nations les plus éclairées? C'est toujours par des prières, des conjurations, des cérémonies qu'ils promettent aux peuples de faire cesser leurs infortunes." (Ebenda, S. 124).

114 Nikolaj Petrovič Dubinin: Leninskie filosofskie idei i problemy genetiki. In: Voprossy Filosofii (1970) 4, S. 76–86.

115 Arnold Gehlen: Der Mensch, seine Natur und seine Stellung zur Welt. Berlin 1940, S. 293.

116 Vgl. ebenda, S. 299.

117 Zur Auseinandersetzung zwischen Sensualismus und Rationalismus vgl. die grundlegende Arbeit von Luigi Rosiello: Linguistica illuminista. Bologna 1967.

118 Jacques Chouillet: Descartes et le problème de l'origine des langues au XVIIIe siècle. In: Dix-Huitième siècle (1972) 4, S. 43ff.

119 Vgl. Charles de Brosses, Comte de Tournay: Traité de la formation mécanique des langues et des principes physiques de l'étymologie. 2 Bde. Paris 1765, Bd. 1, S. 249f.

120 Vgl. ebenda, S. 250f.

121 „S'il est question d'une simple sensation intérieure (car il ne s'agit pas encore ici de réflexion ni d'idée combinée) il la dénote fort bien par le geste, l'accent, le simple cri; et cette partie du langage est donnée à l'animal comme à l'homme. S'il faut dénoter un objet extérieur et lui donner un nom, dans le peu de relation qui se trouve entre le mot et la chose, l'homme imite au moins du mieux qu'il peut avec sa voix la peinture de l'objet. C'est ce qu'on appelle onomatopée ou vox repercussa naturae." (Ebenda, S. 217f.).

122 „Les Latins ont fait leur mot ‚piscis' sur le primitif simple ‚fish', qui, dans les langues allemande et septentrionale signifie la même chose; les Latins y ont ajouté une terminaison de leur langue; et de ‚piscis' les Italiens ont immédiatement dérivé ‚pesce' et les Français ‚poisson'; chaque nation ajoutant ainsi la terminaison analogue à l'usage de sa langue. Les Latins ont tiré quantité de mots des langues du nord, soit immédiatement, soit médiatement par le Celtique qui entre pour beaucoup dans la composition de leur langage. Il était naturel que le mot ‚piscis', entr'autres, vînt du côté du nord, puisque le poisson est infiniment plus abondant dans les mers de ces climats que dans tout autre." (Ebenda, Bd. 2, S. 71f.).

123 Diese Auffassung vertritt J.-M. Blanchard: Grammaire(s) d'ancien régime. In: Studies on Voltaire and the Eighteenth Century (1973) 106, S. 7ff.

124 Diderot schreibt sich jedoch beide Bewegungen selbst zu, je nachdem, ob er auf die Gesten oder die Worte achtete. — Vgl. Yvon Belaval: L'esthétique sans paradoxe de Diderot. 2. Aufl. Paris 1972, S. 32.

125 „En supposant les hommes abandonnés à leurs facultés naturelles, sont-ils en état d'inventer le langage, et par quels moyens parviennent-ils à cette invention?"

126 Johann Friedrich Wilhelm Jerusalem: Betrachtungen über die vornehmsten Wahrheiten der Religion. 2 Bde. Braunschweig 1770 und 1774. Bd. 2, S. 104.

127 Turgots Gedanken über die Sprache finden sich verstreut in: Œuvres de Turgot et documents le concernant, avec biographie et notes par Georges Schelle. 5 Bde. Paris 1913—1923, Bd. 1.

128 Das bezeugen zahlreiche Publikationen; stellvertretend seien genannt:

1764 Iselin, Isaak: Philosophische Muthmaßungen über die Geschichte der Menschheit, Zürich.

1766 Kraft, Jens: Die Sitten und Meinungen der Wilden. Aus dem Dänischen. Kopenhagen.

1768 Michaelis, Johann David: Les voyageurs savants et curieux; ou Tablettes instructives, et Guide de ceux que S. M. Danoise a envoyé en Arabie, et autres pays voisins de la Palestine, de la Perse, du Mogol ou de l'Inde, et vers la mer Rouge et l'Égypte, pour l'éclaircissement des questions très-importantes de l'histoire, de la nature et des arts. 2 Bde. Londres.

1770 Jerusalem, Johann Friedrich Wilhelm: Betrachtungen über die vornehmsten Wahrheiten der Religion. 2 Bde. Braunschweig 1770 und 1774.

1775 Blumenbach, Johann Friedrich: De generis humani varietate nativa. Göttingen.

1775 Diez, Heinrich Friedrich von: Der Stand der Natur. Lemgo.

1777, 1786—1788 Georg Forsters Schriften.

1784—1791 Herder, Johann Gottfried: Ideen zur Philosophie der Geschichte der Menschheit. Riga.

1785 Kant, Immanuel: Grundlegung der Metaphysik der Sitten. Riga.

1785—1788 Kants anthropologische Aufsätze.

1787–1792 Meiners, Christoph: Artikel in: *Göttingisches Historisches Magazin* und *Neues Göttingisches Historisches Magazin.*

1790 Hißmann, Michael: Anleitung zur Kenntnis der auserlesenen Literatur in allen Teilen der Philosophie. Göttingen-Lemgo.

1790 Platner, Ernst: Neue Anthropologie für Ärzte und Weltweise. Leipzig.

1791 Humboldt, Wilhelm von: Über die Gesetze der Entwicklung der menschlichen Kräfte. [Fragment].

1792 Camper, G. F. Pieter: Über den natürlichen Unterschied der Gesichtszüge in Menschen verschiedener Gegenden und verschiedenen Alters. Übers. v. S. Th. Sömmering. Berlin.

1795 Humboldt, Wilhelm von: Plan einer vergleichenden Anthropologie. [Entwurf].

1797 Kant, Immanuel: Metaphysik der Sitten. Königsberg.

1798 Kant, Immanuel: Anthropologie in pragmatischer Hinsicht. Königsberg.

129 Isaak Iselin: Philosophische Muthmaßungen über die Geschichte der Menschheit. Zürich 1764, Bd. 1, S. 156.

130 Ebenda, S. 187.

131 Der protestantische Abt Jerusalem wurde von Goethe als feinsinniger Theologe geschätzt, ebenso von Herder als „Homilete" (vgl. Johann Gottfried Herder: Sämtliche Werke. Hg. v. Bernhard Suphan. Berlin 1877–1919. Bd. 10, 1879, S. 38); seine *Betrachtungen* und *Mosaischen Briefe* seien beherzigenswert (vgl. ebenda, Bd. 11, 1879, S. 55).

132 Johann Friedrich Wilhelm Jerusalem: Betrachtungen über die vornehmsten Wahrheiten der Religion. 2 Bde. Braunschweig 1770 und 1774. Bd. 2, S. 152ff.

133 Ebenda, S. 169ff.

134 Ebenda, S. 190ff.

135 Georg Forster: Sämtliche Schriften. Hg. v. Therese Forster u. Georg Gottfried Gervinus. 9 Bde. Leipzig 1843, Bd. 7, S. 183ff.).

136 Ebenda, Bd. 5, S. 131f.

137 Johann Gottfried Herder: Sämtliche Werke. Hg. v. Bernhard Suphan. 33. Bde. Berlin 1877–1919. Bd. 13, 1887, S. 257.

138 Vgl. ebenda, S. 419.

139 Ebenda, S. 406.

140 Ebenda, S. 313f.

141 Ebenda, S. 314.

142 Michael Hißmann: Anleitung zur Kenntnis der auserlesenen Literatur in allen Teilen der Philosophie. Göttingen-Lemgo 1790, S. 101f.

143 Ebenda, S. 103ff.

144 Vgl. Joseph-François Lafitau: Mœurs des sauvages Américains comparées aux mœurs des premiers temps. Dt. Übers. in: Siegmund Jacob Baumgarten: Allgemeine Geschichte der Länder und Völker von Amerika. 2 Bde. Halle 1752, Bd. 1, S. 43.

145 Vgl. dazu das Kapitel: Die Jahrhundertrechnung der Chronologen.

146 Joseph-François Lafitau: Mœurs des sauvages Américains comparées aux mœurs des premiers temps. Dt. Übers. in: Siegmund Jacob Baumgarten: Allgemeine Geschichte der Länder und Völker von Amerika. 2 Bde. Halle 1752, Bd. 1, S. 212.

147 Ebenda, S. 215f.

148 Vgl. Jan Cornelis de Pauw: Philosophische Untersuchungen über die Ameri kaner, oder wichtige Beyträge zur Geschichte des menschlichen Geschlechts. 2 Bde. Berlin 1769, Bd. 2, S. 83ff.

149 Wilhelm Robertson: Geschichte von Amerika. Aus dem Engl. übers. v. Johann Friedrich Schiller. 2 Bde. Leipzig 1777, Bd. 2, S. 249f.

150 Wilhelm E. Mühlmann: Geschichte der Anthropologie. 2. Aufl. Frankfurt (Main)-Bonn 1968, S. 204.

151 Wilhelm Robertson: Geschichte von Amerika. Aus dem Engl. übers. v. Johann Friedrich Schiller. 2 Bde. Leipzig 1777, Bd. 1, S. 3.

152 Ebenda, S. 324.

153 Ebenda, S. 357.

154 Ebenda, S. 369ff.

155 Ebenda, S. 433f.

156 Joseph-François Lafitau: Mœurs des sauvages Américains comparées aux mœurs des premiers temps. Dt. Übers. in: Siegmund Jacob Baumgarten: Allgemeine Geschichte der Länder und Völker von Amerika. 2 Bde. Halle 1752 ,Bd. 1, S. 16.

157 Ebenda.

158 Ebenda, S. 41.

159 Zit. nach: Michèle Duchet: L'anthropologie de l'histoire dans le siècle des Lumières. Paris 1972, S. 59.

160 Jan Cornelis de Pauw: Philosophische Untersuchungen über die Amerikaner, oder wichtige Beyträge zur Geschichte des menschlichen Geschlechts. 2 Bde. Berlin 1769, Bd. 2, S. 163.

161 Ebenda, S. 149.

162 Johann Friedrich Wilhelm Jerusalem: Betrachtungen über die vornehmsten Wahrheiten der Religion. 2 Bde. Braunschweig 1770 und 1774, Bd. 2, S. 61.

163 Vgl. Jan Cornelis de Pauw: Philosophische Untersuchungen über die Amerikaner, oder wichtige Beyträge zur Geschichte des menschlichen Geschlechts. 2 Bde. Berlin 1769, Bd. 1, S. 29.

164 Vgl. ebenda, Bd. 1, S. 54f.

165 Vgl. ebenda, S. 49—53.

166 Joseph-François Lafitau: Mœurs des sauvages Américains comparées aux mœurs des premiers temps. Dt. Übers. in: Siegmund Jacob Baumgarten: Allgemeine Geschichte der Länder und Völker von Amerika. 2 Bde. Halle 1752, Bd. 1, S. 25f.

167 Vgl. Guillaume Thomas-François Raynal: Histoire philosophique et politique des établissements et du commerce des Européens dans les deux Indes. 10 Bde. Genève 1780, Bd. 3, S. 519.

168 Vgl. Georges Benrekassa: Loi naturelle et loi civile. L'Idéologie des Lumières et la prohibition de l'inceste. In: Studies on Voltaire and the Eighteenth Century (1972) 88, S. 118–138.

169 Jan Cornelis de Pauw: Philosophische Untersuchungen über die Amerikaner, oder wichtige Beyträge zur Geschichte des menschlichen Geschlechts. 2 Bde. Berlin 1769, Bd. 1, S. 227.

170 Ebenda, Bd. 2, S. 126f.

171 Ebenda, S. 231.

172 Vgl. Jean Ehrard: L'idée de nature en France dans la première moitié du XVIIIe siècle. 2 Bde. Paris 1963, Bd. 2, S. 409.

173 Vgl. Jan Cornelis de Pauw: Philosophische Untersuchungen über die Amerikaner, oder wichtige Beyträge zur Geschichte des menschlichen Geschlechts. 2 Bde. Berlin 1769, Bd. 1, S. 164.

174 Vgl. ebenda, S. 168.

175 Wilhelm Robertson: Geschichte von Amerika. Aus dem Engl. übers. v. Johann Friedrich Schiller. 2 Bde. Leipzig 1777, Bd. 1, S. 411ff.

176 Joseph-François Lafitau: Mœurs des sauvages Américains comparées aux mœurs des premiers temps. Dt. Übers. in: Siegmund Jacob Baumgarten: Allgemeine Geschichte der Länder und Völker von Amerika. 2 Bde. Halle 1752, Bd. 1, S. 16.

177 Jan Cornelis de Pauw: Philosophische Untersuchungen über die Amerikaner, oder wichtige Beyträge zur Geschichte des menschlichen Geschlechts. 2 Bde. Berlin 1769, Bd. 1, S. 161.

178 C. F. Vollneys Reisen durch die Vereinigten Staaten, nebst Anhang. 2 Bde. Hamburg-Mainz 1804, Bd. 2, S. 304 (Magazin der neuesten und besten Reisebeschreibungen 5.6.).

179 Wilhelm Robertson: Geschichte von Amerika. Aus dem Engl. übers. v. Johann Friedrich Schiller. 2 Bde. Leipzig 1777, Bd. 1, S. 436f.

180 Ebenda, S. 399f.

181 Ebenda, S. 396f.

182 Ebenda, S. 423, S. 470f.

183 Vgl. Jan Cornelis de Pauw: Philosophische Untersuchungen über die Amerikaner, oder wichtige Beyträge zur Geschichte des menschlichen Geschlechts. 2 Bde. Berlin 1769, Bd. 1, S. 56.

184 Primärliteratur zur Fabel:

La Motte, Antoine Houdar de: Fables nouvelles, dédiées au Roi. Avec un discours sur la fable. La Haye 1720.

Moncrif, François-Augustin Paradis de: Les chats. Paris 1727.

[Abbé Desfontaines:] Lettre d'un rat calotin à Citron, barbet, au sujet de l'Histoire des chats par M. de Montgrif. Ratopolis 1727.

Richer, Henri: Fables nouvelles mises en vers. Paris 1729.

– Fables choisies et nouvelles, mises en vers, avec la vie d'Esope tirée de Plutarque et d'autres auteurs. Paris 1744.

– Fables nouvelles mises en vers, avec la vie d'Esope. 2 Bde. Paris 1748.

Morfouace de Beaumont, Gilles: Apologie des bêtes, ou leurs connaissances et raisonnements, prouvés contre le système des philosophes cartésiens, qui prétendent que les brutes ne sont que de machines automates, ouvrage en vers. Paris 1732.

[Bourdon de Sigrais, Claude-Guillaume:] Histoire des rats, pour servir à l'histoire universelle. Ratopolis 1737.

Pesselier, Charles-Etienne: Fables. Recueil du Parnasse. Bd. 1, Paris 1743.

– Fables nouvelles. Paris 1748.

Ardène, Esprit-Jean de Rome d': Recueil des fables nouvelles, précédées d'un discours sur ce genre de poésie. Paris 1747.

Imbert, Barthélemy: Fables nouvelles. Amsterdam-Paris 1747.

Sekundärliteratur zur Fabel:

Saillard, Gustave: Essai sur la fable en France au XVIIIe siècle. Thèse. Toulouse 1912.

Busson, Henri: Lafontaine et l'âme des bêtes. In: Revue d'histoire littéraire de la France (1935) 42, S. 1ff.; (1936) 43, S. 257ff.

185 Sekundärliteratur zur Wissenschaft des Lebens und der Biologie:

Guyénot, Emile: Les sciences de la vie aux XVIIe et XVIIIe siècles. L'idée d'évolution. Paris 1941.

Ehrard, Jean: L'idée de nature en France dans la première moitié du XVIIIe siècle. 2 Bde. Paris 1963.

186 Sekundärliteratur zum Tierseelenproblem:

Hastings, Hester: Man and beast in French thought of the eighteenth century. Baltimore 1936 (The John Hopkins studies in Romance literature and language. XXVII.).

Rosenfield, Leonore Cohen: From Beast-Machine to Man-Machine, the theme of animal soul in French letters from Descartes to La Mettrie. New York-Oxford 1941.

Ehrard, Jean: L'idée de nature en France dans la première moitié du XVIIIe siècle. Paris 1963, Bd. 2, S. 679–690.

187 Gotthold Ephraim Lessing: Sämtliche Schriften. Neue rechtmäßige Ausg. Hg. v. Karl Lachmann. 13 Bde. Berlin 1838–1840. Bd. 5, 1838, S. 435.

188 Vgl. Correspondance littéraire, philosophique et critique par Grimm, Diderot, Raynal, Meister etc. Revue sur les textes originaux. Notices, notes, table générale par Maurice Tourneux. 16 Bde. Paris 1877–1882. Bd. 9, 1879, S. 307.

189 Vgl. ebenda, Bd. 1, S. 73.

190 Ähnlich interpretiert Hastings diesen Vorgang. – Vgl. Hester Hastings: Man and beast in French thought of the eighteenth century. Baltimore 1936, S. 22.

191 Vgl. François Gacon: Discours satiriques sur toutes sortes de sujets. o. O. 1701, S. 242.

192 Vgl. Bernard Le Bovier de Fontenelle: Sur la poésie en général. In: Œuvres. Nouvelle Edition. 11 Bde. Paris 1761. Bd. 8, S. 309f.

193 Vgl. ders.: Fragments d'un traité de la raison humaine. Ebenda, Bd. 9, S. 333.
194 Vgl. Antoine Houdar de La Motte: Fables nouvelles, dédiées au Roi. Avec un discours sur la fable. La Haye 1720, S. 32.
195 Vgl. Jean-Baptiste de Boyer, Marquis d'Argens: La philosophie du bon sens, ou Réflexions philosophiques sur l'incertitude des connaissances humaines, à l'usage des cavaliers et du beau sexe. Nouvelle édition. 3 Bde. La Haye 1755, Bd. 2, S. 64ff.
196 Vgl. Hester Hastings: Man and beast in French thought of the eighteenth century. Baltimore 1936, S. 120f.
197 Vgl. Laurent Angliviel de La Beaumelle: La spectatrice danoise, ou L'Aspasie moderne, ouvrage hebdomadaire. Copenhague 1749, Teil 1, Amusement XIV, S. 105ff.
198 Vgl. Le Barbet mignon, ou le Chien turc. Francfort 1749, Bd. 1, S. 22.
199 Vgl. David-Renaud Boullier: Pièces philosophiques et littéraires. o. O. 1759, S. 22.
200 Vgl. ebenda, S. 70.
201 Ebenda, S. 78.
202 Ebenda, S. 130.
203 Vgl. ebenda, S. 196f.
204 Vgl. ebenda, S. 201.
205 René-Antoine Ferchault de Réaumur: Mémoires pour servir à l'histoire des insectes. 6 Bde. Paris 1734—1742, Bd. 1, S. 21f.
206 Jean Meslier: Œuvres complètes. Préface et notes par Jean Deprun, Roland Desné, Albert Soboul. 3 Bde. Paris 1970—1972, Bd. 3, S. 101f.
207 Ebenda, S. 103.
208 Ebenda, Bd. 1, S. 211ff.
209 Ebenda, Bd. 3, S. 95ff.
210 Julien Offray de La Mettrie: L'homme machine. Hg. v. Pauvert. Paris 1966, S. 72.
211 Voltaire: Œuvres complètes. Nouvelle Édition. Hg. v. M. Beuchot. Paris, Bd. 47, S. 137f.
212 Ebenda, S. 138.
213 „Avez-vous mesuré cette mince cloison/Qui semble séparer l'instinct de la raison?" (Ebenda).
214 Ebenda, S. 139.
215 Ebenda.
216 Vgl. De Listonai [Villeneuve]: Le voyageur philosophe dans un pays inconnu aux habitants de la terre. 2 Bde. Amsterdam 1761, Bd. 2, S. 161.
217 Vgl. ebenda, S. 163.
218 Claude-Rigobert Lefebvre de Beauvray: Dictionnaire social et patriotique, ou précis raisonné des connaissances relatives à l'économie morale, civile et politique. Amsterdam 1770, S. 32f.
219 Vgl. Jean-Baptiste-René Robinet: De la nature. 2 Bde. Amsterdam 1761—1763, Bd. 1, S. 40f.

220 Vgl. Parallèle de la condition et des facultés de l'homme avec la condition et les facultés des autres animaux. Ouvrage traduit de l'Anglais sur la quatrième édition [par Jean-Baptiste-René Robinet]. Bouillon-Paris 1769, S. 9.
221 Vgl. ebenda, S. 11f.
222 Vgl. ebenda.
223 Zit. nach: Paul Vernière: Spinoza et la pensée française avant la Révolution. 2 Bde. Paris 1954, Bd. 2, S. 547.
224 Ebenda, S. 549.
225 Zit. nach: Emile Guyénot: Les sciences de la vie aux XVIIe et XVIIIe siècles. L'idée d'évolution. Paris 1941, S. 397.
226 Vgl. François-André-Adrien Pluquet: De la sociabilité. 2 Bde. Paris 1767, Bd. 1, S. 89.
227 Vgl. Jean-Baptiste-Claude Izouard Delisle de Sales: De la philosophie de la nature. 3 Bde. 3. Aufl. Londres 1777, Bd. 2, S. 202f.
228 Dom Louis-Mayeul Chaudon: Dictionnaire anti-philosophique, pour servir de commentaire et de correctif au „Dictionnaire philosophique". Avignon 1767, Bd. 1.
229 Pierre-Louis-Claude Gin: Nouveaux mélanges de philosophie et de littérature. Paris 1785, S. 123.
230 Vgl. dazu auch Hester Hastings: Man and beast in French thought of the eighteenth century. Baltimore 1936, S. 92.
231 Vgl. ebenda, S. 145f.
232 Vgl. Augustin Barruel: Les Helviennes, ou Lettres provinciales philosophiques. Amsterdam 1781, S. 105.
233 Ebenda, S. 39.
234 Vgl. Abraham Gotthelf Kästner: Vermischte Schriften. 2 Bde. Altenburg 1755 und 1772.
235 Johann Peter Süßmilch: Kurze Betrachtung von der Sprache der Tiere. Berlin 1766, S. 99.
236 Vgl. ebenda, S. 100.
237 Vgl. Hermann Samuel Reimarus: Die vornehmsten Wahrheiten der natürlichen Religion. 6. Aufl. Hamburg 1766, S. 249.
238 Ebenda, S. 180.
239 Ebenda, S. 301.
240 Ebenda, S. 324.
241 Vgl. ebenda, S. 326.
242 Ebenda, S. 524.
243 Ebenda, S. 534.
244 Vgl. ebenda, S. 339.
245 Ebenda, S. 650.
246 Ebenda, S. 651.
247 Justus Christian Hennings: Geschichte von den Seelen der Menschen und Tiere pragmatisch entworfen. Halle 1774, S. 441.
248 Ebenda, S. 452f.

249 Ebenda, S. 471.

250 Ebenda, S. 473.

251 Ebenda, S. 479.

252 Unter den französischen Werken über die Geschichte der Türkei erwähnen wir:
Marana, Jean-Paul: L'espion du grand-seigneur, et ses relations secrètes, envoyées à Constantinople, contenant les événements les plus considérables arrivés pendant la vie de Louis Le Grand. Traduit de l'arabe. Amsterdam 1696.
Reeland, Adrianus: La Religion des Mahométans, tiré du latin par Joseph Durand. La Haye 1721.
Cantémir, le prince Démétrius: Histoire de l'agrandissement et de la décadence de l'Empire Ottoman, traduit du latin, 4 Bde. Paris 1743.
Guer, Jean-Antoine: Les Mœurs et usages des Turcs, avec un abrégé de l'histoire ottomane. 2 Bde. Paris 1746/47.
Lévesque de Burigny, Jean: Histoire des révolutions de l'Empire de Constantinople. 3 Bde. Paris 1750.
Mignot, Vincent, Abbé de Scellières: Histoire de l'Empire Ottoman, depuis son origine jusqu'à la paix de Belgrade en 1740. 4 Bde. Paris 1771.
Anquetil-Duperron, Abraham-Hyacinthe: Législation orientale, ou Le despotisme considéré dans les trois États: la Turquie, la Perse, et l'Indoustan. Amsterdam 1778.

253 „Quoiqu'on regarde les Turcs comme des barbares, et que cette opinion ne soit pas sans fondement, j'ai cru que la connaissance d'un grand peuple, dont les possessions s'étendent dans trois parties du monde, et qui a beaucoup influé sur l'état de l'Europe entière, intéresserait ceux qui aiment l'histoire, et que, pour parvenir à bien connaître les hommes, il était important de savoir ce qu'ils ont fait. Les naturalistes observent toutes les espèces d'animaux depuis l'éléphant jusqu'au ciron, depuis le tigre jusqu'à la colombe. Les différences que la religion, le climat, les lois, le gouvernement peuvent avoir introduit parmi les hommes, méritent l'attention de celui qui veut étudier l'humanité, plus les mœurs et le génie d'un peuple s'éloignent des nôtres, plus il est utile de les examiner, ne fût-ce que pour se convaincre que l'homme est partout le même, et que toutes ces dissemblances, quelqu'importantes qu'elles soient, peuvent bien constituer le caractère propre d'une nation, mais jamais influer sur la nature humaine prise dans son essence, que les lois, que les mœurs diverses ne changent pas plus nos âmes que les habits de diverses formes ne changent véritablement la forme de nos corps. On trouvera dans l'histoire des Turcs autant de conquêtes, moins de lois, moins d'ordre, plus de révolutions, plus de proscriptions, en tout plus de sang répandu que dans l'histoire d'aucun autre peuple: mais on y verra les mêmes intérêts, les mêmes passions, les mêmes crimes, les mêmes talents, et les mêmes vertus que partout ailleurs." (Vincent Mignot, Abbé de Scellières: Histoire de l'Empire Ottomane, depuis son origine jusqu'à la paix de Belgrade en 1740. 4 Bde. Paris 1771, Bd. 1, Préface).

254 Vgl. Henri Lagrave: „Mahomet Second". Une tragédie en prose, inache-

vée, de Marivaux. In: Revue d'histoire littéraire de la France (1971) 4, S. 574–584.

255 Vgl. dazu die ausgezeichnete, sorgsame Bibliographie von Marie-Louise Dufresnoy: L'Orient romanesque en France 1704–1789. Montreal 1946/47.

256 „J'avais un parfaitement bon maître: comme je faisais ce que je pouvais, il ne m'épargnait aussi rien de ce que m'était nécessaire. Le logement était bon, les vivres encore meilleurs, et il ne me disait jamais une mauvaise parole. Cela m'a cent fois fait faire réflexion sur l'idée que l'on donne aux enfants chez nous des barbares et des Turcs: il semble, comme on en parle, que ce soient des diables; cependant, je peux dire à leur louange, que j'ai trouvé parmi eux autant de charité, d'humanité et de bonne foi, que parmi les Européens, et même, si j'ose dire, davantage; de sorte que je n'aurais eu aucun regret de finir mes jours parmi eux." (Simon Tyssot de Patot: Voyages et aventures de Jacques Massé. Bourdaux 1710, S. 445).

257 „... en effet n'y a-t-il pas moins de crime d'avoir plusieurs femmes qui vous appartiennent ... que d'usurper le bien de son prochain, lui ravir son honneur et vous exposer à mil malheurs?" (Pierre Lambert de Saumery: Mémoires et aventures secrètes et curieuses d'un voyage du Levant. 4 Bde. La Haye 1731/32, Bd. 2, S. 74).

258 „On ne voit parmi eux ni querelles, ni disputes; chacun dit ses raisons sans s'émouvoir et s'en altérer. Grand exemple de modération pour nous." (Ebenda, Bd. 2, S. 81).

259 „Enfin on doit être convaincu que quand un Turc a promis quelque chose, il effectue sa parole au péril de ses biens, et la fortune et même de sa vie." (Ebenda, S. 96f.).

260 „... est prompte, sans délai et très exacte; il ne se trouvent point dans ce pays d'avocats ou de procureurs; chacun est reçu à déduire leurs affaires; dans le divan il ne se parle point de délais ni de renvois, on ne fait point languir les gens, ni on les consume point en frais; une affaire est vidée sur le champ, de quelque nature qu'elle puisse être." (Ebenda, S. 98).

261 „Tels sont les défauts des Turcs qui sans cela seraient les plus honnêtes gens du monde." (Ebenda, S. 105).

262 „Leur manière de danser est belle et majestueuse, mais trop lascive aussi bien que leurs chansons qui sont horribles pour l'obscénité." (Ebenda, S. 113).

263 Pierre Lambert de Saumery: Nouveaux mémoires du comte de Bonneval, contenant ce qui lui est arrivé de plus remarquable durant son séjour en Turquie. La Haye 1737, S. 61.

264 Vgl. ebenda, S. 196.

265 Nicolas Fromaget: Le Cousin de Mahomet. In: Contes. Avec une notice bio-bibliographique par O. Uzanne. Paris 1882.

266 In der Pflege dieser Gattung geht Caylus jedenfalls Charles Pinot Duclos voran.

267 Anne-Claude-Philippe de Tubières, Comte de Caylus: Réflexions turques sur

la manière dont les chrétiens traitent l'amour. In: Œuvres badines. Amsterdam 1787, Bd. 5, S. 397ff.

268 „Les Français trouvent fort ridicule que la caprice du Grand-Seigneur puisse élever un vil esclave des fonctions les plus basses du Sérail à la place du Grand-Vizir. Chez eux les honneurs sont réservées à la seule noblesse, comme si la caprice de la nature ne plaçait pas de petites têtes dans de grandes familles." (Philippe-Auguste de Sainte-Foix, Chevalier d'Arcq: Lettres d'Osman. 2. Aufl. Paris 1755, S. 61).

269 „Voilà . . . l'effet du despotisme, il bannit la sécurité. Une intrigue du Sérail, un eunuque mécontent, la caprice d'une Sultane peuvent alarmer le Grand-Seigneur, vous rendre suspect . . . Il n'a que des maîtresses et des esclaves, et ne me paraît plus puissant qu'aucun mécanicien, qu'autant il a un plus grand nombre d'automates et plus de terrain pour les faire mouvoir." (Ebenda, S. 62).

270 Vgl. Godard d'Aucour: Mémoires turcs avec l'histoire galante de leur séjour en France, par un auteur turc. In: Contes. Nouvelle édition. Hg. v. O. Uzanne. Paris 1883.

271 Unter den zahlreichen Türkenromanen nennen wir noch:
Germain-François Poullain de Sainte-Fox: Lettres d'une Turque à Paris à sa sœur. Cologne 1760. – Der Verfasser kopiert Montesquieus *Lettres Persanes*.
Adrien de la Vieuville de Orville, Comte de Vignacourt: Les aventures du Prince Jakaya, ou Le triomphe de l'amour sur l'ambition, anecdotes secrètes de la Cour Ottomane. Paris 1723. – Den Rahmen dieses Türkenromans bildet die konkrete türkische Geschichte.
[Nicolas de Malebranche:] Intrigues du Sérail. Histoire turque. Haag 1739. – Der Roman behandelt die Geschichte und den Sturz Mahomets IV. (1687). Sein Horoskop wird ausführlich dargelegt.

272 „Plusieurs s'imaginent que les Turcs n'ont aucun soin des belles lettres; cependant il y a des professeurs à Constantinople et au Caire qui enseignent l'astrologie, l'astronomie, la géométrie, l'arithmétique, la poésie, le persan et l'arabe . . . Ils ne souffrent point des livres imprimés, mais ils ont beaucoup de manuscrits . . . On voit à Constantinople un bazar en marché de livres manuscrits de différentes sciences, en turc, en arabe, et en persan . . . Il y a des historiens gagés, qui écrivent les annales de cet empire, lesquelles sont à présent en 5 ou 6 gros volumes, dont une copie coûte 200 écus." (Louis Moréri: Grand Dictionnaire Historique. Amsterdam 1740, S. 829).

273 „. . . quoique je doive regarder avec beaucoup d'indifférence de dépendre des Nazaréens ou des Turcs, je ne puis m'empêcher cependant de m'intéresser beaucoup en faveur des premiers, à cause des sciences et des arts. Chaque place conquise par les Impériaux, chaque bataille qu'ils gagnent, c'est une victoire remportée sur l'ignorance. Je regarde les Allemands comme les missionnaires de la raison et de la philosophie. Quelle triomphe pour les Belles-Lettres, si, dans quelques années, un libraire étalait dans la place de l'Hippodrome les œuvres de Leibniz et celles de Newton; et que Descartes et Gassendi parussent

dans les lieux où régnaient les écrits de quelques misérables théologiens turcs.“ (Jean-Baptiste de Boyer, Marquis d'Argens: Lettres juives. 6 Bde. 1. Aufl. Haag 1738; 4. Aufl. Lausanne 1750, Bd. 5, S. 278. — Die hier zitierte vierte Auflage wird weder von Quérard noch von Cioranescu verzeichnet.

274 „Les moines mêmes, dont les actions te causent de l'étonnement, ont ici des copies très ressemblantes de leur avarice, de leurs fourberies, de leur hypocrisie, de leur paresse et de leur inutilité au bien de l'État. Tout est bien égal entre un religieux nazaréen, et un dervis mahométan: et le grand nombre de ceux-ci est sans doute un très juste équivalent de ceux-là.“ (Ebenda, Bd. 1, S. 90).

275 Vgl. dazu insbesondere: ebenda, Bd. 5, S. 255ff.; über Ägypten: ebenda, Bd. 3, S. 241.

276 „Si la connaissance des Grecs et des Romains est agréable et même utile, il est nécessaire et même presque indispensable pour nous d'entrer dans les détails de tout ce qui concerne les Turcs.“ (Jean-Antoine Guer: Les mœurs et usages des Turcs, leur religion, leur gouvernement civile, militaire et politique. Avec un abrégé de l'histoire ottomane. Paris 1747, Préface).

277 „[la doctrine de Mahomet] n'a été défendue, prônée, sanctifiée et canonisée en quelque sorte, que par ce qu'on appelle dans le protestantisme les tolérants . . . Tels sont les ardents défenseurs du mahométanisme; d'où il est naturel de conclure qu'il n'a pour apologistes que les déistes.“ (Ebenda, S. 249).

278 „Dans ces derniers temps la conduite de la Cour a acquis une certaine constance dans les promesses, de la bonne foi, et même de la générosité.“ (Ebenda, S. 352).

279 Ebenda, S. 483.

280 „Tous les habitants déploient devant leurs portes tout ce qu'il y a de plus précieux, soit en tapis, soit en autres marchandises. Les rues abondent de fleurs, et les portes des bâtiments publics, illuminés d'une infinité de lampes, rangées par étages, embaument l'air par les aromatiques et les gommes odoriférantes qu'on y fait brûler.“ (Ebenda, S. 403).

281 „On entend dire sans cesse qu'il faudrait que la justice fût rendue partout comme en Turquie. Il n'y aura donc que les plus ignorants de tous les peuples qui auront vu clair dans la chose du monde qu'il importe le plus aux hommes de savoir?“ (Montesquieu: Œuvres complètes. Texte présenté et annoté par Roger Caillos. Paris 1949—1951, S. 309 [Bibliothèque de la Pléiade]).

282 „Si vous examinez les formalités de la justice par rapport à la peine qu'a un citoyen à se faire rendre son bien ou à obtenir satisfaction de quelque outrage, vous en trouverez sans doute trop. Si vous les regardez dans le rapport qu'elles ont avec la liberté et la sécurité des citoyens, vous en trouverez souvent trop peu; et vous verrez que les peines, les dépenses, les longueurs, les dangers mêmes de la justice, sont le prix que chaque citoyen donne pour sa liberté. — En Turquie, où l'on fait très peu d'attention à la fortune, à la vie, à l'honneur des sujets, on termine promptement, d'une façon ou d'une autre,

toutes les disputes. La manière de les finir est indifférente, pourvu qu'on finisse. Le bacha, d'abord éclairci, fait distribuer, à sa fantaisie, des coups de bâton sur la plante des pieds des plaideurs, et les renvoie chez eux." (Ebenda, S. 310).

283 „Comme aujourd'hui les Turcs, dans leurs guerres civiles, regardent la première victoire comme un jugement de Dieu qui décide; ainsi, les peuples germains, dans leurs affaires particulières, prenaient l'événement du combat pour un arrêt de la Providence, toujours attentive à punir le criminel ou l'usurpateur." (Ebenda, S. 811).

284 „[Leur tyrannie] n'est pas comme la tyrannie des empereurs romains, un simple abus du despotisme. Celle des Turcs entre dans la constitution de leur gouvernement; elle infecte toutes les parties de l'État; elle enchaîne tous les ressorts; chaque pacha exerce sur les peuples qui lui sont soumis la même autorité que le Grand-Seigneur a sur lui." (Anne-Robert-Jacques Turgot, Baron de l'Aulne: Année 1748, Recherches sur les causes du progrès et de la décadence des sciences et des arts. In: Œuvres de Turgot et documents le concernant, avec biographie et notes par Georges Schelle. 5 Bde. Paris 1913—1923, Bd. 1, S. 120).

285 „Amurat II gardait le serment prêté pour assurer la paix entre les Turcs et Ladislas d'Hongrie, pendant qu'il fût rompu par les chrétiens. La maxime s'était introduite de ne pas garder la foi aux hérétiques." (Voltaire: Œuvres complètes. Nouvelle Édition. Hg. v. M. Beuchot. Bd. 12: Essai sur les mœurs. Paris 1878, S. 95).

286 „Aucune nation chrétienne ne souffre que les Turcs aient chez elle une mosquée, et les Turcs permettent que tous les Grecs aient des églises." (Ebenda, S. 103).

287 „[Les janissaires] peuvent mettre en prison un sultan, le faire mourir et lui donner un successeur . . . Enfin Marsigli conclut par donner au gouvernement turc le nom de démocratie. C'en est une, en effet." (Ebenda, S. 112).

288 „Non seulement les Turcs sont tous libres, mais ils n'ont chez eux aucune distinction de noblesse. Ils ne connaissent de supériorité que celle des emplois. Leurs mœurs sont à la fois féroces, altières et efféminées, ils tiennent leur dureté des Scythes leurs ancêtres, et leur mollesse de la Grèce et de l'Asie. Leur orgueil est extrême. Ils sont conquérants et ignorants; c'est pourquoi ils méprisent toutes les nations." (Ebenda, S. 110).

289 „Ce peuple, qui nous paraît féroce, a une espèce d'humanité qui s'étend jusque sur les chiens: on répondra qu'elle s'y borne peut-être. Quoiqu'il en soit, on voit à Constantinople des hospices pour ceux de ces animaux qui se trouvent sans maître: plusieurs personnes font, en mourant, des légats considérables pour leur entretien." (Sébastien-Marie-Mathurin Gazon d'Ourxigné: Essai historique et philosophique sur les principaux ridicules des différentes nations. Amsterdam 1766, S. 34).

290 „On pousse la charité jusqu'à payer de pauvres hommes pour se laisser piquer par mille petits insectes qui se nourrissent de leur sang. L'opinion . . . que

les âmes de leurs parents ou de leurs amis ont pu passer dans le corps de ces petits animaux, est la cause de cette coutume." (Ebenda, S. 35).

291 Vgl. André-Guillaume Contant d'Orville: Histoire des différents peuples du monde, contenant les cérémonies religieuses et civiles, l'origine des religions, leur sectes et superstitions, et les mœurs et usages de chaque nation. 6 Bde. Paris 1770/71, Bd. 6, S. 188, S. 194.

292 „Il n'y a peut-être pas de monarque sur la terre plus accessible à la plainte que l'empereur turc; tous ses sujets indistinctement, mahométans, chrétiens, et juifs, peuvent tous les vendredis, lorsqu'il va en cérémonie à la mosquée, lui présenter un placet. La formalité pratiquée à cet effet, est singulière, et méritait bien d'être rapportée. Les opprimés, qui ont quelque plainte grave à adresser directement au souverain, se rangent en file sur son passage, dans la place qui est devant la grande porte su Sérail, ils ont chacun sur la tête un morceau de natte allumé et fumant, qui est l'emblème et l'allégorie du feu, qui dévore leur âme; quand l'empereur aperçoit cette fumée, il s'arrête, donne ordre à quelqu'un des gens qui l'entourent, de ramasser les placets, il se les fait remettre, et les place dans son sein. Sultan Mustapha IV, qui était grand travailleur, ne manquait pas de lire tous ces placets, et a souvent fait, après cette lecture, des actes de justice éclatants, et capables d'honorer sa mémoire." (Claude de Peyssonnel: Lettre contenant quelques observations relatives aux mémoires qui ont paru sous le nom de M. le baron de Tott. Amsterdam 1785, S. 46).

Bibliographie

A. Schriften des 18. Jahrhunderts

(Anonym): Le monument caraïbe. Contes moraux. Paris 1780.

Aa, Pierre van der: Recueil des voyages aux Indes orientales et occidentales. 8 Bde. Paris 1707—1710.

Béliard, François: Zélaskim. Histoire américaine . . . Paris 1765.

Blumenbach, Johann Friedrich: De generis humani varietate nativa. Göttingen 1775.

Bonnet, Charles: Œuvres d'histoire naturelle et de philosophie. 8 Bde. Neufchâtel 1779—1783.

Bordes, Charles: Discours sur les avantages des sciences et des arts. Lyon 1752.

Boulanger, Nicolas-Antoine: L'Antiquité dévoilée par ses usages. Amsterdam 1766.

Brosses, Charles de, Comte de Tournay: Traité de la formation mécanique des langues et des principes physiques de l'étymologie. 2 Bde. Paris 1765.

Bruzen de la Martinière, Antoine-Augustin: Introduction à l'histoire de l'Asie, de l'Afrique et de l'Amérique. Amsterdam 1735.

Buffon, Georges-Louis Leclerc, Comte de: De la nature de l'homme. Paris 1749.

— Les époques de la nature. Paris 1778.

Buhle, Johann Gottlob: Lehrbuch der Geschichte der Philosophie. Bd. 8. Göttingen 1804 (Zur Anthropologie Ernst Platners vgl. S. 405ff.).

Cabanis, Pierre-Jean-Georges: Œuvres complètes. 5 Bde. Paris 1823—1825.

Camper, G. F. Pieter: Über den natürlichen Unterschied der Gesichtszüge in Menschen verschiedener Gegenden und verschiedenen Alters. Übers. v. S. Th. Sömmering. Berlin 1792.

Casaux, Charles, Marquis de: Considérations sur quelques parties du mécanisme des sociétés. Londres 1785.

Charlevoix, Père Pierre-François-Xavier de: Histoire de l'Ile espagnole ou de Saint-Domingue. 2 Bde. Paris 1730/31.

— Histoire et description générale du Japon. 2 Bde. 1. Aufl. Paris 1736; 6 Bde. 2. Aufl. Paris 1754.

— Histoire et description générale de la Nouvelle France. 6 Bde. Paris 1744.

Condorcet, Antoine-Nicolas de Caritat, Marquis de: Esquisse d'un tableau historique des progrès de l'esprit humain. Paris 1795.

Contant d'Orville, André-Guillaume: Histoire des différents peuples du monde, contenant les cérémonies religieuses et civiles, l'origine des religions, leurs sectes et superstitions, et les mœurs et usages de chaque nation. 6 Bde. Paris 1770/71.

Court de Gébelin, Antoine: Le monde primitif analysé et comparé avec le monde moderne, considéré dans son génie allégorique et dans les allégories auxquelles conduisit ce génie. 9 Bde. Paris 1771–1782.

Coutan, Nicolas-Charles: Essai pour parvenir à la connaissance de l'homme. Paris 1751.

– L'homme considéré en lui-même. Paris 1753.

– L'étude propre de l'homme. Paris 1774.

Delisle de Sales, Jean-Baptiste-Claude Izouard: De la philosophie de la nature. 3 Bde. 1. Aufl. Amsterdam 1769; 5 Bde. 5. Aufl. Amsterdam 1785.

Démeunier, Jean-Nicolas: L'Esprit des usages et des coutumes des différents peuples, ou Observations tirées des voyageurs et des historiens. 3 Bde. Londres-Paris 1776–1780.

Diez, Heinrich Friedrich von: Der Stand der Natur. Lemgo 1775.

Fabry de Moncault, Henri-Jean-Baptiste, Comte d'Autrey: L'Antiquité justifiée, ou Réfutation d'un livre qui a pour titre l'antiquité dévoilée [de M. Boulanger]. Paris 1766.

Fontenelle, Bernard Le Bovier de: De l'origine des fables. [1724] Edition critique avec une introduction, des notes, et une commentaire par J.-R. Carré. Paris 1932.

– Entretiens sur la pluralité des mondes. [1719]/Digression sur les anciens et les modernes. [1687] Ed. by Robert Shackleton. Oxford 1955.

Fourmont, Etienne: Réflexions sur l'origine, l'histoire et la succession des anciens peuples. 1. Aufl. Paris 1735.

François, Abbé Laurent: Preuves de la religion de Jésus Christ, contre les spinozistes et les déistes. 4 Bde. Paris 1751. (Kontroverse gegen Maillets „Telliamed" vgl. Bd. 1, S. 469ff.).

Gibert, Joseph-Balthasar: Lettre de M. G. à M. *** sur la chronologie. Paris 1741.

Goguet, Antoine-Yves: De l'origine des lois, des arts, et des sciences et de leurs progrès chez les anciens peuples. 3 Bde. Paris 1758.

Graffigny, Françoise d'Issembourg d'Happoncourt de: Lettres d'une Péruvienne. Paris 1747.

Grainville, Jean-Baptiste-Christophe: Les aventures d'une sauvage. 3 Bde. Paris 1789.

Guyon, Abbé Claude-Marie: Histoire des Amazones anciennes et modernes. 2 Bde. Bruxelles 1741.

Hemsterhuis, Frans: Alexis, ou De l'âge d'or. In: Œuvres philosophiques de M. F. Hemsterhuis. Bd. 2. Paris 1792.

Herder, Johann Gottfried: Ideen zur Philosophie der Geschichte der Menschheit. [1784–1791] In: Herders sämtliche Werke. Hg. v. Bernhard Suphan. 33 Bde. Berlin 1877–1919. Bd. 13.

Hißmann, Michael: Anleitung zur Kenntnis der auserlesenen Literatur in allen Teilen der Philosophie. Göttingen-Lemgo 1790.

Hugary de La Marche-Courmont, Ignace: Lettres d'Aza, ou d'un Péruvien [continuation des Lettres d'une Péruvienne]. Amsterdam 1749.
Humboldt, Wilhelm von: Über die Gesetze der Entwicklung der menschlichen Kräfte. [1791. Fragment] In: Wilhelm von Humboldts Gesammelte Schriften. Hg. v. der Königl. Preuß. Akademie der Wiss. Bd. I. Erste Abt.: Werke I. Hg. v. Albert Leitzmann. Bd. 1: 1785—1795. Berlin 1903, S. 86—96.
— Plan einer vergleichenden Anthropologie. [1795. Entwurf] In: Ebenda, S. 377—410.
Iselin, Isaak: Philosophische Muthmaßungen über die Geschichte der Menschheit. Bd. 1. Zürich 1764.
Jerusalem, Johann Friedrich Wilhelm: Betrachtungen über die vornehmsten Wahrheiten der Religion. 2 Bde. Braunschweig 1770 und 1774.
Kant, Immanuel: Grundlegung der Metaphysik der Sitten. Riga 1785.
— Metaphysik der Sitten. Königsberg 1797.
— Anthropologie in pragmatischer Hinsicht. Königsberg 1798.
Kraft, Jens: Die Sitten und Meinungen der Wilden. Aus dem Dänischen. Kopenhagen 1766.
La Créquinière: Conformité des coutumes des Indiens orientaux, avec celles des Juifs, et des autres peuples de l'Antiquité. Bruxelles 1704.
Lafitau, Joseph-François: Histoire des découvertes et des conquêtes des Portugais dans le Nouveau Monde. 2 Bde. Paris 1733.
— Mœurs des sauvages Américains comparées aux mœurs des premiers temps. 2 Bde. Paris 1723. Dt. Übers. in: Siegmund Jacob Baumgarten: Allgemeine Geschichte der Länder und Völker von Amerika. Bd. 1. Halle 1752.
La Hontan, Louis-Armand de Lom d'Arce, Baron de: Dialogues curieux entre l'auteur et un sauvage de bon sens qui a voyagé, et Mémoires de l'Amérique septentrionale. Paris 1704. Hg. v. Gilbert Chinard. Baltimore 1931.
Legendre, Gilbert-Charles, Marquis de Saint-Aubin: Traité historique et critique sur l'opinion, ou Mémoires pour servir à l'histoire de l'esprit humain. 6 Bde. 1. Aufl. Paris 1733; 5 Bde. 2. Aufl. Paris 1755 (Über Chronologie vgl. 2. Aufl. Bd. 1, S. 251—302).
Le Mascrier, Jean-Baptiste: Essai sur la chronologie. Londres 1751.
Lintot, Cathérine Cailleau, Comtesse de: La jeune Américaine, et les contes marins. La Haye 1740.
Maillet, Benoît de: Telliamed, ou Entretiens d'un philosophe indien avec un missionnaire français, sur la diminution de la mer, la formation de la terre, l'origine de l'homme, etc. . . . mis en ordre par J.-A. Guer. 2 Bde. Amsterdam 1748.
Marmontel, Jean-François: Les Incas, ou La destruction de l'empire de Pérou. 2 Bde. Paris 1777.
Maubert de Gouvest, Jean-Henri: Lettres iroquoises. 2 Bde. o. O. 1752.
— Lettres chérakéesiennes. o. O. 1769.
Meiners, Christoph: Artikel in: Göttingisches Historisches Magazin und Neues Göttingisches Historisches Magazin. 1787—1792.

Mercier, Louis-Sébastien: L'homme sauvage. Paris 1767.

Michaelis, Johann David: Les voyageurs savants et curieux; ou Tablettes instructives, et Guide de ceux que S. M. Danoise a envoyé en Arabie, et autres pays voisins de la Palestine, de la Perse, du Mogol ou de l'Inde, et vers la mer Rouge et l'Égypte, pour l'éclaircissement des questions très-importantes de l'histoire, de la nature et des arts. 2 Bde. Londres 1768.

Mirabaud, Jean-Baptiste de: Sentiments des philosophes sur la nature de l'âme. In: Nouvelles libertés de penser. Amsterdam 1743.

– Le monde, son origine et son antiquité. Londres 1751.

Monbart, Marie-Josephine de Lescun, depuis Mme. Sydow: Lettres taïtiennes. 2 Bde. Berlin 1784.

Pauw, Jan Cornelis de: Philosophische Untersuchungen über die Amerikaner, oder wichtige Beyträge zur Geschichte des menschlichen Geschlechts. (Aus dem Französischen des Herrn von P***. [Übers. v. Karl Gotthelf Lessing] 2 Bde. Berlin 1769.

– Recherches philosophiques sur les Américains. Nouvelle édition, augmentée d'une dissertation critique par Dom Pernetty, et de la défense de l'auteur des Recherches contre cette dissertation. 3 Bde. Berlin 1770.

– Recherches philosophiques sur les Égyptiens et les Chinois. 2 Bde. Berlin 1773; 3 Bde. Paris 1789.

Pernety, Dom Antoine-Joseph: Dissertation sur l'Amérique et les naturels de cette partie de monde. In: Jan Cornelis de Pauw: Recherches philosophiques sur les Américains. Berlin 1770, Bd. 3.

– Les fables égyptiennes et grecques dévoilées et réduites au même principe, avec une explication des hiéroglyphes et de la guerre de Troie. 2 Bde. Paris 1758.

Perreau, Jean-André: Lettres illinoises. Londres 1772.

– Eléments de l'histoire des anciens peuples du monde, de leur religion et gouvernement, de leurs principales lois, coutumes et grandes révolutions. Paris 1775.

– Etudes de l'homme physique et moral considéré dans ses premiers âges. Paris 1798.

– Considérations physiques et morales sur la nature de l'homme, ses facultés. Paris o. J.

Platner, Ernst: Neue Anthropologie für Ärzte und Weltweise. 2. Aufl. Leipzig 1790.

Pluche, Abbé Noël-Antoine: La mécanique des langues et l'art de les enseigner. Paris 1751.

Pluquet, François-André-Adrien: De la sociabilité. 2 Bde. Par s 1767.

Poivre, Pierre: Voyages d'un philosophe, ou Observations s ur les mœurs et les arts des peuples de l'Afrique, de l'Asie, et de l'Amérique. Yverdon 1768.

Proyart, Liévain-Bonaventure: Histoire de Loango, Kakongo et autres royaumes de l'Afrique. Rédigée d'après les mémoires des préfets apostoliques de la mission française. Paris 1776.

Raynal, Guillaume-Thomas-François: Histoire philosophique et politique des

établissements et du commerce des Européens dans les deux Indes. 6 Bde. Amsterdam 1770.
Robertson, William: Wilhelm Robertson's, Doctors der Gottesgelahrtheit ... Geschichte von Amerika. Aus dem Engl. übers. v. Johann Friedrich Schiller. 2 Bde. Leipzig 1777.
— L'histoire de l'Amérique, traduit de l'Anglais. Paris 1778.
Robinet, Jean-Baptiste-René: De la nature. 2 Bde. Amsterdam 1761–1763.
— Parallèle de la condition et des facultés de l'homme avec la condition et les facultés des autres animaux. Ouvrage traduit de l'Anglais sur la quatrième édition [par J.-B.-R. Robinet]. Bouillon-Paris 1769.
Saint-Lambert, Jean-François, Marquis de: Les deux amis. Conte iroquois. o.O. 1770.
Scherer, Jean-Benoît: Recherches historiques et géographiques sur le Nouveau Monde. Paris 1777.
Volney, Constantin-François de Chassebœuf, Comte de: Les ruines, ou Méditations sur les révolutions des empires. Paris 1791.
— Œuvres complètes, mises en ordre et précédées d'une notice sur la vie et les écrits de C.-F. V. [par Adam Bossange]. 8 Bde. Paris 1821.
— Œuvres complètes, précédées d'une étude sur la vie et les écrits de l'auteur [par Adam Bossange]. 8 Bde. Paris 1943.
— C. F. Vollneys Reisen durch die Vereinigten Staaten, nebst Anhang. 2 Bde. Hamburg-Mainz 1804 (Magazin der neuesten und besten Reisebeschreibungen. 5.6.).
Whiston, William: A New Theory of the Earth. London 1696.
Woodward, John: An Essay towards a Natural History of the Earth. London 1695.

B. *Sekundärliteratur zur Anthropologie*

Atkinson, Geoffroy: Les relations de voyage du XVIIe siècle et l'évolution des idées. Contribution à l'étude de la formation de l'esprit du XVIIIe siècle. Paris 1927.
Avdusin, D. A.: Archeologija SSSR. Moskva 1967.
Béclard, Léon: L.-Sébastien Mercier, sa vie, son œuvre, d'après des documents inédits. Paris 1903.
Behn, Friedrich: Vor- und Frühgeschichte. Wiesbaden 1948.
Benrekassa, Georges: Loi naturelle et loi civile. L'idéologie des Lumières et la prohibition de l'inceste. In: Studies on Voltaire and the Eighteenth Century (1972) 88.
Brjusov, A. Ja.: Geschichte der neolithischen Stämme im europäischen Teil der UdSSR. Berlin 1957.
Brunet, Pierre: Maupertuis. L'œuvre et sa place dans la pensée scientifique et philosophique du XVIIIe siècle. 2 Bde. Paris 1939.
Busson, Henri: Lafontaine et l'âme des bêtes. In: Revue d'histoire littéraire de la France (1935) 42; (1936) 43.
Cassirer, Ernst: Die Philosophie der Aufklärung. Tübingen 1932.

Cazeneuve, Jean: Lucien Lévy-Bruhl, sa vie, son œuvre. Paris 1963.
Černych, E. N.: Die Spektralanalyse und die Erforschung der ältesten Metallurgie Osteuropas. In: Archäologie und Naturwissenschaften (russ.). In: Materialy i issledovanija po archeologii SSR (1965) 129, S. 96–110.
– Geschichte der ältesten Metallurgie Osteuropas (russ.). In: Materialy i issledovanija po archeologii SSR (1965) 132.
Chinard, Gilbert: L'Amérique et le rêve exotique dans la littérature française au XVIIe et XVIIIe siècle. Paris 1913.
Dalton, G.: Theoretical Issues in Economic Anthropology. In: Current Anthropology (1969) 10, S. 63–103.
Daniel, G. E.: Man discovers his past. London 1966.
– The origin and growth of archaeology. Harmondsworth 1967.
– The first civilizations. London 1968.
Danzel, Theodor Wilhelm: Kultur und Religion des primitiven Menschen. Stuttgart 1924.
Dee Brown: Begrabt mein Herz an der Biegung des Flusses. Aus dem Amerikanischen übers. v. Helmut Degner. Hamburg 1972. [Titel der Originalausg.: Bury my Heart at Wounded Knee]
Dubinin, Nikolaj Petrovič: Leninskie filosofskie idei i problemy genetiki. In: Voprossy Filosofii (1970) 4, S. 76–86.
Duchet, Michèle: Le monde civilisé et le monde sauvage des Lumières. Paris-Moscou 1970.
– L'anthropologie de l'histoire dans le siècle des Lumières. Paris 1972.
Dundes, Alan: The Morphology of the North-Americans Indian Folktales. Helsinki 1964.
Eggers, H. J.: Einführung in die Vorgeschichte. München 1959.
Ehrard, Jean: L'idée de nature en France dans la première moitié du XVIIIe siècle. 2 Bde. Paris 1963.
Formozov, A. A.: Pamjatniki pervobytnogo iskusstva. Moskva 1966.
Frobenius, Leo: Kulturgeschichte Afrikas. Prolegomena zu einer historischen Gestaltlehre. Zürich 1933.
Gehlen, Arnold: Der Mensch, seine Natur und seine Stellung zur Welt. Berlin 1940.
Godelier, M.: Objet et méthodes de l'anthropologie économique. In: L'homme (1965) 5, S. 32–91.
Gonnard, René: La légende du bon sauvage. Paris 1946.
Gorodkov, V. A.: Archeologija. Bd. 1. Moskva 1925.
Gusdorf, Georges: Les principes de la pensée au siècle des Lumières. Paris 1971.
Guyénot, Emile: Les sciences de la vie aux XVIIe et XVIIIe siècles. L'idée d'évolution. Paris 1941.
Hampton, John: Nicolas-Antoine Boulanger et la science de son temps (1722–1759). Genève-Lille 1955.
Harnois, Guy: Les théories du langage en France 1660–1821. o. O. [1929].
Hastings, Hester: Man and beast in French thought of the eighteenth century.

Baltimore 1936 (The John Hopkins studies in Romance literature and language. XXVII.).
Häusler, A.: Die Grabsitten der mesolithischen und neolithischen Jäger- und Fischergruppen auf dem Gebiet der UdSSR. In: Wissenschaftliche Zeitschrift der Martin-Luther-Universität Halle (Saale). Reihe Gesellschaftswissenschaften. 11 (1962) 10, S. 1141—1206.
— Übereinstimmungen zwischen den Bestattungssitten von Jäger- und Fischergruppen und den Kulturen des donauländischen Kreises. In: Arbeits- und Forschungsberichte zur sächsischen Bodendenkmalspflege (1964) 13, S. 51—72.
— Zum Verhältnis von Männern, Frauen und Kindern in Gräbern der Steinzeit. In: Arbeits- und Forschungsberichte zur sächsischen Bodendenkmalspflege (1956) 14/15, S. 25—73.
Hensch, L.: Le roi ivre, ou l'Origine de l'État. Paris 1972.
Kahlke, Hans-Dietrich: Ausgrabungen in aller Welt. Leipzig-Jena-Berlin 1972.
Kirkinen, Heiko: Les origines de la conception de l'Homme machine. Helsinki 1960.
Klejn, L. S.: Die Konzeption des „Neolithikums", „Äneolithikums" und der „Bronzezeit" in der archäologischen Forschung der Gegenwart. In: Neolithische Studien. Wissenschaftliche Beiträge der Martin-Luther-Universität Halle (Saale). Berlin (1972) 1.
Koppen, W.: Lévy-Bruhl und das Ende des „prälogischen Denkens" der Primitiven. Rom 1958.
Koswin, M. O.: Abriß der Geschichte und Kultur der Urgesellschaft. Berlin 1957. (1. Aufl. in Russ. 1953).
Kowałczyk, J.: Poząaki neolitú na ziesniach polskij. In: Wiadomósci Archaeologniczne. Warszawa 1969.
Kühn, Herbert: Kunst und Kultur der Vorzeit Europas. Berlin-Leipzig 1929.
— Das Erwachen der Menschheit. Frankfurt (Main) 1954.
— Der Aufstieg der Menschheit. Frankfurt (Main)-Hamburg 1955.
— Die Entfaltung der Menschheit. Frankfurt (Main)-Hamburg 1958.
Laplace, G.: Recherches sur l'origine et l'évolution des complexes leptolithiques. Paris 1966.
Lebende Vergangenheit. Prähistorische Ausgrabungen. Berlin 1954.
Leclerc, Gérard: Anthropologie et colonialisme. Paris 1972.
Lepenies, Wolf: Soziologische Anthropologie. Materialien. München 1971.
Lévi-Strauss, Claude: Tristes tropiques. Paris 1958.
— Anthropologie structurale. Paris 1958.
— Le totémisme aujourd'hui. Paris 1962.
— Mythologiques: Teil 1: Du cru au cuit. Paris 1964. Teil 2: Du miel aux cendres. Paris 1964. Teil 3: L'origine des manières de table. Paris 1968.
Lévy-Bruhl, Lucien: Les fonctions mentales dans les sociétés inférieures. Paris 1910.
— La mentalité primitive. Paris 1912.
Lips, Julius Ernst: Zelte in der Wildnis. Zürich 1947.

– Forschungsreise in die Dämmerung. Weimar 1950.
Makarius, Raoul: Dialectique de la parenté. In: La Pensée 4 (1973) 168.
Mann, W. E.: Robinson Crusoe in France. 1916.
Manuel, Frank E.: The Eighteenth Century Confronts the Gods. Cambridge (Mass.) 1959.
Marquard, Odo: Zur Geschichte des philosophischen Begriffs „Anthropologie" seit dem Ende des XVIII. Jahrhunderts. In: Collegium philosophicum. Studien für Joachim Ritter zum 60. Geburtstag. Basel-Stuttgart 1965.
Masson, V. M.: Die Natur und der Ursprung der Zivilisation (russ.). In: Priroda (1969) 3, S. 2–14.
Meinecke, Friedrich: Die Entstehung des Historismus. 2 Bde. München-Berlin 1936.
Monglond, André: L'histoire intérieure du préromantisme français, de l'abbé Prévost à Joubert. Bd. 1: Le héros préromantisme. Bd. 2: Le maître des âmes sensibles. Grenoble 1929.
Monod, Jean: Un riche cannibale. Ethno-Récit. In: Les Temps modernes 27 (1970/71), S. 293ff.; S. 1061–1120.
Moravia, Sergio: La scienza dell'uomo nel settecento. Bari 1970.
Mühlmann, Wilhelm E.: Geschichte der Anthropologie. 2. Aufl. Frankfurt (Main)-Bonn 1968.
Müller, Reimar: Die epikureische Gesellschaftstheorie. Berlin 1972.
Narr, K. J.: Handbuch der Urgeschichte. Bd. 1. München 1966.
Neolithische Studien. Wissenschaftliche Beiträge der Martin-Luther-Universität Halle (Saale). Berlin (1972) 1; (1973) 2.
Peršic, A. J./Mongajt, A. L./Alekseev, V. P.: Istorija pervobytnogo obščestva. Moskva 1968.
Philipp, Wolfgang: Das Werden der Aufklärung in theologiegeschichtlicher Sicht. Göttingen 1953.
Richard, Philippe: Analyse des idées méthodologiques de Claude Lévi-Strauss. In: L'homme et la société (1967) 4.
Richard, T. A.: The Nomenclature of archaeology. In: American Journal of Archaeology. 1944.
Roallens, Maurice: Lahontan dans l'Encyclopédie et ses suites. In: Recherches nouvelles sur quelques écrivains des lumières. Sous la direction de Jacques Proust. Genève 1972.
Rosenfield, Leonore Cohen: From Beast-Machine to Man-Machine, the theme of animal soul in French letters from Descartes to La Mettrie. New York-Oxford 1941.
Rosiello, Luigi: Linguistica illuminista. Bologna 1967.
Roy, J. E.: Essai sur Charlevoix. 1. Teil. o. O. 1907 (Mémoires de la Société Royale du Canada. 1907).
Salisbury, M.: From Stone to Steel. New York-Oxford 1962.
Schickler, H.: Aufnahme und Ablehnung der Metallurgie bei bronzezeitlichen Kulturen Europas. In: Germania (1968) 46, S. 11–19.

Scholte, Bob: Lévi-Strauss' Penelopean Effort: The analysis of myths. In: Semiotica (1969) 1.
Smolla, G.: Neolithische Kulturerscheinungen. Bonn 1960.
Strukturalismus in der Literaturwissenschaft. Hg. v. Heinz Blumensaath. Köln 1972. (Darin u. a. Beiträge von Claude Lévi-Strauss u. Algirdas Julien Greimas.).
Tabaczyński, St.: Neolit środkowoeuropejski. Podstawy gospodarcze. Wroclaw-Warszawa-Kraków 1970.
Werner, Stephen: Diderot's Supplément and late Enlightenment. In: Studies on Voltaire and the Eighteenth Century (1971) 86.
Wolpe, Hans: Raynal et sa machine de guerre, l'histoire des deux Indes et ses perfectionnements. Paris 1957.
Wustmann, Erich: Karajá-Indianer vom Rio Araguaia. Radebeul 1972.

Personenregister

Edward P. Thompson

Plebejische Kultur und moralische Ökonomie

Aufsätze zur englischen Sozialgeschichte des 18. und 19. Jahrhunderts

Sozialgeschichtliche Bibliothek

Herausgegeben von Dieter Groh

Ullstein Buch 35046

Ullstein Materialien

Eine repräsentative Auswahl von Aufsätzen des international renommierten englischen Historikers Edward P. Thompson zur gegenwärtigen sozialgeschichtlichen Forschung.

Rolf Peter Sieferle

Die Revolution in der Theorie von Karl Marx

Sozialgeschichtliche Bibliothek

Herausgegeben von Dieter Groh

Ullstein Buch 3584

Ullstein Materialien

Inhalt:
Einleitung · Geschichtsphilosophische Begründung der proletarischen Emanzipation · Marx und die politische Revolution (1847/50) · Die Vollendung des Systems der kapitalistischen Produktion · Die Konstituierung des revolutionären Subjekts · Anmerkungen · Literaturverzeichnis

»Der Schwerpunkt dieser Arbeit liegt in der Rekonstruktion der Kritik der Politischen Ökonomie, soweit sie bei Marx revolutionstheoretische Implikationen hat. Es kommt dabei darauf an zu zeigen, daß die konkreten Vorstellungen vom Gang der proletarisch-menschlichen Revolution, wie Marx sie aus der Ökonomiekritik entwickelte, nicht direkt aus der Logik der Sache selbst folgen, sondern durch ein spekulatives Vorverständnis vom künftigen Gang der Weltgeschichte bedingt sind.«

Lothar Machtan/
Dietrich Milles

Die Klassensymbiose von Junkertum und Bourgeoisie

Sozialgeschichtliche Bibliothek

Herausgegeben von Dieter Groh

Ullstein Buch 35026

Ullstein Materialien

Ein Beitrag zur Erhellung jener sozialhistorischen Realität, ohne deren Verständnis die Bismarcksche Regierungspolitik als abnorm und letztendlich beliebig erscheinen muß: die kapitalistische Klassengesellschaft in Preußen-Deutschland in der Phase ihrer Entstehung und Konsolidierung.

Georges Canguilhem

Das Normale und das Pathologische

Anthropologie –
Herausgegeben von
Wolf Lepenies und
Henning Ritter

Ullstein Buch 3317

Ullstein Materialien

Der Autor untersucht die Entstehung und die Krise derjenigen Bestimmung des Verhältnisses von Normalem und Pathologischem, die bis in die Gegenwart das Selbstverständnis und die Methoden der Verhaltenswissenschaften geprägt hat.

Inhalt: Einleitung · Erster Teil: Ist der pathologische Zustand nur eine quantitative Abweichung vom Normalzustand? · Zweiter Teil: Gibt es Wissenschaften vom Normalen und vom Pathologischen? · Zwanzig Jahre später . . . · Literaturverzeichnis · Glossar